L'UNIVERSITÉ DE PARIS

1200-1875

LA NATION DE PICARDIE

LES COLLÉGES DE LAON ET DE PRESLES

LA LOI SUR L'ENSEIGNEMENT SUPÉRIEUR

PAR

CHARLES DESMAZE

Conseiller à la Cour d'appel de Paris, Officier de la Legion d'honneur,
Membre du Conseil départemental de l'instruction publique de la Seine, Correspondant
de l'Académie royale de Bruxelles
et de plusieurs autres Sociétés savantes.

Alma parens, ave, te morituram saluto.

PARIS

CHARPENTIER ET Cie, LIBRAIRES-ÉDITEURS

13, RUE DE GRENELLE-SAINT-GERMAIN, 13

—

1876

Tous droits réservés.

L'UNIVERSITÉ DE PARIS

1200-1875

OUVRAGES DU MÊME AUTEUR :

LE PARLEMENT DE PARIS (1869).
LE CHATELET DE PARIS (1863).
LES PÉNALITÉS ANCIENNES (1866).
LES CURIOSITÉS DES ANCIENNES JUSTICES (1867).
DES CONTRAVENTIONS A LONDRES (1853).
LE FORMULAIRE DES MAGISTRATS (1863).
LA SAINTE-CHAPELLE DU PALAIS DE JUSTICE (1873).
LE BAILLIAGE DU PALAIS (1875).
LES MÉTIERS DE PARIS (1874).
L'ABBAYE D'ISLE DE SAINT-QUENTIN.
BAUHANT, BIBLIOPHILE SAINT-QUENTINOIS (XIVe SIÈCLE).
RECHERCHES SUR LE SUICIDE (1853).
LES ALIÉNÉS (1872).
LA PICARDIE D'APRÈS LES MANUSCRITS.
M. DE LA TOUR, PEINTRE DU ROI LOUIS XV.
LE RELIQUAIRE DE M. DE LA TOUR.
LIVRES BRULÉS, LIVRES SAUVÉS (1871).

Sous presse :

LETTRES DES ROIS ET REINES DE FRANCE.
LES PREMIERS PRÉSIDENTS DE LA COUR DE PARIS.
L'OFFICIALITÉ DE PARIS.

Paris. — Imp. Viéville et Capiomont, 6, rue des Poitevins.

A MONSIEUR

PAUL LORAIN, D. M. P.

PROFESSEUR A LA FACULTÉ DE MÉDECINE DE PARIS,
CHEVALIER DE LA LÉGION D'HONNEUR,
MÉDECIN DE L'HOPITAL DE LA PITIÉ, ETC., ETC.

Mon cher ami,

Vous êtes le digne fils d'un austère et savant professeur des lycées de Paris, qui est mort recteur vénéré de la grande académie de Lyon, et vous avez été vous-même un élève studieux de notre Université de Paris, vous qui y formez, comme maître, aujourd'hui, des disciples ; — puissent-ils être à votre image !

A ces divers titres, je vous dédie bien humblement, mais bien affectueusement ce livre, avec l'espoir fondé que vous le lirez. — Vous êtes si absorbé par l'œuvre de guérir et de consoler, à laquelle vous consacrez non-seulement votre intelligence, mais votre cœur, que je ne vous vois jamais ; — je songe pourtant souvent à vous, qui, à notre époque, donnez à tous l'exemple modeste d'une vie consacrée au travail, au devoir, à l'honnêteté.

Bien à vous toujours,

CHARLES DESMAZE.

Paris, 23 *octobre* 1875 [1].

---

[1]. Le lendemain même du jour où je traçais ces lignes, auxquelles je ne veux rien changer, — une mort foudroyante, prématurée, imprévue, enlevait, dans toute sa force, M. le docteur Lorain à sa jeune famille, à ses nombreux amis, aux pauvres, ses clients de prédilection, à ses chers élèves, à la science, qu'il cultivait avec tant d'éclat. — Les décrets de la Providence sont impénétrables ; après avoir tant travaillé, le maître se repose déjà dans le repos éternel ; mais ses œuvres vivront ici dans la mémoire des hommes.

Flebilis omnibus, sed nulli flebilior quàm mihi !

C. D.

PRÉFACE

Nous n'avons pas, heureusement pour notre faiblesse, à retracer ici l'histoire de l'Université de Paris. Elle a été écrite par des maîtres illustres, qui se nomment[1] : Edmond Richer, César Égaste du Boulay, Crévier, Taranne, Vallet de Viriville, Charles Jourdain. Ils ont tout exploré, tout commenté, tout éclairé de leur profond savoir. Les[2] archives, tenues ouvertes pour eux, leur ont découvert les luttes de l'Université avec les Rois, avec les Papes, avec

---

1. Bibl. Nationale, *Manuscrits de Richer*, 6 volumes. — Du Boulay, *Histoire de l'Université*. — *Histoire de l'Université de Paris, depuis son origine jusqu'en* 1600, par Crévier, professeur émérite de rhétorique au collége de Beauvais, 1761. — *Bulletin historique du comité des monuments écrits de l'histoire de France.* — *Histoire de l'Instruction publique en Europe*. — *Histoire de l'Université de Paris au seizième et au dix-huitième siècle.*

2. Les registres, papiers versés par les archives nationales au ministère de l'instruction publique ont été transportés à la bibliothèque de la Sorbonne ; mais ces précieux documents, concernant

les Régents, avec les écoliers, les transformations successives subies par l'enseignement, que les jésuites et d'autres ordres menaçaient sans cesse d'envahir.

Fondée par Charlemagne, encouragée par Philippe Auguste, tour à tour arbitre des Papes à Pise et à Constance, fille aînée et bien-aimée des rois, l'Université de Paris eut ses jours d'incomparable grandeur sous Charles VII (*Ordonnance de* 1445), elle est soumise à l'autorité du Parlement[1] sous Louis XI[2], aidé par une bulle du pape Pie II; comme sous Louis XII, ses priviléges sont restreints[3].

Sous Henri II, à la suite d'une émeute d'écoliers au Pré aux Clercs, le recteur est obligé d'aller implorer le pardon du roi.

Pendant les guerres civiles, les désordres

---

l'ancienne Université de Paris, ne sont encore ni classés ni catalogués. Il suffit de signaler ici cette déplorable situation, pour que les savants, si vigilants gardiens des traditions du passé, la fassent au plus vite cesser, dans l'intérêt de l'histoire de l'Université.

1. *Le parlement de Paris.* Coste et Marchal, éditeurs, place Dauphine, Paris. 2ᵉ édition, 1860.

2. Voir les *Statuts* du cardinal d'Estouteville, légat du Pape 1452.

3. 1637. — Arrest de la Cour de parlement par lequel les docteurs régens en droict sont deschargés d'estre gagers ou marguillers en leurs paroisses.

avaient diminué et dépravé l'Université. Les plus doctes Régents étaient morts ou exilés; au lieu d'écoliers, étaient entrés des solliciteurs et locataires de chambres; l'antique discipline était délaissée.

Sous la main de nos grands rois, l'Université de France s'est relevée hautement, le temps a marché, et l'empire du monde appartient désormais, non aux peuples les plus nombreux, mais les plus instruits. Que l'émulation qui existait autrefois dans les anciennes Universités renaisse enfin, que les professeurs vivent plus intimement avec les étudiants, dans la même communauté de travaux et de vues, que l'accès des examens et leur prix soit mis à la portée de tous, et la France se relèvera enfin de ses désastres. Nous aussi nous voulons la liberté de l'enseignement à tous les degrés, mais sous le contrôle toujours actif et vigilant de l'État, seul responsable de l'ordre, de la morale, de l'hygiène qui doivent régner dans tous les établissements consacrés à la jeunesse et qui seul aussi doit conférer les grades exigés pour tous les emplois, dont il est le souverain dispensateur.

Alors, comme le disait la bulle de création de

la Faculté de Poitiers, fondée par Charles VII et le pape Eugène IV, à l'heure où la France[1], envahie par les Anglais, se repliait sur elle-même pour les chasser, nous aurons une pépinière de savants : *illam tanquam locum ad multiplicanda semina, germina salutaria producenda magis accommodare comperiamur.*

Des diverses parties de l'Europe affluaient en France, à Paris surtout, des écoliers avides de puiser la science à cette source intarissable. Les maîtres se nommaient : Alcuin, Héric Remi d'Auxerre, Béranger de Tours, Lanfranc, Guillaume de Champeaux, Bernard de Chartres, Gautier de Mortagne ; les élèves s'appelaient, eux, Abélard, Joscelin de Soissons, Gilbert de la Porrée, Ramus, Calvin, Danès, L'Hôpital, d'Aguesseau[2]. Il est intéressant d'étudier même maintenant, à l'heure où les systèmes d'instruction flottent indécis entre

---

1. La puissance temporelle y est très-nettement distinguée de la puissance spirituelle. Pasquier, *Recherches*, p. 894, livre X.
2. Chasanée assure avoir vu à Poitiers, sous Louis XII, pendant qu'il y étudiait, plus de quatre mille élèves venus d'Angleterre, d'Allemagne, d'Écosse, de Flandre et de toutes les provinces de France. Là aussi se formèrent Brisson, Tiraqmeaut Achille de Harlay, Sainte-Marthe, Pasquier et Dumoulin. — Voir Minier, *Histoire du Droit français*, p. 168.

l'État et l'Église, les fermes constitutions qui régissaient jadis les Universités, dont nos rois et nos parlements faisaient, avec énergie, avec résolution, respecter les droits, les priviléges, les franchises. Grâce à cette protection, toujours active, toujours vigilante, le savoir se transmettait de génération en génération, comme un flambeau éternellement allumé, dont parle le poëte Lucrèce. Chacun se reconnaissait à sa bannière, à sa nation, obéissait à son chef, marchait solennellement à la suite du recteur, dans les fêtes, entrées des souverains et les processions. Les registres mentionnent tous ces détails, avec un soin orgueilleux, avec une fierté jalouse. L'Église, plus humble en apparence, mais aussi en réalité plus entreprenante, avait compris de quel intérêt il était, pour elle, de tenir en ses mains puissantes l'enseignement comme la direction des âmes. Les manuscrits de l'antiquité avaient été recueillis dans les abbayes, copiés, commentés, traduits par les moines, et l'imprimerie avait plus tard répandu les livres, que leur prix élevé ne rendait pas encore accessibles à tous. Des colléges, des écoles furent établis lentement, dans les villes d'abord, ensuite dans les villages, où le seul homme lettré était souvent le prêtre. Les enfants allaient à lui pour apprendre et, avec les vérités éternelles, on leur enseignait à lire, à écrire. Dans les colléges l'enseignement était plus élevé, plus ardent sous les paroles des maîtres, excités par les controverses, par les luttes, par les passions religieuses ou politiques du moment. Le sang des élèves ou des Régents coula, plus d'une fois, dans ces séditions, dans ces guerres civiles, ainsi que l'attestent les annales de l'Université.

Vainement, on essayait de calmer cette jeunesse turbulente ; alors, comme aujourd'hui, elle était l'espoir, l'avenir du pays. Les étudiants étaient assis, par terre, sur la paille, ainsi que le pape Urbain V l'approuvait en 1336, par ces considérations : *Scholares Universitatis Parisiensis audientes suas lectiones sedeant in terra, coram magistris, non in scamnis, vel sedibus elevatis à terrâ, ut occasio superbiæ a juvenibus secludatur* : conseils prudents, mais inutiles ; malgré toutes les entraves, tous les obstacles, la science lève toujours la tête ; elle est la véritable, la seule force des temps modernes. Pour bien comprendre le rôle élevé de la France, la fière nation, parmi les peuples, il faut toujours interroger le rôle que son enseignement a joué et joue encore dans le monde civilisé.

INTRODUCTION

De même qu'un peintre fixe, par un suprême effort, le portrait d'un mourant [1] et retient le sourire sur un visage que la mort va glacer pour jamais, ainsi ai-je voulu retracer l'histoire de l'Université, qui va succomber et disparaître, sans avoir été défendue à la dernière heure, elle qui avait brillé glorieuse et honorée de tous, pendant tant de siècles.

Le monde chrétien, qui avait succédé à l'empire, a vécu longtemps encore de sa vie et de sa langue, comme l'a si justement remarqué saint Augustin : « Opera data est ut imperiosa civitas non solùm jugum, verùm etiam linguam quam domitis gentibus, per pacem societatis, imponeret, per quam non deesset, imo et abundaret interpretum copia. »

---

1. Notre Lamartine a bien exprimé cette pensée, dans les vers suivants :

C'est l'adieu d'un ami, c'est le dernier sourire
Des lèvres que la mort va fermer pour jamais.

Aux quatrième et cinquième siècles, toutes les Gaules jusqu'au Rhin, toutes les Espagnes et nécessairement l'Italie entière, parlaient la langue latine. Des jeux littéraires, des déclamations en langue latine, avaient lieu à Lyon, à Vienne, à Bordeaux, à Toulouse, à Marseille, en Espagne même, d'après le témoignage de Suétone, de Pline, de Juvénal, de Martial.

Aut Lugdunensem rhetor dicturis ad aram [1].

C'était en latin que se produisaient l'administration, les réclamations, les plaintes des pays conquis; même après l'invasion des Barbares, ceux-ci reçurent la religion des évêques gaulois, désapprirent même leur langue [2] pour apprendre celle de la nation vaincue :

Gallia capta ferum victorem cepit [3].

Ailleurs :

Gallia causidicos docuit facunda Britannos [4].

---

1. Villemain, *Cours de littérature française au moyen âge*, t. I. Paris, 1861.
2. Juvénal, *Satires*.
3. Raynouard, *Droit municipal*, t. I. Voir le serment échangé en langue franque et en langue germanique, entre Charles le Chauve et son frère Louis (842).
4. Tacite a dit des Bretons : *Ita ut linguam abnuebant, eloquentiam mox concupiscerent*.

Entre deux victoires, entre deux conquêtes, l'empereur Charlemagne s'était trompé même de grammaire. Il avait, lui, fait rédiger une syntaxe de la langue *deutch*, qui, avec le latin, était alors la langue de la cour et des affaires, et il avait établi des écoles pour leur commun enseignement. D'après Eginhard, le souverain puissant avait ajouté dans l'usage vulgaire les noms des mois de l'année, pris de sa langue maternelle, c'est-à-dire de l'allemand [1]. Après la force brutale, s'éleva de toute sa hauteur le pouvoir pontifical (Robert Guiscard, Guillaume le Conquérant, Grégoire VII); c'est le pouvoir ecclésiastique, qui domine et intimide les rois comme les peuples, par ses leçons et par ses anathèmes. Ces puissances rencontrent toutefois, dans les contrées du Nord comme dans celles du Midi, des critiques acerbes, des détracteurs violents, des vengeurs inspirés, qui se nomment trouvères ou troubadours, et parmi lesquels se distingue, dès le treizième siècle, Thiébaut, comte de Champagne, adressant ses vers à la reine Blanche, régente de France.

La langue latine s'était étendue par la con-

---

[1]. Villemain, *Cours de littérature au moyen âge*, t. I.

quête armée des légions romaines [1] et aussi par les prédications qui se faisaient en latin, même devant un auditoire [2] numide, comme celui auquel s'adressait saint Augustin, aux mariniers d'Hippone :

« Proverbium notum est punicum, quod quidem latine vobis dicam, quia punice non omnes nostis ; punicum enim proverbium est antiquum : nummum quærit pestilentia, duos illi da et ducat se. »

« On connaît le vieux proverbe carthaginois, que je vous citerai en latin, parce que vous ne le connaissez pas tous en langue punique : « Si la peste vous demande un écu, donnez-lui-en deux, et qu'elle s'en aille. »

Lorsque Charlemagne vint à Rome, les acclamations populaires, qui ne manquent jamais aux empereurs, furent en latin : *Vivat Carolus, Augustus imperator!* Lorsque le pape Étienne IV visita [3] à Reims Louis le Débonnaire, les saluts

---

1. Apulée, *L'Ane d'or.*
2. Les prédications, les chants des poëtes, les grands jours de nos parlements ont puissamment contribué à l'établissement et à l'épuration de notre langue, portée aussi, par nos armes, dans le monde entier. La liberté de penser, la liberté d'enseigner, réclamée par Montalembert et par Mgr Dupanloup, sont nos modernes conquêtes qu'il ne faut pas restreindre, comme le voudrait Mgr Nardi (août 1875).
3. Muratori, *Dissert.* 32.

furent échangés en langue latine. — Dans le silence des cellules, dans l'ombre peuplée des cloîtres, les moines vivaient, avec les Pères de l'Église, saint Augustin, saint Jérôme; étudiant, comme Gerbert, dans les monastères d'Aurillac et de Bobio, la métaphysique, l'histoire, les lettres, la géométrie, la mécanique même, d'après des traités grecs et latins. — Il est vrai qu'après ces fortes études, Gerbert, accusé de magie, fut nommé pape.

Les sermons de saint Bernard[1], prononcés en latin, avaient une action populaire au douzième siècle. Le secrétaire du grand prédicateur a écrit ces lignes : « Moi qui avais quitté la plume, ayant comme pressenti le désir que vous aviez de posséder les paroles de ce saint homme, dont l'éloquence, la sagesse, la vie et la gloire sont répandues dans toute la latinité, j'ai pris mes tablettes et j'ai transcrit ce que j'avais entendu et recueilli. » Ainsi faisait Abélard[2], dans les poésies qui illustrèrent son nom et sa vive passion : « Si qua invenire liceret carmina, essent amatoria, non philosophiæ secreta. Quorum etiam carminum pleraque adhuc in multis

---

1. Th. de Ratisbonne, *Histoire de saint Bernard*. Victor Palmé, éditeur, Paris, 1875.
2. *Lettres d'Héloïse et d'Abélard*, traduites par Guizot.

frequentantur et decantantur regionibus, ab his quos similis vita delectat. » Héloïse disait à son amant, enthousiaste comme tous les amoureux : « Pleraque amatoria metro, vel rythmo composita reliquisti carmina ; quæ pro nimia suavitate tam dictaminis quam canticis, tuum nomen in ore omnium tenebant. Me plateæ omnes, me domus singulæ resonabant [1]. »

Autour de la chaire d'Abélard, à Paris, à Laon, se pressaient de nombreux disciples, avides d'étudier l'antiquité, ressuscitée et rajeunie, curieux d'étudier aussi, dans notre France chevaleresque, cet Orient merveilleux, que les croisades avaient découvert et poétisé.

Paris, la Sorbonne, son Université, étaient, pour le monde savant, un rendez-vous éblouissant et reconnu de tous. Anglais, Allemands, Italiens s'y précipitaient altérés comme à une fontaine de science, de vie et de justice [2]. Albert le Grand, né à Cologne, admiré des Germains, vint enseigner à l'Université de Paris. Sous ce grand maître, était venu étudier, à Paris, saint Thomas, l'aigle de l'école, né dans la ville

---

[1]. « Ton nom partout, ton nom toujours, » comme dit une romance populaire.

[2]. *Recueil des historiens des Gaules et de la France.* V. Palmé, éditeur à Paris, 1875.

d'Aquino, en Italie ; là aussi avait longuement et solitairement médité l'Anglais Roger Bacon, le philosophe au génie inventeur.

Paris, la ville par excellence, *urbs*, comme auraient dit les Romains, la cité tant vantée par les poëtes, l'Université tant dotée par les rois, tant sanctifiée par les bulles des papes, attiraient de toutes parts les étrangers, les Barbares, s'exerçant à y apprendre [1], sous la protection des lois, la scholastique, la théologie et le français, ce beau et savant langage. L'Italien Brunetto Latini [2], qui fut le maître de Dante, se trouvait à Paris en 1266 ; il suivait les cours célèbres de cette époque et y écrivit son livre intitulé *le Trésor*, compilation rédigée en français par l'auteur, qui donne en ces termes la raison et comme l'excuse de ce choix :

« S'e aulcun demandoit pourquoi chis livre est escript en Roumans, pour chou que nous sommes Ytalien, je diroie que ch'est pour chou que nous sommes en France, et pour chou que sa parleure en est plus délitable et plus commune à toutes gens. »

---

1. Billiart, *Somme de saint Thomas*. Victor Palmé, éditeur, 25, rue de Grenelle-Saint-Germain, à Paris. 1875.

2. *Histoire littéraire de la France*, continuée par l'Institut. Victor Palmé, éditeur. 1875.

Dans ce même Paris, en 1304, parut un homme qui devait, en dehors même de l'école, laisser, dans le souvenir de tous, une renommée bien durable, j'allais dire immortelle. — La grand'salle de l'Université était toute remplie de foule, clercs, laïques s'y pressaient pour entendre la soutenance d'une thèse *de quolibet* (sur tout sujet qu'on voudrait). Le soutenant était un jeune Italien d'une physionomie haute, grave et austère; quatorze champions harcelaient de questions subtiles et variées le candidat qui, reprenant ensuite toutes les propositions, terrassa ses quatorze adversaires. — Ce savant était le Dante [1] Alighieri, alors banni de son pays, réfugié en France, pour étudier, apprendre et discuter [2] : « Fu questo poeta di meravigliosa capacità, e di memoria fermissima, e di perspicace intelletto, in tanto che essendo egli a Parigi, e quivi sostenendo in un quistione (de quolibet), che in una scuola di teologi si faceva, quattordici quistioni da diversi valentuomini e di diverse materie, con loro argomenti pro e contra fatti da proponenti, senza

---

1. Dante, *De vulgari eloquentia.*
2. *Vita di Dante Alighieri*, per Boccaccio. Le Dante, banni de Florence, sa ville natale, de guelfe se fit gibelin, erra dans l'Italie, sentant combien est amer le pain de l'exil.

metter tempo in mezzo, raccolte ed ordinamente come poste erano state, recitò, poi quel medisimo ordine sequendo, sottilmente solvendo, e respondendo agli argomenti contrarii; la qual cosa quasi miracolo da tutti i circunstanti fu reputata. »

L'œuvre de Dante sur l'éloquence vulgaire est un travail grammatical et littéraire à la fois. — L'auteur, recherchant qui a parlé le premier de l'homme ou de la femme, conclut en faveur de l'homme, à cause de son droit de prééminence, et reconnaît l'hébreu pour l'idiome original et donné de Dieu, par lequel il a parlé à sa créature.

Après avoir cité les anciens : Virgile, Horace, Ovide, Stace, Lucain, Tite-Live, Pline, Frontin, Paul Orose et beaucoup d'autres, qu'une solitude amie invite à visiter, Dante admire d'illustres poëtes, comme Bertram de Born [1] et Arnauld Daniel, qui ont célébré, en stances, l'un les armes, l'autre l'amour [2]. Mais cette re-

---

1. Bertram de Born était un Limosin de Limoges, comme disait Pantagruel (chapitre VI), il chantait en cette langue provençale catalane, que Pétrarque et Dante ont étudiée.

2. Pétrarque, qui les a connus et souvent imités, célèbre, entre tous les poëtes provençaux, Arnauld Daniel :

> Fra tutti, il primo Arnaldo Daniello,
> Grand maestro d'amor, che alla sua terra
> Ancor fa honor col suo dir novo e bello.

nommée, le poëte le dit lui-même (dans le *Purgatoire*, ch. IX), elle ressemble à l'herbe, qui croît et disparaît; elle se fane sous le même soleil qui l'a fait sortir de terre, fraîche et nouvelle! — Dante [1], ainsi exilé de sa ville natale, où sa maison avait été pillée, où les magistrats l'avaient condamné au feu (*igne comburatur, sic quod moriatur!*) aurait pu, à force de gloire, être plus tard amnistié, rappelé. — Il refusa : « O ma chanson de montagne, tu pars [2], tu verras peut-être Florence, ma ville natale, qui, vide d'amour et dépouillée de toute pitié, m'a banni loin d'elle. — S'il t'est permis d'entrer, dis : mon maître désormais ne peut plus faire la guerre. Là d'où je viens, une chaîne le retient, telle que, si votre cruauté se laisse fléchir [3], il n'a plus la liberté de revenir ici! »

L'Université de Paris peut donc fièrement revendiquer aussi le Dante comme un de ses plus glorieux et de ses plus reconnaissants disciples. — Pétrarque, Gibelin comme Dante, fils

---

1. Raynouard, *Sirvent. hist.*, IX, p. 253, t. IV.
2. *La Montanina*, Canzone, XVII. — Voir aussi le *Paradis*, chant XXV.
3. S'adressant à une âme qu'il croit revoir, le poëte lui dit : « N'es-tu pas Oderisi, l'honneur d'Engubie et l'orgueil de cet art qui est nommé enluminure, à Paris? » *Purgatoire*, chant XI.

Boccace garda aussi toujours un vif souvenir de Paris.

d'un proscrit réfugié à Avignon, près de Clément V, qu'on appela le pape gascon, étudia la grammaire à Carpentras, puis le droit à Montpellier, avant de connaître à Bologne le jurisconsulte Cino de Pistoie [1].

L'influence de la France et de sa langue furent à ce point continuées que, même en Angleterre, trois siècles après la conquête de Guillaume, les enfants à l'école étaient forcés, d'après un auteur anglais du quatorzième siècle, de dire leurs leçons en français; ainsi l'avaient établi les Normands, depuis leur premier débarquement dans la France.

La vieille et respectable Université de Paris, malgré sa célébrité incontestée, malgré le nombre prodigieux de ses élèves, se traîna parfois dans de stériles disputes *de réalistes et de nominaux;* elle fut, pour un temps, dépassée par l'Italie qui avait, d'une main pieuse et déli-

---

1. En général, les papes se montrèrent favorables à l'instruction par les prêtres. Toutefois, Grégoire le Grand (VIe siècle) écrivit à un de ses évêques, pour lui reprocher d'enseigner la grammaire, comme on disait alors pour parler des belles-lettres. Au treizième siècle, au contraire, le pape Honorius III déposa un évêque pour n'avoir pas étudié le grammairien Donat. Le Dante lui-même, maître du Paradis, du Purgatoire, de l'Enfer, révélant le nom des damnés, était théologien, comme dit son épitaphe sur sa tombe, à Ravenne :

Theologus Dantes, nullius dogmatis expers.

cate, ranimé et développé la lutte de l'antiquité ressuscitée, mais elle se releva ensuite sous un effort nouveau.

Nos érudits du seizième siècle ont élevé des monuments imposants à la science, par leurs écrits rudes parfois et pesants; leur critique est toujours solide, si on peut lui reprocher de manquer quelquefois de grâce, d'élévation, à l'exception de Montaigne, parlant avec charme et admiration de Sénèque, de Cicéron, de Plutarque, d'Horace, de Virgile et de Lucain.

Lorsqu'on embrasse d'un coup d'œil le mouvement littéraire dans l'humanité, on voit que la France a imprimé profondément son influence littéraire sur l'Italie, sur l'Espagne, sur l'Angleterre et enfin sur l'Allemagne; par les élèves, par les écrits sortis de ses Universités, de ses écoles toujours ouvertes, elle a rayonné sur le monde entier, elle a été le foyer de lumière et de flamme, qui a éclairé l'univers attentif et recueilli.

Aujourd'hui ce flambeau est volontairement éteint par les mains qui avaient mission de le porter et de le protéger. — Il faut le saluer une fois encore avant qu'il disparaisse dans les ténèbres suscitées de toutes parts ; c'est là ce que j'ai tenté ici en me faisant l'organe de sentiments reconnaissants et communs à ceux que n'égare pas un étroit esprit de parti, à tous ceux qu'inspire un même respect pour la science, pour ses maîtres, pour les vocations honnêtes, enfin pour les hommes animés des mêmes vœux, de la même espérance et du même amour pour la France, notre patrie aimée.

Il m'a semblé bon de recueillir, dans les pages qui vont suivre, les documents relatifs à l'Université de Paris, de décrire plus particulièrement l'histoire du collége de Laon et de Presles, nés sous son ombre, et de sauver de l'oubli les noms des recteurs, des professeurs et des maîtres qui s'y sont illustrés.

J'écris ces lignes au moment où une loi nouvelle et pleine de périls [1], non aperçus par ceux-là qui l'ont votée, doit recevoir sa prochaine

---

1. Il y a aujourd'hui (1875) en France 324 lycées et colléges communaux, comprenant une population de 69,500 élèves. Les 80 lycées contiennent 36,756 internes, les 244 colléges reçoivent 32,744 élèves. A ces établissements publics il faut ajouter 657 établissements libres laïques, ayant une population de 43,800 élèves, et 278 maisons ecclésiastiques comprenant 34,500 élèves. L'ensemble de ces chiffres donne un total approximatif de 151,000 élèves adultes pour 1289 établissements d'enseignement secondaire.

application et où l'Université va s'écrouler et disparaître.

> *Tum vera omne mihi visum considere in ignem*
> *Ilium, et ex imo verti Neptunia Troja.*
>
> (VIRGILE, *Enéide.*)

Vendeuil. — Septembre 1875.

L'UNIVERSITÉ DE PARIS

AVANT 1789

CHAPITRE PREMIER

L'UNIVERSITÉ DE PARIS

(Alma parens.)

L'Université de Paris fut fondée (sinon en 800, par Charlemagne, comme le veulent certains auteurs)[1], du moins par Philippe-Auguste (1200), accordant des priviléges aux écoliers, priviléges confirmés, en 1215, par le légat du pape, Robert de Courzon, cardinal de Saint-Étienne, et par Philippe de Valois (*janvier* 1341); elle fut supprimée en 1790. — L'Université[2] de Paris était divisée en quatre facultés : sciences, lettres et arts; — théologie; — droit canon et droit civil; — médecine[3]. — La Faculté des arts était composée

---

1. Voir l'excellent et complet *Dictionnaire historique* de Ludovic Lalanne.
2. Quicherat, *Histoire de Sainte-Barbe*.
3. Dubarle, *Histoire de l'Université de Paris* (1829). — Crévier, *Histoire de l'Université de Paris* (1761).

de quatre nations : la nation de Picardie, divisée en cinq tribus, — la nation de Normandie, — la nation d'Allemagne, divisée en deux tribus, — celle des *Continents*, subdivisée en deux provinces, et celle des *Insulaires*, comprenant les *Iles Britanniques*.

Voici les dates d'établissements des universités fondées en France avant la Révolution : 1200, Paris. — 1229, Toulouse. — 1289, Montpellier. — 1303, Avignon. — 1312, Orléans. — 1332, Cahors, réunie à celle de Toulouse en 1751. — 1337, Angers. — 1367, Orange. — 1422, Dôle, transférée en 1676 à Besançon. — 1431, Poitiers. — 1436, Caen. — 1454, Valence. — 1460, Nantes. — 1463, Bourges. — 1472, Bordeaux. — 1548, Reims. — 1572, Douai. — 1676, Besançon. — 1722, Pau. — 1769, Nancy.

L'Université de France fut organisée [1], pour tout

---

1. Voir l'intéressant discours prononcé, le 1er août 1874, sur l'*Histoire de la Faculté de droit de Paris*, par M. le doyen Colmet d'Aage.

Le nombre moyen des accusés traduits en France devant les cours d'assises est de 4,500, soit 1 par 9,000 habitants. Les départements où l'on compte le plus d'accusés sont : Bouches-du-Rhône (1 par 3,314 habitants), Alpes-Maritimes, Corse, Seine, Côte-d'Or, Marne, Basses-Alpes, Gard, Calvados, Aisne (1 par 6,642 habitants). — Les dix départements où l'on en rencontre le moins sont : le Cher, Deux-Sèvres, Pyrénées-Orientales, Pas-de-Calais, Haute-Savoie, Nièvre, Indre, Nord, Creuse, Vendée. — On compte 170,000 prévenus de délits ; Paris en a 13,500. — Vien-

l'empire, par Napoléon 1ᵉʳ (*décret du 17 mars 1808*), avec une grandeur de vues qui nous régit encore aujourd'hui, et qui a survécu à tous les projets de réforme et à toutes les attaques.

Sur la rive gauche de la Seine, à Paris, on priait, on étudiait, on aimait, comme de nos jours. Si l'on excepte le Palais de Justice, primitive demeure de nos rois, les seuls monuments que renfermait la Cité étaient, au quinzième siècle, des églises : Saint-Denis de la Chartre, — Saint-Martial, — Saint-Barthélemy, vis-à-vis le Palais, et Saint-Nicolas dans son enceinte, — Saint-Landry, — Sainte-Marine, — Saint-Aignan, — Saint-Pierre des Arcis, — Sainte-Croix, — Saint-Pierre aux Bœufs, — enfin l'Hôtel-Dieu, ce pieux refuge, toujours ouvert, non-seulement aux malades, mais aux pèlerins et aux pauvres sans asile. — Philippe-Auguste[1], par lettres-patentes de mars 1208, accorda à l'Hôtel-Dieu de Pa-

---

nent ensuite Lyon, Marseille, Lille, Bordeaux, Nantes, Toulouse, Saint-Étienne, Rouen, Le Havre, Foix, Laon, Lure, Boulogne, Nancy, Avesnes (comptes de justice criminelle). Suivant moi, on a tort de juger la criminalité de nos départements par le nombre des accusés poursuivis ; la base la plus vraie serait celle du nombre des crimes commis, que les auteurs en soient ou non connus.

1. Félibien, *Histoire de Paris*, t. III, p. 249.

Le recensement de 1866 signalait plus de quatre millions d'écoliers répartis entre 38,629 écoles publiques de garçons, 3,289 libres, 14,721 de filles, 13,057 libres. — Il y a en outre 30,000 cours d'adultes, 81 écoles normales primaires de garçons, 11 de filles ; il y a 250 colléges communaux en France et en

ris, chaque fois qu'il quittait cette ville pour séjourner ailleurs, la paille garnissant sa chambre et sa maison de Paris, *omne stramen de camerâ et domo nostrâ Parisiensi.*

Alors, comme aujourd'hui, les établissements d'instruction et, par suite, les élèves étaient presque tous sur la rive gauche de la Seine [1]. La rive droite ne possédait qu'un seul collége, celui des Bons-Enfants, et neuf petites écoles, relevant du chapitre Notre-Dame : école de garçons [2], rue des Déchargeurs, tenue par mestre Pierre ; — rue aux Prouvaires, tenue par mestre Eude ; — rue aux Prescheurs, tenue par mestre Giefroi ; — rue où l'on cuit les Oës, tenue par mestre Jourdain ; — rue de la Bretonnerie, tenue par mestre Guillaume ; — rue Neuve, tenue par mestre Thomas ; — rue Saint-Jacques-la-Boucherie, tenue par mestre Nicolas ; —

Algérie, suivis par 25,000 élèves ; il y a 75 lycées, renfermant 20,000 élèves.

L'enseignement supérieur est donné par 15 facultés des lettres, 15 des sciences, 10 de droit, 7 de théologie catholique, 1 de théologie protestante (à Montauban), 3 de médecine (Paris, Montpellier, Nancy), 22 écoles de pharmacie. — Enfin, les écoles spéciales militaires, industrielles, artistiques. — Puis au-dessus : la Sorbonne, le Collége de France, le Conservatoire des Arts et Métiers et le Conservatoire de musique et de déclamation, l'Académie et ses diverses classes.

1. *Rues et cris de Paris, au treizième siècle*, par Alfred Franklin.

2. L. Willem, éditeur, *la Faculté de Paris en* 1292 (1874).

rue des Blancs-Mantiaus, tenue par mestre Yvon;— enfin, une école de filles, rue où l'on cuit les Oës, tenue par la dame Tyfainne. L'Université occupait le quartier d'*Outre-Petit-Pont*. — Dès le douzième siècle, l'enseignement se concentrait à Paris[1], où Anselme, Guillaume de Champeaux, Abailard, professaient leurs savantes leçons, — à l'église Notre-Dame. — A Saint-Victor, à Sainte-Geneviève, affluaient des milliers d'étudiants, venus, non-seulement de toutes les provinces de France, mais encore d'Italie, d'Angleterre, d'Allemagne. De nombreux priviléges leur furent accordés par Philippe-Auguste (1200), notamment celui d'être jugés par le roi seul; aussi leurs désordres restèrent-ils souvent impunis. Le règne de saint Louis fut, pour les études, une époque heureuse et féconde. Le cloître Notre-Dame était débordé; des écoles rivales s'ouvraient dans l'abbaye Saint-Victor et à Sainte-Geneviève. Geoffroy de Poitiers, Guillaume d'Autun, Guillaume Lenoir, Gérard d'Abbeville, Gérard de Courtray, ouvrirent leurs cours près du Petit-Pont, près du Grand-Pont,

---

1. En 1381, Mathieu Regnauld, recteur de l'Université de Paris, atteste que Richard de Motte, maître ès arts, est reçu licencié *in utroque jure*.

1395. — Le duc d'Orléans fait un don à maître Ponce Dulmont, bachelier en théologie, demeurant au collége de Sorbonne, pour son avancement en la lecture de sentences, en la Faculté de théologie.

et sur les clos Bruneau [1] et Monvoisin. — Robert de Sorbon, chapelain de saint Louis, fonda la savante maison qui porte son nom [2] et où, dès 1289, une bibliothèque de 1,017 volumes était à la disposition des écoliers. Puis s'ouvrirent le collége des Bernardins, fondé par un Anglais sur le clos du Chardonnet ; — le collége de Prémontré, destiné aux novices de cet ordre, situé à l'angle des rues modernes de l'École-de-Médecine et Hautefeuille ; — le collége de

---

1. Bonnardot, *Dissertations archéologiques sur les anciennes enceintes de Paris*.
2. Franklin, *Les anciennes bibliothèques de Paris*, t. I. — *Recherches sur les bibliothèques de Paris au treizième siècle*.

En France, les départements dans lesquels le nombre des adultes illettrés de 20 à 30 ans ne dépasse pas 10 pour 100 sont : la Meuse, la Meurthe, les Vosges, la Haute-Marne, le Doubs, la Haute-Saône, le Jura, la Côte-d'Or, l'Aube, la Marne, les Ardennes, la Seine, Seine-et-Oise, le Rhône, le Calvados, la Manche, les Hautes-Alpes.

Dans 49 départements, le nombre des adultes illettrés, de 20 à 30 ans, varie de 10 à 50 pour 100 : Nord, Pas-de-Calais, Aisne, Somme, Oise, Seine-Inférieure, Seine-et-Marne, Eure, Yonne, Loiret, Eure-et-Loir, Orne, Loir-et-Cher, Sarthe, Mayenne, Ille-et-Vilaine, Loire-Inférieure, Maine-et-Loire, Indre-et-Loire, Deux-Sèvres, Charente-Inférieure, Gironde, Lot-et-Garonne, Gers, Basses-Pyrénées, Hautes-Alpes, Haute-Garonne, Aude, Hérault, Gard, Aveyron, Lozère, Cantal, Puy-de-Dôme, Creuse, Loire, Saône-et-Loire, Ain, Haute-Savoie, Savoie, Isère, Haute-Loire, Ardèche, Drôme, Vaucluse, Bouches-du-Rhône, Var, Basses-Alpes, Alpes-Maritimes.

Enfin, dans 20 départements, le nombre des adultes de 20 à 30 ans illettrés dépasse 50 p. 100 : Finistère, Côtes-du-Nord, Morbihan, Vendée, Nièvre, Allier, Cher, Indre, Vienne, Charente, Haute-Vienne, Corrèze, Dordogne, Lot, Tarn, Tarn-et-Garonne, Landes, Ariége, Pyrénées-Orientales et Corse.

Cluny, entre la rue de la Harpe et la rue des Grès;
— le collége de Calvi; — le collége du Trésorier,
établi par Guillaume de Saône, trésorier de l'église
de Rouen, en faveur de vingt-quatre écoliers
pauvres; — le collége d'Harcourt; — le collége
de Tournai, destiné aux Flamands; — le collége du
cardinal Pierre Bertrand, évêque d'Autun (*voir la
lettre du pape Benoît XII* — 12 *septembre* 1339);
— le collége d'Arras (*lettres du roi Charles IV,
confirmatives de la vente de soixante livres parisis
de rente pour divers biens du bailliage de Vermandois, au profit des escoliers nés des ville ou
diocèse d'Arras, qui seront dorénavant estudians
à Paris, hormis ceux logés en la maison d'Arras,
laquelle appartient aux doyen et chapitre d'Arras,*
août 1327[1]); — le collége de Bayeux, fondé par
l'évêque Guillaume Bonnet, en faveur de douze
élèves pauvres du diocèse du Mans et de l'Anjou
(le samedi après *Reminiscere*, 1ᵉʳ *mars* 1308); — le
collége de Sainte-Barbe [2] (19 *novembre* 1556); — le
collége de Becond ou de Boncourt, fondé en faveur
de huit écoliers du diocèse de Thérouane (12 *septembre* 1353); — le collége des Bons-Enfants (lettres

---

1. Voir les *Lettres de Henri VI, roi de France et d'Angleterre*, confirmant les priviléges de l'Université (14 août 1423), et surtout passim, Charles Jourdain, *Index chronologicus chartarum pertinentium ad historiam Universitatis parisiensis*.
2. Quicherat, *Histoire de Sainte-Barbe*, t. I.

du pape Innocent IV (*Lyon*, 24 *novembre* 1248);—
le collége de Bourgogne (5 *février* 1331);—le collége de Cambrai ou des trois évêques, devant l'hôpital Saint-Jean-de-Jérusalem (13 *octobre* 1344);—le collége du cardinal Jehan Lemoine (4 *mai* 1302); le collége du Mans, fondé par Philippe de Luxembourg, évêque du Mans (9 *juin* 1526);—le collége de Chollet, de Clermont,—de Constantinople, — de Coqueret,—de Dacie,—de Dainville,—du Dauphin, —des Dix-huit,—de Dormans-Beauvais,—de Pierre Fortet, des Grassins,—de Hubant,—de Justice,—de Kérambert, de Lisieux, — des Lombards, — de Lorris, — de Maclou, de maître Gervais, du Grand Monastère, de la Marche et de Winville,—de Saint-Michel, de Mignon, — de Montaigne ou des Cappettes, — de Narbonne, — de Navarre, — de Saint-Nicolas du Louvre, — du Plessis, de Presles[1] et Laon[2],—le collége royal, — le collége de Reims,— de Rethel, — des Écossais, — de Suède, — de Tulle, — du Val des Écoliers, — de Tours, — de Billon,

---

1. Presles est une commune du canton de Braisne, arrondissement de Soissons.
2. Laon, chef-lieu du département de l'Aisne, où j'ai passé les jeunes, les lointaines déjà, les meilleures années de ma vie (1846-1856), est situé sur une montagne haute de 220 mètres. De la promenade qui gagne et entoure l'abbaye et la Cuve Saint-Vincent, on découvre un vaste panorama, comprenant des routes nombreuses, la cathédrale avec ses quatre tours percées à jour, l'église Saint-Martin, le tribunal et la tour penchée.

— des Bons-Enfants de Reims, — de Louvain et de Mauriac.

On peut juger, par cette longue énumération, l'importance des colléges que l'ancien Paris possédait. — Il ne faut donc pas s'étonner de la haute et juste influence que possédait, dans toutes les circonstances, auprès du pape, auprès des souverains, auprès du parlement, l'Université lorsqu'elle prenait en main une question, un intérêt concernant ses priviléges, ses maisons, ses écoliers [1]. — Le 4 août 1412, elle envoie au roi Charles VI une ambassade de douze personnes à Auxerre *pour aider le monarque et le conseiller loyaument à parfaire, accomplir la paix et tranquillité de son royaume, encommencées par son fils aisné Monseigneur le duc de Guienne.* Les nations de France, de Picardie, de Normandie, d'Angleterre, la Faculté des arts [2] sont représentées dans cette députation [3] illustre. De bonne heure, l'Université s'organisait ; dès 1270, les Facultés reçurent les diverses spécialités de l'enseignement. La Faculté de théologie était établie à la Sorbonne, — la Faculté de droit [4], à Saint-Jean de

---

1. Jourdain, *Histoire de l'Université de Paris.*
2. Discours prononcé par le doyen de la Faculté de droit de Paris, M. Colmet d'Aage. (Août 1875.)
3. *Archives du ministère de l'instruction publique à Paris.* (A. I. 9, th. I.)
4. Fiers comme des Espagnols, leurs anciens maîtres, les

Beauvais, sur le clos Bruneau, et la Faculté des arts (*médecine et lettres*) ouvrit ses écoles, délabrées alors comme de nos jours[1], dans la rue du Fouarre, célébrée par Dante, parlant de son contemporain, qui professait *nel vico degli strami* (*Il Paradiso, cant. X, vers.* 136), et par Rabelais racontant que Pantagruel, en la rue du Feurre, tint contre les Régens, Artiens et Oratoriens, puis les mit tous de cul..... (*Pantagruel, liv. II, chap. X.*) — Dans ce local humide et sombre de la rue du Fouarre, se pressaient, dès cinq heures du matin, les écoliers, assis sur quelques bottes de paille, éclairés par deux chandelles, le maître assis sur un escabeau. — En l'absence d'horloge, les étudiants se réglaient sur la cloche des églises voisines. — A cinq heures, la messe de Saint-Julien donnait le si-

---

élèves de l'Université de Besançon refusèrent, en 1767, d'assister aux cours, parce qu'on y admettait le fils d'un perruquier. (*Archives du département du Doubs.* — D. 4. *Pénalités anciennes*, page 208.)

1. Voir les *Rapports de missions scientifiques à l'étranger*, présentés par l'éminent professeur de la Faculté de Paris, M. le docteur Lorain, sur l'état des laboratoires en Allemagne et en Angleterre. Le budget de l'instruction publique en France est, depuis bien des années, dérisoirement insuffisant. Les dépenses de nos facultés sont cependant couvertes amplement par les recettes des grades qu'elles confèrent. (Voir, sur ce sujet, les discours prononcés par MM. Victor Duruy, Jules Simon, ministres de l'instruction publique, devant les députés et à l'Assemblée des délégués des sociétés savantes, 1873.) Consulter aussi l'*Étude sur l'organisation de la médecine en France et à l'étranger*, par M. Léon Le Fort (Paris, 1874, in-8°).

gnal et appelait à la messe ; une heure après, la sonnerie de prime à Notre-Dame se faisait entendre.

Jacques de Vitry (*Historia occidentalis, lib. II*) nous dépeint ainsi le caractère, les mœurs, les habitudes des principales nations composant l'Université de Paris : « Anglicos potatores et caudatos
« affirmantes, — Francigenas superbos, molles et
« muliebriter compositos, Teutonicos furibundos,
« Normanos inanes et gloriosos, — Pictavos prodi-
« tores, Burgundos brutos et stultos, — Britannos
« leves et vagos, — Siculos tyrannos, — Braban-
« tios incendiarios et raptores, Flandrentes comes-
« sationibus deditos et more butyri molles, — Lom-
« bardos avaros, malitiosos, Romanos seditiosos. »
— L'évêque de Paris[1] (*Règlement du 11 janvier 1269*) reproche aux écoliers, *quod de die et nocte, multos vulnerant atrociter, interficiunt,—mulieres rapiunt, — opprimunt virgines, hospitia frangunt, nec non latrocinia et multa alia enormia, Deo odibilia, sæpè et sæpius committant.*

En 1499, le cardinal Georges d'Amboise fut appelé de Rouen à Paris, par les troubles qu'y venaient de susciter les nouvelles ordonnances relatives à l'Université. — Les étudiants jouissaient

---

1. *Cartulaire de Notre-Dame de Paris*, t. I, page 162.

depuis longtemps du droit de Committimus, qui leur donnait une juridiction particulière; plusieurs trafiquèrent de ce privilége, en se faisant mettre en cause dans des procès auxquels ils étaient complétement étrangers. — Le nombre des étudiants s'élevant à 25,000, cet abus devenait frauduleux. — Le cardinal d'Amboise l'arrêta, en limitant au temps des études un privilége qui, auparavant, durait toute la vie, et en ôtant à l'Université le droit de procéder dans ses affaires par voie d'excommunication et d'interdit. — Ces ordonnances causèrent, chez les étudiants, une agitation qui alla jusqu'à la révolte; pour en triompher, il fallut déployer des troupes, avec lesquelles le Roi, accompagné de sa maison, partit de Blois. — Dès que les étudiants connurent sa présence à Corbeil, les plus mutins prirent la fuite, et les autres, grâce à la fermeté du cardinal, rentrèrent dans l'ordre et la soumission [1].

Les lupanars, dans les quartiers [2] assignés à la débauche (la Cité, rues de Glatigny, — Mascon,

---

1. *Éloge du cardinal d'Amboise*, lu à l'Académie de Rouen, le 21 décembre 1775, par M. l'abbé Talbert. — Registres de l'hôtel de ville de Rouen, 18 mai 1499. — De Stabenrath, *le Palais de Justice de Rouen*, 1342. — Floquet, *le Parlement de Normandie*, t. I. — *Discours de rentrée* prononcés à Rouen, par M. l'avocat général Couret, 1864, et par M. l'avocat général Hardouin, 1874.

2. *Pénalités anciennes*, pages 62 et suivantes.

— la Boucherie, — clos Bruneau, — Froidmanteau, — Robert-de-Paris, — Bailhoë, — Tiroin [1], — Champ-Fleury), touchaient aux salles de cours, malgré les ordonnances de saint Louis (1259), du roi Charles (3 février 1368) et du prévôt de Paris (8 janvier 1415) [2].

Dans le quartier Latin, le commerce était représenté par les professions se rattachant aux études et aux lettres. — L'unique fabrique d'encre existant à Paris était installée rue Saint-Victor, et tenue par Asseline de Roie [3]. — Les huit libraires de Paris, établis dans la Cité autour de Notre-Dame, ou sur la rive gauche, étaient les sieurs :

Agmen, rue Neuve-Notre-Dame;

Pierre le Normand, rue de la Lanterne;

Poncet, rue Neuve-Notre-Dame;

---

1. *In cœmeterio Innocentium meretricabatur* (*Guillelmus Brito, Philippidos liber I*). — *La Taille de* 1292.

2. L'Église n'avait guère d'indignation autrefois pour le voisinage des maisons de débauche. Au quinzième siècle, il fut dit que les curés de la paroisse Saint-Merri avaient intérêt que les bordeaux restassent dans les maisons avoisinant l'église, parce qu'ainsi les rentes en valaient mieux. (*Pénalités anciennes*, page 63.)

3. C'était un grand privilège que d'être papetier de l'Université ! Le 10 mai 1608, un arrêt du parlement de Paris confirme la sentence du prévôt de Paris, qui maintient, contre la prétention des colleurs de papier, les quatre marchands papetiers de l'Université, lesquels peuvent se dire papetiers jurés en l'Université de Paris, sans qu'aucun autre puisse prendre qualité de papetier en ladite ville ne visiter la marchandise de papier arrivant en la ville, tant par les marchands forains que par autres. (*Pénalités anciennes*, p. 210.)

Guérin l'Anglois, ruelle aux Coulons;

Lefroi, rue de Froid-Mantel;

Aignen, rue de la Boucherie;

Jehan Blondel, rue Neuve-Notre-Dame;

et dame Marguerite, de Sens, Grand'rue-St-Benoist.

Alors déjà, des marchands de vieux habits spéculaient sur les besoins d'argent des étudiants :

Clercs y sont enganés souvent.

Des marchands d'oublies, de gaufres et de rissoles, se promenaient avec des corbeilles recouvertes d'une serviette blanche. Les écoliers qui avaient gagné ces corbeilles les suspendaient en guise de trophées pacifiques : *Præcones nebularum et gafrarum pronuntiant se, nocte, nebulas, gafras, et artocreos vendendos, in calatis velatis manutergio albo. — Calati verò ad fenestras clericorum suspenduntur.* (*Johannes de Garland.*, XXVIII.)

Les étudiants affluèrent de toutes les nationalités, de toutes les religions à Paris[1], ce cœur et ce cerveau du monde. De là, se répartissaient ensuite dans chaque région les rayonnements des sciences mul-

---

1. La France compte aujourd'hui 36 millions de catholiques, 600,000 protestants, dont la majorité appartient au calvinisme, les luthériens sont dans l'Est. — La Seine, les Deux-Sèvres, la Charente-Inférieure comprennent les deux communions. Les Israélites sont au nombre de 50,000, habitant la Lorraine, la Seine, Bordeaux et Marseille. On rencontre donc, sur 1,000 Français, en moyenne 976 catholiques, 22 protestants et 2 juifs.

tiples, puisés à cette source toujours si pure, toujours intarissable.

Le collége de Beauvais, construit sur l'emplacement de la maison aux Images (1365-1370), qui appartenait au collége de Laon, était séparé du collége de Presles par un simple mur. — Saint François-Xavier (1531) et le cardinal de Dormans y professèrent tous deux.

Le collége de Navarre était situé rue de la Montagne-Sainte-Geneviève, sur l'emplacement même aujourd'hui occupé par notre grande École polytechnique. Fondé par Jehan de Navarre (1304), il fut agrandi par Louis XI (1464). Le roi en était le premier boursier, et le revenu de sa bourse était affecté à l'achat des verges destinées à la correction des écoliers, comme marque d'affection sans doute :
Qui benè amat, benè castigat.

L'écolier d'autrefois, vêtu de son pourpoint de gros drap[1] et de son capuchon, gravissait, avant le jour, jusqu'au collége de Montaigu, où tout était aigu, disait le proverbe :

Mons acutus, - ingenium acutum, - dentes acuti.

Là veillait Pierre Tempête, le grand fouetteur de Montaigu[2], et cependant, malgré les verges,

---

1. Vallet de Viriville, *Histoire de l'Instruction publique en Europe* (1849-1852, in-4º).
2. *Rabelais.*

le mauvais gîte et l'affreuse nourriture dont parle Érasme [1], une jeunesse avide d'apprendre venait y étudier de toute l'Europe [2]. — Un pauvre enfant, Jean Stondonck, accourait de Malines, à pied, dans cette sévère école, travaillait tout le jour, et étudiait la nuit, aux rayons gratuits de la lune. Nos colléges, nos lycées, nos amphithéâtres, bien qu'ils ne soient pas encore comme local, comme tenue, partout irréprochables, sembleraient bien luxueux auprès des anciennes écoles. Là, un escabeau, deux chandelles, quelques bottes de paille [3] jonchant la terre nue, composaient l'unique mobilier des salles d'étude, où, dès cinq heures du matin, les élèves, éveillés par la messe des Carmes et la sonnerie de prime à Notre-Dame, se pressaient [4] pour entendre la parole de leur professeur.

---

1. *Dialogue de la chair et du poisson.*
2. Hauréau, *La philosophie scholastique.*
1475. — Livre appelé : *Le signe d'un homme ou d'un quidam*, relié pour la duchesse d'Orléans, par Simon Accard de Chauny.
1532. — François Ier accorde une gratification de cent écus d'or à Clément Marot, son valet de chambre ordinaire, pour ses bons et agréables services en son office et autrement.
1573. — En la présence de maistre Nicolas, notaire à Paris, maistre Pierre Ronsard, aumosnier et poëte françois du roy, confesse avoir reçu de M. P. de Ficte, trésorier de l'épargne dudit seigneur, la somme de trois cents livres, pour trois mois de sa pension et entretenement.
3. La rue du Fouarre tirait son nom du vieux mot fouarre ou feurre, qui veut dire paille.
4. En 1397, Guillaume Vivian et Jehan de Chambly, de l'ordre

La faculté de Droit de Paris [1], fondée au moyen âge, n'enseignait plus, depuis 1219, que le droit canonique [2]; on l'appelait *Faculté de Décret*, à cause du décret de Gratien. — Défense lui était faite d'enseigner le droit civil [3] (*article 66 de l'ordonnance de Blois*).

Louis XIV, par son édit d'avril 1679, régla l'étude du droit civil et du droit canonique, et fixa la condition des professeurs et agrégés (*arrêt du Conseil des 16 novembre 1680 et la déclaration royale du 19 janvier 1700*). Par lettres patentes du 16 novembre 1763, le roi ordonne la cons-

---

des Frères Prêcheurs, Simon Domont, Étienne de Chaumont et Jehan Nicolas, docteurs en théologie, reçoivent du duc d'Orléans leur salaire, pour labourer en la translation d'une Bible en françois, laquelle fit commencer le roi Jehan.

1397. — Le duc d'Orléans achète de Robert Lescuyer, libraire à Paris, *Isidore*, *Suétone* et *Lucain*, en français ; et de Pierre Vérone, étudiant à Paris, *Tite-Live* et *Boëce*, aussi traduits en français.

1390. — *Problèmes d'Aristote*, translatés de latin en français, par la main de maistre Evrart de Contis, maître en médecine.

1. Discours prononcé par M. le doyen de la Faculté de droit de Paris, Colmet d'Aage (1er août 1875).

2. Diplôme de bachelier en théologie, délivré par J. Villers, recteur de l'Université de Paris (1442).

3. En 1495, Michel Thomas, élève étudiant à Orléans, et G. d'Antry, licencié en théologie, reconnaissent avoir reçu diverses sommes que le duc d'Orléans leur a données, à l'un, pour s'entretenir ès escoles, et à l'autre, pour s'ayder à estre fait docteur.

1489. — Ordre du roi de payer à maistre Paul Émilius, orateur et chroniqueur Lombard, sa pension de cent quatre-vingts livres.

truction, autour de l'église Sainte-Geneviève, des bâtiments inaugurés le 24 novembre 1772.

Tous nos rois accordèrent des priviléges à l'Université[1], grâce à eux bientôt devenue[2] puissante après Philippe-Auguste et saint Louis. En 1408, on lit l'ordonnance de Louis XI, relative à la requête des trois États de Normandie, contre Robert du Quesnoy, recteur de l'Université de Paris, qui voulait imposer les villes affranchies, contrairement aux priviléges de la Charte normande. Le 19 juin 1537, priviléges accordés par François Ier à l'Université de Paris. — En 1540, rente fondée pour le collége de Fortel en l'Université de Paris, et en 1553, Henri II exempte l'Université de Paris

---

1. Taranne, *Rapport au ministre sur les archives de l'instruction publique.* (Bulletin des comités historiques, 1850.)
Outre la collection possédée par le ministre de l'instruction publique, et comprenant les registres des nations de France, de Picardie, de Normandie, d'Angleterre et d'Allemagne, de la faculté des Arts, il y a à la Bibliothèque nationale de Paris (manuscrits) *Codex Rectorius*, le *Catalogue des Maîtres*. A la bibliothèque Mazarine : le *Livre des Censeurs de la nation de France* (1935-1935 E); le *Livre des Procureurs* (2682 A-1935 F).

2. Au quinzième siècle, Jehan Charlier de Gerson, docteur en Sorbonne, soutient, comme avocat, devant le Parlement, les droits de l'Université de Paris, violés par le sire de Savoisy. La Cour, par son arrêt (1404), ordonne que la maison du sire de Savoisy sera démolie et abattue aux coûts et dépens d'iceluy, et que le résidu en sera baillé à l'église de Sainte-Catherine-du-Val-des-Écoliers, en laquelle église partie des offenses et maléfices proposés par l'Université furent faits, et se commencera la démolition mardi prochain...

du décime, en reconnaissance de la censure qu'elle exerce sur les mauvais livres.

En vertu de la Charte royale du 24 août 1321, la Cour[1] des comptes exerçait un contrôle sur l'administration du collége de Navarre-Champagne, elle jugeait les différends entre le proviseur et les élèves, commettait un auditeur pour assister à la vérification des comptes, et veillait à la conservation de la bibliothèque. Elle était trop voisine de la Sainte-Chapelle pour ne pas en avoir la régie temporelle que lui confièrent Philippe le Bel et Charles VII.

Disons-le, en France, les locaux de nos grandes écoles, des principaux établissements d'instruction publique, à Paris même, ne répondent plus à leur destination. Dans les lycées de Paris, qui reçoivent des internes (Louis-le-Grand[2], Henri IV, Saint-

---

1. *Dissertation historique* de Lechanteur, et surtout l'excellent et introuvable ouvrage de M. de Boislisle (1873), Gouverneur, éditeur à Nogent-le-Rotrou.

Voir (10 décembre 1552) la quittance par laquelle Josse Lebel, maître faiseur d'orgues, et autres instruments de musique, demeurant à Paris, rue des Assis, près Saint-Jacques-la-Boucherie, à l'enseigne du *Griffon d'or*, confesse avoir reçu de MM. les procureurs doyens de la nation de France en l'Université de Paris, la somme de deux cent trente livres tournois, pour la façon des orgues par lui faites et livrées à l'église du collége de Navarre, pour ladite nation de France.

2. J'ai préféré donner aux lycées leurs noms anciens et illustres, sous lesquels ils ont été si glorieux et connus, que de leur infliger

Louis), les prescriptions de l'hygiène ne sont pas observées; chaque élève n'y jouit pas du cube d'air respirable auquel il a droit. — Les amphithéâtres d'anatomie de la faculté ne sont ni bien tenus [1], ni aérés, ni assainis. — Le matériel de l'enseignement, depuis les collections et laboratoires jusqu'aux bibliothèques, est insuffisant, suranné ou en désordre, comme au Jardin des Plantes. — Nous avons à cet égard des modèles en Amérique, en Allemagne, en Angleterre, et même en Suisse. — Imitons-les enfin. — La première pierre de la Sorbonne, à réédifier, a été posée en 1853, et attend encore la seconde : tant de calamités nous sont advenues depuis !

---

les surnoms changeants qui leur ont été assignés, depuis le 4 septembre 1870, au gré de la politique du jour.

1. Michel Chevalier, *Le nouveau système financier*. 1874.

CHAPITRE II

LES UNIVERSITÉS ET LES ÉCOLIERS

Auprès de l'Université de Paris (1200), et diminuant le nombre de ses élèves, s'étaient fondées des universités rivales : Toulouse (1229), Montpellier (1289), Avignon (1303), Orléans (1306), Cahors (1332), Angers (1364), Orange (1365), Aix (1409), Poitiers (1431), Caen (1432), Valence (1452), Nantes (1460), Bourges (1464), Bordeaux (1441), Reims (1547), Douai (1562), Dôle (1424), Besançon (1564), Pont-à-Mousson (1572), Strasbourg (1621), enfin Pau et Dijon (dix-huitième siècle).

L'éducation de la jeunesse, réglée si longtemps par le chef de l'Église, rentre, à dater de Henri IV, sous l'administration civile, comme un de ses plus grands attributs, toujours et hautement revendiqué par le roi et ses parlements.

Quatorze bénéfices étaient sous le patronage de

l'Université, et à sa nomination : les trois cures de Saint-Germain-le-Vieux, de Saint-Côme et de Saint-Damien, de Saint-André-des-Arcs et onze chapelles, dont trois fondées en 1398, sur le revenu de la geôle du Châtelet de Paris[1], en expiation du meurtre d'un régent, Simon de Maissemy[2] ; — deux, en 1304, sur un domaine du roi, par un prévôt de Paris, Pierre Jumel, qui avait fait pendre un écolier, sans autre forme de procès; — une chapelle de Notre-Dame, fondée en 1308, en l'église de Saint-André-des-Arcs, par Jean de Thélu, docteur en décret; et les cinq chapelles que Charles de Savoisy avait été contraint d'ériger (1403), en expiation du meurtre d'écoliers, tués par ses gens. L'Université[3] était laïque, elle faisait les présentations à ces bénéfices, comme propriétaire et seigneur temporel[4] de ces fondations. Alors, comme aujourd'hui, ce qui a toujours manqué à l'Université, c'est une somme suffisante pour honorer dignement les régents, installer hygiéniquement les colléges et facultés, et accélérer le progrès des études et les

---

1. *Le Châtelet de Paris*. Didier, éditeur.
2. Maissemy, canton de Vermand (Aisne).
3. Du Boulay, *Hist. univ. De patronatu Universitatis in dispositione beneficiorum.* — Troplong, *Du pouvoir de l'État sur l'enseignement*, d'après l'ancien droit français, 1844, in-8°.
4. Jourdain, *Histoire de l'Université de Paris.*

découvertes scientifiques. De cette situation gênée naissaient des réclamations et des procès.

L'Université défendait ses messagers [1], dont le revenu était affecté aux salaires des régents, aux termes d'une convention prise entre les différentes nations qui résistaient ainsi aux fermiers des postes. (*Arrêt du Conseil du* 14 *décembre* 1641.) Sous le rectorat de l'abbé Vittement, le bail général des messageries de l'Université, qui était de 37,683 livres 10 sols depuis 1676, fut augmenté de 10,000 livres.

La pension d'éméritat pour les régents, après vingt années d'exercice, était prélevée sur la part du produit des postes, payée annuellement à la Faculté des Arts. (*Arrêts de* 1748, *septembre, et de* 1760.)

La nation de Picardie n'approuvait pas les réponses préparées dans le sein des autres compagnies pour la réforme de l'Université. Son procureur, M⁰ Turmine, fut l'objet d'un arrêt, lui enjoignant de remettre à M. Joly de Fleury, procureur général près le parlement de Paris, les manuscrits qui de-

---

1. Il y avait, pour faciliter les relations des étudiants, souvent éloignés de leurs familles, les grands messagers qui étaient des commerçants accrédités, et les petits messagers ou messagers volants, qui voyageaient pour le compte et le service exclusif des écoliers. Blois en avait trois, Fontenay-le-Comte, trois, Rouen en avait six, d'autres villes, un seul. Plus tard, il n'y en eut plus qu'un seul par diocèse.

vaient être communiqués à celui-ci. (5 *mars* 1762.)

Un des plus célèbres professeurs fut Abailard, connu par sa science, par son amour pour Héloïse et ses malheurs.

Voir lettre d'Abailard, traduction [1] inédite de Jehan Meung [2], commençant par ces mots : « Exemples atteignent souvent les talens des hommes plus que ne font paroles, et, pour ce, après aucun confort de parole dite entre nous, en ta présence, ai-je proposé à escripre à toy, qui es ores lointaine, une confortable espitre des propres esperimens de mes méchances, pour que tu cognoisses que tes temptacions sont nulles ou petites au regard des miennes, et que les portes plus legierement ! »

Les agitations étaient fréquentes dans l'Université. Le Picard Ramus fut tué dans son collége de Presles, rue Saint-Jean-de-Beauvais. On le soupçonnait d'initier trop ouvertement au calvinisme, et les étudiants, incités par leurs régents, lui coupèrent la tête et le *frappèrent d'escourgées, au mépris de sa profession,* a écrit un historien.

On disait des écoliers : les flûteurs et joueurs de

---

1. *Bulletin du Comité historique des monuments écrits de l'histoire de France*, t. II, page 175. Paris, Imprimerie Nationale, 1851.

2. Abailard professa à Laon, et l'on montre encore, en cette ville, dans la maison des Frères, la salle où il donnait ses enseignements.

Poitiers, les danseurs d'Orléans, les brayards d'Angers, les crottés de Paris, les brigueurs de Pavie, les amoureux de Turin, les bons étudiants de Tholouze. (Chasseneus, *Catalogus gloriæ mundi*.)

Un poëme du seizième siècle, ajoutant au livre de Jean de Salisbury *de Miseriis scholasticorum*, s'intitule : *Les ténèbres du champ Gaillard*, composées *selon l'estat dudit lieu, lesquelles se chantent sur le chant des Ténèbres de Karesme*. Paris, Nicolas Buffet, près le collége de Reims, in-16.

Le Pré-aux-Clercs[1] et la foire du Landit, à Saint-Denis, étaient le théâtre des ébats des écoliers. Ce domaine de l'Université, situé sur la rive gauche de la Seine, en face du Louvre, comprenait l'espace aujourd'hui occupé par la rue de l'Université ; il fut affermé ou aliéné pour compenser l'abaissement des rétributions scolaires.

Le Recteur avait un droit sur la vente du parchemin qui se débitait à Paris[2]. Ce droit était affermé deux mille livres, et, comme garantie de ce monopole, maîtres et écoliers se rendaient, deux fois par an, processionnellement à Saint-Denis, lors de la foire du Landit, et l'on vérifiait les liasses de par-

---

1. *Mémoire touchant la seigneurie du Pré-aux-Clercs*. Paris, 1694. In-4°.
2. L'abbé Lebœuf, *Histoire du Diocèse de Paris*, in-12, 1754, t. III, p. 246 et suivantes.

chemin apportées à ce marché[1]. Cette procession avait encore lieu sous Henri IV.

Les écoliers devaient parler latin dans les classes, ainsi que leurs régents, et même dans leurs récréations, aux termes d'un statut promulgué sous François Ier et renouvelé sous Henri IV.

Un surveillant était chaque jour tenu de présenter au principal une liste des élèves qui auraient, à l'office divin, parlé en langue vulgaire, ou commis quelque autre faute grave. La gent écolière parlait, dit M. Perrens, un latin macaronique, dont Mathurin Cordier nous a transmis quelques échantillons, pour l'an de grâce 1530 : *Noli crachare super me. —Ego transibo me de te.—Diabolus te possit inferre.* Tout était latin dans les réjouissances et cérémonies officielles. On célébrait la fin du carnaval et la distribution des prix par la représentation de deux tragédies latines, l'une, en cinq actes, du professeur de rhétorique, l'autre, en trois actes seulement, du professeur de seconde. C'est sur le théâtre d'un collége, qu'on voyait le ballet de la Défaite du solécisme, par Despautère, où les chevaliers Prétérit et Supin repoussaient l'assaut des princes Solécisme et Barbarisme.

Boileau, venant dîner un jour au collège de Beau-

---

1. Le dernier grand Landit fut célébré en 1603.

vais, où il avait étudié, s'entendait souhaiter la bienvenue dans les mètres d'Horace, — lui qui avait fait une vive satire contre l'abus des vers latins. Les maîtres étaient tenus de donner des corrigés, de là ces recueils qu'on faisait pour l'ingrate postérité; mais, sur ce point encore, combien l'Université ne le cédait-elle pas déjà aux Jésuites !

En 1727, elle publiait un petit volume in-18, contenant des vers, enfantés par dix de ses professeurs, entre autres Hersan, Rollin, Coffin, Grenau, la quintessence, en un mot, de cinquante ans de poésie. Les Jésuites répondirent à cette provocation modeste, en éditant deux gros volumes in-4°, produits par le R. P. Lejay *seul*, comme l'annonçaient orgueilleusement les mémoires de Trévoux, organe officiel de la compagnie.

Le collége Louis-le-Grand fut ouvert, en 1564, par les Jésuites qui, en l'honneur de Duprat, évêque de Clermont, l'appelèrent *Collége de Clermont de la Compagnie de Jésus*[1].

---

[1]. C'est dans cette maison, dont je suis l'humble et bien reconnaissant élève, que je suis entré, en venant du collége de Saint-Quentin (1834). Le proviseur était M. Pierrot de Seilligny ; le censeur, M. Roger ; mes maîtres vénérés : M. Roberge, M. Chardin, M. Desforges et M. Loudière, en rhétorique ; MM. Gaillardin et Du Rozoir, pour l'histoire ; MM. Bigourdan, La Provostay, Thillaye, pour la physique et la chimie ; Liouville, pour la géométrie. L'infirmerie était desservie par les admirables et saintes sœurs Bathilde et Adrien : celle-ci seule a survécu.

En 1674, les Jésuites ayant invité Louis XIV à applaudir une tragédie représentée par leurs élèves, le grand roi, satisfait du jeu des écoliers, s'écria avec enthousiasme : Faut-il s'en étonner? c'est mon collége.

Le recteur n'eut garde de laisser tomber ces paroles, et, dès la nuit suivante, il fit enlever du fronton de la porte d'entrée cette inscription : *Collegium Claromontanum societatis Jesu*, et mettre à la place: *Collegium Ludovici Magni*. Les succès du collége, qui avait pour professeurs des hommes du plus grand talent, allèrent toujours en croissant, jusqu'à l'expulsion des Jésuites (1762), époque où leur lycée fut fermé. Après cet événement, l'Université de Paris choisit le collége Louis-le-Grand pour son chef-lieu. C'est là que siégea le Conseil académique, qu'on transporta les archives des colléges, la bibliothèque de l'Université et la halle au parchemin, dont il se faisait encore alors une grande consommation.

En 1598, furent promulgués les statuts d'une importante réformation de l'Université, qui devait, on l'espérait du moins, régénérer complètement les études. — Étienne Pasquier admire, dans ces règles, l'exquise latinité de la forme et la haute sagesse des dispositions sur la discipline; toutefois, continue-t-il, « soit qu'en l'ancienneté de mon âge, par un jugement chagrin du vieillard, toutes choses du temps présent me déplaisent pour extoller celles du passé, ou que, sous cette grande voûte du ciel, il n'y ait rien, lequel, venu à sa perfection, ne décline naturellement jusqu'à son dernier période, je trouve bien quelques flammèches, mais non cette grande splendeur d'études, qui reluisait pendant ma jeunesse, et, — à peu dire, — je cherche l'Université dedans l'Université, sans la retrouver[1], pour le moins celle qui estoit sous les règnes de François Ier et de Henri II. » — Le judicieux Pasquier disait vrai, les splendeurs et les priviléges de l'Université de Paris s'étaient effacés, sous la volonté résolue des rois et des parlements, jaloux de la liberté des maîtres et des écoliers. On pouvait dire d'elle qu'elle avait vécu !

1. *Recherches de la France,* livre IX, chapitre xxv.

CHAPITRE III

SUPÉRIORITÉ DE L'UNIVERSITÉ DE PARIS

Le violent agitateur Luther, le Saxon sanguin et trapu, aux joues épaisses, aux gros favoris, le Luther peint par Holbein, reconnaissait la supériorité de l'Université de Paris. — C'est là, disait-il [1], en France, que se trouve la plus célèbre et la plus excellente école. Il y a une foule d'étudiants, dans les vingt mille et au delà. — Les théologiens y ont, à eux, le lieu le plus agréable de la ville : une rue fermée de portes aux deux bouts ; on l'appelle la Sorbonne. — Peut-être, à ce que j'imagine [2], tire-

---

1. *Mémoires de Luther*, traduits par Michelet. (Chamerot, éditeur à Paris.)
2. La Sorbonne, Luther le savait très-bien, tirait son nom de Robert de Sorbon, chapelain de saint Louis, qui en avait fondé l'église et le collége pour les pauvres écoliers en théologie. Là aussi fut établie, en France, par Friburger et Krautz, la première im-

t-elle son nom de ces fruits du Sorbier, qui viennent sur les bords de la mer Morte et qui présentent, au dehors, une agréable apparence; ouvrez-les, ce n'est que cendres au dedans. — Telle est l'Université de Paris; elle présente une grande foule, mais elle est la mère de bien des erreurs. S'ils se disputent, ils crient, comme des paysans ivres, en latin, en français. Enfin, on frappe du pied, pour les faire taire. Ils ne font pas de docteurs en théologie, avant qu'on n'étudie, pendant dix ans, dans leur sophistique et futile dialectique. Le candidat répondant doit siéger, un jour entier, et soutenir la dispute, contre tous venants, de six heures du matin à six heures du soir. — A Bourges, dans les promotions publiques de docteurs en théologie, qui se font dans l'église métropolitaine, on leur donne à chacun un filet, apparemment pour qu'ils s'en servent à prendre les gens. — C'était donc une terre merveilleusement préparée pour y semer les disputes. — Les doctrines de Luther, de Calvin, de Ramus, furent accueillies par un violent enthousiasme, qui, comme

---

primerie. En 1620, le grand cardinal de Richelieu y incorpora le collége Du Plessy.

En 1346, Jehan de Hubant, président aux enquêtes, donne les revenus nécessaires à l'entretien de six écoliers, d'un maître et d'un chapelain, dans la maison qu'il habite, cloître Sainte-Geneviève-du-Mont, à Paris.

toujours, se traduisit là par des désordres. « Les escoliers, animez par le conseil de Ramus[1] au susdict an 1548[2] (en juillet), posent des placards aux carrefours, rues et portes des plus fameux colléges de l'Université, admonestant tous les escoliers de se trouver en bon équipage, et avec armes de défence, à leur pré, sur les deux heures après midy, comme ils firent. Leur premier assault fut contre le clos des moines, où ils firent plusieurs brèches, rompirent les arbres fruitiers et les treilles qui estoient aux environs, et arrachèrent les ceps de vignes, ou partie des arbres rompus pour trophées de la victoire, et les bruslèrent devant Sainte-Geneviève-du-Mont, *tanquàm gratum Deo sacrificium offerentes*. J'en parle comme d'une personne qui y estoit, *turbam ad malum sequutus.* »

---

1. Jac. Dubreul, *Le théâtre des antiquités de Paris*, p. 335.
2. *Tres orationes à tribus liberalium disciplinarum professoribus Petro Ramo, Audamaro Talœo et Bartholomœo-Alexandro Lutetiœ, in Gymnasio Mariano habitæ, et ab eorum discipulis exceptæ, anno salutis* 1544, *pridie nonas novembris.*

CHAPITRE VI

LES NATIONS ET FACULTÉS

Les Facultés de théologie, de droit, de médecine et la Faculté des arts, comprenant les nations de France, de Normandie, de Picardie et d'Allemagne, se réunissaient dans des assemblées générales ou particulières, pour l'élection de leurs officiers, la désignation des examinateurs, la collection des bourses, la confection des présentations aux bénéfices ecclésiastiques, enfin le service des messageries, celui de l'imprimerie et de la librairie. Vingt-quatre libraires jurés, des papetiers, parcheminiers, enlumineurs, relieurs étaient sous la juridiction directe de l'Université qui les convoquait, jugeait même, sans préjudice des mesures prononcées sur les ouvrages par la Faculté de théologie.

Dès 1169, l'école de Paris, divisée en nations,

formait comme un tribunal dont l'arbitrage était accepté même par des souverains. C'est à lui que le roi d'Angleterre Henri II, divisé avec Thomas Becket, archevêque de Cantorbéry, sur un point de droit public, relatif aux coutumes d'Angleterre, s'en remit pour trancher leurs différends [1].

La nation de France [2], au douzième siècle, avait pour patrons saint Thomas de Cantorbéry, saint Guillaume de Bourges, mort en 1209, archevêque de cette ville, après avoir été dans sa jeunesse écolier de l'université de Paris [3]. — La figure de ce personnage est gravée sur le sceau, qui pend à l'acte de 1398 (*Archives nationales de Paris, J., carton* 515, *pièce* 14.)

Nous l'avons dit plus haut, il y avait quatre nations : celle de France, celle de Picardie, celle de Normandie et celle d'Angleterre ou d'Allemagne.

La nation de France se composait de cinq tribus comprenant les évêchés de Paris, Sens, Tours, Reims, Bourges et tout le midi de l'Europe.

La Picardie comprenait : deux régions et cinq tri-

---

1. Jean Jouvenel des Ursins affirme qu'on avait vu à Paris de seize à vingt mille étudiants. (*Histoire de la Bibliothèque nationale*, Lancelot, 110, fol. 54.)
2. Vallet de Viriville, *Histoire de l'instruction publique en Europe.*
3. Sceaux des Archives nationales, par Douet d'Arcq.

bus : Beauvais, Noyon, Amiens, Térouanne, Arras, Laon, Cambrai, Liége, Utrecht et Tournai.

La Normandie comprenait la province de ce nom.

La nation d'Angleterre ou d'Allemagne comprenait les contrées du nord et de l'est de l'Europe, divisées en trois tribus : la Haute-Germanie, la Basse-Germanie et l'Écosse.

Naturellement les nations avaient leurs sceaux[1], portant l'image du patron. — Saint Nicolas était le patron de la nation de Picardie, mais la tribu d'Amiens honorait spécialement saint Firmin[2]. — A côté de ce dernier, on remarque sur le sceau de la nation de Picardie (1398) Santus Piatus, apôtre de Tournay, et saint Éloi (S. Eligius), évêque de Noyon. La nation de Picardie était qualifiée : *Fidelissima Picardorum gens*.

Le maître était dans une chaire au fond de la classe à droite ; et à gauche étaient rangés les écoliers, observant la maxime inscrite sur les murs : *silentium*. Un bonnet carré, une robe noire avec chausse composaient le costume des professeurs,

---

1. Vallet de Viriville, *Histoire de l'instruction publique en Europe*, in-4°. Paris, 1849.
2. Collection sigillographique des Archives nationales de Paris. — Charles Thurot, *de l'Organisation de l'enseignement dans la Faculté de Paris au moyen âge*. Paris, 1850.

qui, le jour du payement de leurs honoraires ou *Minervales*, donnaient congé à leurs élèves. (*Édits des 5 juin 1596 et 24 mai 1601.*)

Les écoliers ne portaient pas de chapeaux, mais des bonnets ou calottes; ils ne devaient pas être frisés, n'apprenaient pas l'escrime et ne devaient avoir ni bottes, ni épées en classe.

Par arrêt du 21 octobre 1557 [1], le parlement de Paris enjoint à tous pédagogues, directeurs, demeurant hors des colléges, de mener, sous peine de la corde, leurs enfants et écoliers à l'église, et de leur faire ouïr la messe, — les jours de dimanche et autres fêtes.

En 1606, la nation de Picardie [2] avait un guidon jaune, porté seulement quand ses écoliers montaient à cheval, dans les solennités.

Ceux de la nation de Picardie avaient un verre fort long, nommé *flutte* [3], gardé au logis du gouverneur, pour en user que de raison.

En 1686, M. l'abbé Dufresne, curé de Saint-Remi [4], fonda, dans une maison contiguë à son

---

1. Preuve des libertés de l'Église gallicane.—Charles Jourdain, *Index chronol. chartarum.*

2. Voir la belle étude publiée sur le *Bailliage de Laon*, par M. le président A. Combier. (Leroux, éditeur, 28, rue Bonaparte, à Paris, 1874.)

3. On dit encore aujourd'hui une flûte de Champagne.

4. *Le Curé de Saint-Remi*, par M. Pouy. Amiens, 1864.

église, une communauté d'écoliers, qui étaient reçus dans cette demeure et y vivaient pour une somme fort modique.

Cette communauté s'éteignit à la mort de son fondateur, survenue en 1709.

Nous donnons la liste des colléges situés, au dix-huitième siècle, dans l'étendue du bailliage de Laon :
Le collége de Guise, fondé par les ducs, était composé de deux régents[1] ; mais il n'y en avait plus qu'un seul, les rentes ayant souffert des diminutions.

Le collége de Vervins, composé de deux régents, qui font en même temps les fonctions de vicaires.

Le collége de La Fère a un seul régent, qui est en même temps chanoine du chapitre de Saint-Montain, audit La Fère.

Le collége de Marle a un seul régent, dont le revenu est la desserte d'une cure du voisinage.

Le collége de Soissons fut fondé en 1214, par un chanoine de la ville, Jean Farmoutier : avec l'aide de personnes charitables, il bâtit dix chambres, pour loger soixante étudiants pauvres et boursiers. Jehan Desmarest, qui en fut le principal en 1545,

---

1. *Curiosités des anciennes justices.* 1867. Plon, éditeur.
Registre du Conseil secret. (Bibl. nationale, manuscrits. S. Fr. 3407. 10921.)

lui légua une partie de ses biens[1]. En 1675, les prêtres de l'Oratoire en prirent la direction, moyennant une prébende de huit cents livres, une rente sur la charité de huit cent et deux écus, à percevoir sur chaque écolier. (*Acte notarié du* 20 *décembre*.)

Il y avait un supérieur, un sous-principal, deux professeurs de philosophie, un professeur de rhétorique, cinq régents. — Les trente-quatre pensionnaires payaient trois cent vingt livres de pension, sur lesquelles on les fournissait de nourriture, lit, linge de table, blanchissage, papier, plumes, feu, domestiques.

Il y avait aussi un collége à Fère-en-Tardenois[2].

A Saint-Quentin, le collége dit des Bons-Enfants était sous l'invocation du bienheureux saint Quentin, martyr.

---

1. *Curiosités historiques de la Picardie*, d'après les manuscrits, 857-1802. Doloy, libraire à Saint-Quentin.
2. *Mémoire historique sur Saint-Quentin*, par Chabaud la Tour. (Bibliothèque de Laon, ms. 2884, liasse 92.)

CHAPITRE V

REGISTRES ET ARCHIVES DE L'UNIVERSITÉ

Philippe Ier est le premier[1] de nos rois qui, pour authentiquer et autoriser ses chartes ou lettres, ait fait souscrire, au bas de ces instruments[2], ses grands officiers et les précepteurs de ses enfants. — Ce qui n'empêcha pas les falsificateurs[3] : dans le douzième siècle, un moine de Saint-Médard de Sois-

---

1. Le président Hénault, *Abrégé d'histoire de France*.
2. *Journal de Trévoux* (mars 1716).
3. On connaît cette épigramme (Paris, 1770, *Dict. d'Anecdotes*) :

> Lucas, jadis maître clerc à Bayeux,
> Se promenant le long de ses palis,
> Goût lui revint de faire un titre vieux,
> Pour envahir cent arpens de taillis.
> Or là n'étoient ni greffiers ni baillis,
> Mais pis encore : — aux moines Saint-Benoît
> Pour le danger Lucas ses soins auroit,
> Chef-d'œuvre il fait, produit son titre aux Pères.
> Dom Titrier pour vrai le reconnaît,
> Mais à huitaine en promet deux contraires.

sons, nommé Guernon, se voyant au lit de mort, s'accusa publiquement d'avoir parcouru plusieurs monastères et d'y avoir fabriqué de fausses chartes en leur faveur. — D'après le père Daniel, le Trésor des chartes fut établi dans le Temple, où était déjà le Trésor royal, puis, sous saint Louis, transféré à la Sainte-Chapelle [1]. Les chartes étaient placées sous la garde d'un trésorier, dont le titre fut réuni, en 1582, dans la personne de M. de la Guesle, à la charge de procureur général près le parlement de Paris [2].

A diverses reprises nous voyons l'Université (et ses registres en font mention) faire effort pour maintenir l'intégrité de ses importantes archives. — Dès 1327, l'officialité de l'Église de Paris, sur la demande du recteur, employa la menace d'excommunication pour faire réintégrer à la Faculté des arts les titres originaux des priviléges de l'Université, qui se trouvaient disséminés. — En 1357, à la suite d'un différend entre l'Université et l'abbaye de Sainte-Geneviève, les archives furent enlevées à

---

1. *La Sainte-Chapelle.* Dentu, éditeur, Paris, 1873.

2. *Le Parlement de Paris* (Cosse, éditeur à Paris, 1860) et l'*Histoire de l'Académie des inscriptions et belles-lettres*, t. XVI.
   Voir le procès de M. Chasles (de l'Institut) contre le faussaire Vrain-Luca et la savante expertise qui a amené la condamnation de cet habile fabricateur de lettres.

3. H. Bordier, *Archives de France*, p. 319.

l'abbé, qui en avait la garde, et déposées au collége de Navarre. — En 1598, il fut pourvu à la tenue régulière et à la conservation des titres des colléges : précautions vaines, atteste le recteur Crévier, historien de l'Université. — Au seizième siècle, parmi ceux qui prêtent serment[1] aux divers recteurs, on remarque les noms picards de : François le Vasseur, d'Amiens[2] ; — Jean Aubry, de Bavière ; — Marc Lescharbot, de Laon ; — Nicolas de Bruge, d'Amiens ; — Noël Piot, d'Amiens ; — Noël Devise, d'Amiens ; — Pierre Vuatable, d'Amiens ; — Pierre Jaunart, de Soissons ; — Pierre Blondel, de Soissons ; — Pierre de Pailly, d'Amiens ; — Pierre Crapart, de Soissons ; — Nicolas Gobinet, de Laon ; — Olivier Letourneur, de Dolens ; — Pierre Vatelot, de Dolens ; — Baptiste Delore, d'Amiens ; — Frédéric Legros, d'Amiens ; — Nicolas de Lestoille, de Beauvais.

Les Picards qui obtiennent des prix sous le rectorat de Jehan Avril sont : Valère Osanne, de Laon ; — Jehan Dargny, d'Amiens ; — Noël Villette, de Laon ; — Jehan Bocquillart, de Laon ; — M. Desmazures, de Laon ; — Charles Garde, d'Amiens ; — Thomas Simlot, de Laon ; — Jehan Delachaussée, de Noyon ;

---

1. *Acta Rectoria.* Bibl. nationale de Paris (manuscrits). *Latin* (9951-9958).

2. Quelques-uns de ces noms survivent encore honorablement dans notre pays.

— Nicolas Dumont, d'Amiens [1]; — Nicolas Ribaut, de Laon; — Jacques Caboche, d'Amiens; — Antoine Meau, de Laon; — Jean Cordouen, d'Amiens; — Étienne Gamot, d'Amiens; — Eustache du Poncet, d'Amiens; — Jehan Macquet, d'Amiens; — Charles Moreil, du diocèse de Soissons; — Nicolas Parmentier, d'Amiens; — Bénigne Godin, appariteur de la très-fidèle nation de Picardie; — Jacques Lesueur, de Laon; — Jacques Ruel, de Soissons; — Jean Daniel, du diocèse d'Amiens; — Pierre Duhaussoy, de Beauvais; — Abel Focier, de Laon; — C. Godefroy, d'Amiens; — Christophe Lespaistre, du diocèse d'Amiens; — François de Haussy, de Saint-Quentin; — François de Bray, d'Amiens; — Martin Joly, d'Amiens; — Charles Demaschy, d'Amiens; — Nicolas de Lacroix, d'Amiens; — Jehan Cathenoy, de Senlis; — Nicolas Moret, de Laon; — Nicolas Poissonnier, d'Amiens [2]; — Pierre Racine, de Soissons.

Le 21 janvier 1850, le laborieux et érudit Taranne, agrégé des classes supérieures, bibliothécaire à la Mazarine, terminait son rapport à M. le ministre de l'instruction publique en émettant

---

1. *Actes des recteurs.* Au verso du feuillet 136, on lit : *Generatio rectorum benedicetur* (1584-1596). *Domino M. L. d'Arras perficiente.* — *Virtus nobilitate prior.*

2. Voir le chapitre : Prévôt de Paris, protecteur de l'Université, dans l'ouvrage sur *le Châtelet.* Didier, éditeur. Paris, 1863.

le vœu qu'une suite fût donnée aux travaux de du Boulay et de Crévier, qui s'arrêtent à l'année 1600. A l'aide des précieux documents conservés aux Archives nationales et à celles du ministère, les érudits posséderaient enfin une histoire de l'Université de Paris jusqu'au moment où elle cessa d'exister, en vertu du décret de la Convention (15 *septembre* 1793).

Les registres sont déposés partie aux Archives nationales et partie aux archives du ministère de l'instruction publique; ils contiennent l'histoire de l'ancienne Université, classée par M. A. Vallet de Viriville (1837), qui les a inventoriés; ils se divisent en diverses séries: 58 registres, contenant les conclusions de l'Université, de la Faculté des arts et des nations séparées. — Il ne reste plus que deux registres de la nation de France: l'un de 1443 à 1455, l'autre de 1657 à 1662, — deux de la nation de Picardie, de 1476 à 1483 et de 1779 à 1792[1]; — deux de la nation de Normandie, de 1636 à 1769; — et enfin les matières diverses, comprenant : les registres des certificats d'études, — le livre des receveurs de la nation d'Allemagne (1496-1536).— Deux rôles des officiers de l'Université, avocats,

---

1. *Bulletin du Comité historique des monuments écrits de l'histoire de France.* Paris, Imprimerie Nationale, 1850, page 104.

procureurs au Parlement et au Châtelet, procureur fiscal ou syndic de l'Université, scribe ou greffier, questeur ou trésorier, bedeaux, papetiers, libraires, bénéficiers, de 1543 à 1720. A la bibliothèque Mazarine, il existe unmanuscrit (n° 1555), Livre des questeurs de la nation de France (1704-1723).

Quatre registres sur les concours d'agrégation, de 1766 à 1791.—Enfin, le livre des recteurs, de 1650 à 1679, dont une série existe à la Bibliothèque nationale, de 1526 à 1534, — puis de 1568 à 1633, —ainsi qu'un catalogue des maîtres ès arts, de 1660 à 1793.

Les registres des messagers de l'Université, de 1672 à 1736.—Un cartulaire de l'Université.—Une table méthodique des actes de l'Université, de 1622 à 1728, dont une copie existe à la Bibliothèque nationale de Paris.

Un recueil de la fondation des vingt-neuf colléges. — Deux inventaires des titres originaux de l'Université, déposés en ses archives (1624-1698). Des copies de ces inventaires existent à la Bibliothèque nationale. — Un mémoire[1] composé pour la faculté de Théologie contre la faculté des Arts (1647-1654).

Enfin, le livre journal du comité d'instruction

---

1. Voir le *Livre bleu de Padet* (1653) et les *Histoires de du Boulay et de Crévier*, rédigées en faveur de la faculté des Arts.

publique, sous la Convention nationale. — Les cartons sont au nombre de vingt-cinq; l'un d'eux, contenant les actes *relatifs aux Jésuites et à leurs différends avec l'Université*, a disparu des mains de l'archiviste, M. de Langeac, qui l'avait emprunté, le 9 mars 1820, ainsi que l'attestait une note de sa main. Les cartons contiennent des documents relatifs aux *colléges de Paris* ou *hors Paris*, aux Universités d'Aix, Angers, Besançon, Bourges, Caen, Cahors, Douai, Montpellier, Nantes, Orange, Orléans, Poitiers, Reims, Strasbourg, Toulouse, Valence, Dijon, Pau — et de Louvain, Cracovie, Zamoski.—Enfin, des renseignements sur les écoles. Les 102 écoles communales de la République, les écoles secondaires, le collége des Irlandais, le collége Louis-le-Grand et les prytanées.

ARCHIVES DE L'UNIVERSITÉ [1]
ET DES COLLÉGES DE PARIS [2]

UNIVERSITÉ

Statuts de l'Université, 1245-1731. — M. 67, 257°.
Priviléges royaux, 1200-1612. — M. 66.
Organisation de l'Université : doyens de faculté, collation des grades, 1384-1558. — M. 65.

---

[1]. *Archives nationales de France.* — *Inventaires et Documents* (1re partie antérieure à 1789). Paris, Imprimerie Nationale, 1871.
[2]. A l'hôtel Soubise, rue de Picardie (au Marais).

Chancelier de l'Université : priviléges, bulles, statuts, 1207-1463. — M. 257ᵉ.

Lettres adressées par l'Université aux papes, cardinaux, évêques, chapitres et universités, quatorzième, quinzième siècles. — M. 65, 69.

Lettres adressées par l'Université aux rois et aux princes, quatorzième, quinzième siècles. — M. 65.

Lettres reçues par l'Université, 1247-1435. — M. 65.

Relations de l'Université avec les ministres, 1720-1785. — M. 68.

Mémoires historiques concernant l'Université, 1694-1766. — MM. 241.

Recueil de pièces concernant l'Université, dix-septième, dix-huitième siècles. — MM. 242-246.

Collations de chapelles, 1275-1423. — M. 67.

Cures de Saint-Côme et de Saint-André-des-Arts, 1346. — M. 67.

Exemption de péage au port de Wissant, 1312. — M. 67.

Priviléges des libraires, imprimeurs et relieurs de l'Université, 1513-1650. — M. 70.

Nominations et cautions des libraires, 1316-1448. — M. 67.

Parchemins de l'Université, 1547-1728. — M. 67, 70.

Titres de propriété. — M. 67. S. 6186-6191.

Paris : rues du Colombier, des Deux-Anges, Jacob, des Marais-Saint-Germain, des Petits-Augustins, Saint-Benoît, Saint-Jacques, des Saints-Pères, de l'Université, Pré-aux-Clercs.

Vaux, Cⁿᵉ d'Épinay-sur-Orge (Seine-et-Oise).

Comptes, 1425-1786. — H. 2576-2597.

Nation d'Allemagne. — Titres de propriétés, situées rues Jean-de-Beauvais et du Fouarre. — M. 72.

Registres de prêt pour les archives et les livres, 1722-1751. — M. 72.

Nation de France. — Titres de propriétés, situées rue Galande. — M. 72. S. 6200-6201.

Nation de Picardie. — Constitutions de rentes à l'Université, 1734-1749. — M. 72.

Titres de propriétés, situées rues du Fouarre et Galande. — M. 72. S. 6202.

Universités de Caen, Dijon, Douai, Poitiers. — M. 197.

FACULTÉ DE THÉOLOGIE

Statuts, quinzième siècle. — MM. 247.

Livre des serments. — MM. 261.

Délibérations des assemblées particulières de la Faculté, 1719-1791. — MM. 260.

Doctrines, seizième, dix-septième siècles. — MM. 262. Conclusions, 1533-1790. — MM. 248-259.

Contestations avec le Chapitre de Paris, treizième siècle. — M. 68.

Contestations avec les Dominicains, 1255-1256, 1321-1352. — M. 67, 257.

Condamnation de Denis Foulechat, dominicain, 1364-1368. — M. 257°.

Condamnation des doctrines émises par Jean de Montson, dominicain, 1387-1403. — M. 67.

Condamnation de Charles de Savoisy, 1404. — M. 68.

Condamnation des propositions de Pierre d'Arras, dominicain, 1534. — M. 69.

Relations de la Faculté avec le prieuré de Saint-Martin-des-Champs, 1569-1730. — M. 73.

Condamnation du dominicain Testefort, 1626. — M. 71.

Contestations avec les Jésuites, 1609-1627. — M. 71.

Condamnation du jésuite Santarel, 1626-1631. — M. 71.

Contestations avec l'ordre de Grandmont, au sujet des grades universitaires, 1642-1659. — M. 73.

Dissensions entre le clergé régulier et le clergé séculier d'Irlande, 1530-1631. — M. 71.

Refus de sacrements, 1752. — M. 69.

Censures de la Faculté de théologie (seizième, dix-huitième siècles). — M. 69, 71, 73.

Suppression des Bibles de Robert Estienne, 1545-1548. — M. 71.

Censure de la Bible de René Benoist, docteur de la Faculté de théologie, 1567-1574. — M. 71.

Affaire d'un professeur de logique du Mans, 1773-1774. — M. 71.

Censures de l'Éloge du chancelier de l'Hôpital, de l'abbé Rémy, 1777; de l'Histoire philosophique, de l'abbé Raynal, 1781; des Principes de morale, de l'abbé de Mably, 1784. — M. 75.

Censure de la Faculté contre les régicides, 1610. — M. 73.

Déclarations, protestations et rétractations adressées à la Faculté, 1640-1651. — M. 73.

Mémoires pour la Faculté (dix-huitième siècle). — M. 71.

Concours de la Faculté, dix-septième, dix-huitième siècles. M. 68.

Lettres des Rois à la Faculté, 1649-1675. — M. 71.

Dispenses accordées par le Roi, 1764-1790. — M. 71.

Lettres de princes, prélats, etc., 1544-1670; de l'évêque de Spire, 1783; de l'évêque de Freisingen, 1785-1787. — — M. 71.

Titres de propriété. — S. 6193-6179.

Paris : rues des Amandiers, de la Coutellerie, des Noyers, de la Pelleterie, Saint-Dominique. — La Courtille, Aubervilliers, Bobigny, Clichy-la-Garenne, Pantin (Seine), fief de la Grange-l'Essart, à Versailles (Seine-et-Oise). Fondations. — S. 6193.

Comptes, 1549-1573, 1578-1579, 1583-1589, 1710-1790. — M. 69. H. 2598-2625.

FACULTÉ DE DROIT

Rôle des bacheliers, licenciés et docteurs, 1492-1761. — MM. 264-265.

FACULTÉ DE MÉDECINE

Répertoire des assemblées de l'École de médecine, 1721-1636. — M. 70.

Histoire du décanat de la Faculté de médecine, d'après le premier registre de cette Faculté, 1395-1434. — M. 70.

Procès de la Faculté, 1311-1399. — M. 266.

Fondations d'anniversaires de médecins. — M. 70.

Statuts des chirurgiens. — M. 70.

École de médecine. — Legs de rentes et bibliothèques. — S. 6210.

Titres de propriétés, situées rue de la Bûcherie, des Rats et de la Vieille-Pelleterie, 1500-1700. — S. 6209-6210.

SORBONNE

Proviseurs, 1290-1782. — M. 74.

Procès-verbaux des élections des proviseurs, 1671-1782. — M. 74.

Livre du coffre-fort, 1534-1648. — MM. 296.

Conclusions des prieurs de Sorbonne, 1540-1721. — MM. 268-275.

Extraits des décisions des assemblées générales, 1722-1792. — M. 276-277.

Fondations de chaires, provisions de lecteurs et professeurs, 1532-1751. — M. 74, 275 [b.-c.]

Chapelle et service religieux de la Sorbonne, 1305-1556. — M. 74.

Cartulaires, 1263-1647. — M. 281-255. S. 6230.

Titres de propriété, 1254-1790. — M. 74. M. 6211-6232.

Paris : rues Boutebrie, de la Bûcherie, Chartière, du Cloître-Saint-Benoît, Clopin, des Cordiers, Coupe-Gueule, du Foin, de la Harpe, Jean-de-Beauvais, des Maçons, des Marmousets, des Mathurins, de la Mortellerie, du Paon, de la Parcheminerie, Percée, des Poirées, des Prêtres-Saint-Séverin, des Sept-Voies, de la Sorbonne, Saint-Jacques, Saint-Séverin, de la Tannerie et de la Vieille-Bouclerie. — Fief des Rosiers, place de la Sorbonne, pointe Saint-Eustache, quai des Ormes. — Vaugirard, Bagneux, Fontenay-aux-Roses, Issy (Seine).

Terrier du fief des Rosiers. — S. 6232.

Justice de Solers (Seine-et-Marne), 1506. — Z^r. 4216.

Déclaration du revenu de la Sorbonne, 1557. — M. 74.

Rentes sur l'État et sur le clergé, dix-huitième siècle. — M. 74.

Comptabilité, 1758-1792. — H. 2626-2631.

Estimation des travaux complémentaires de l'église de Sorbonne, 1670. — H. 2632.

Comptes, 1580-1791. — S. 6231. M. 74. MM. 278. H. 2633-2747.

Bibliothèque de la Sorbonne. — Statuts, dons de livres et de bibliothèques, 1262, dix-huitième siècle. Catalogue des livres de Duchesne, 1674. — M. 75.

Collége de Corbeil. — Fondation, 1656. Statuts, 1668.

Testament de Jacques Bourgoing, fondateur du collége, 1678. Comptes, 1736-1740. — M. 76.

MAISON ET SOCIÉTÉ DE NAVARRE

Fondations des Colléges de Boncourt et de Tournay; réunion de ces colléges au collége de Navarre. — S. 6233.

Titres de propriété. — S. 6243.

Paris : rues Bordet, Clopin, des Fossés-Saint-Victor.

Rentes constituées par la Société. — S. 6233.
Comptabilité, 1703-1792. — H. 2755-2758.

COLLÉGES

COLLÉGE D'ARRAS

Fondation du Collége, 1332. — Comptes, 1769-1770. — M. 79.

COLLÉGE D'AUTUN

Fondation du Collége du cardinal Bertrand, dit d'Autun, 1341.

Règlements, administration du Collége, 1468-1755. — Registres de délibérations, fondations de bourses, bibliothèque, procédures. — M. 80-81, 85-86.

Titres de propriété. — S. 6181, 6346-6350.

PARIS : rues de Buci, de la Cossonnerie, Croix-du-Tiroir, des Étuves, de la Ferronnerie, du Figuier, de la Harpe, de l'Hirondelle, de la Huchette, des Lavandières, aux Lions, du Mont-Saint-Hilaire, de la Mortellerie, Notre-Dame-des-Champs, Pirouette, des Poirées, des Prouvaires, Saint-Denis, Saint-Germain-l'Auxerrois, Saint-Honoré, de la Tannerie, de la Tixeranderie, Transnonnain, de la Vannerie; quai des Augustins, de la Grève; cimetière Saint-Jean.

Chelles (Seine-et-Marne).

Distributions aux élèves boursiers, 1631-1670. — H. 2899 [3-5].

Liste des écoliers, 1704-1764. — H. 2899 [3].

Comptes, 1324-1793. — M. 83-84. H. 2492, 2787 [1-16], 2899 [3].

COLLÉGE DE L'AVE-MARIA OU DE HUBANT

Fondation du Collége, droits de l'abbé de Sainte-Geneviève et du grand maître du Collége de Navarre, chapelains et principaux, bâtiments du Collége, titres de rente, union au Collége Louis-le-Grand. — 135-136. S. 6449.

Titres de fondations, 1339-1441. — MM. 406.

État de séquestre des biens du Collége, 1737-1744, 1752. — MM. 408-410.

Titres de propriété. — S. 6448-6451.

Paris : rues des Amandiers, de la Montagne-Sainte-Geneviève, Saint-Victor.

Bourg-la-Reine (Seine).

COLLÉGE DE BAYEUX

Administration du Collége, union au Collége Louis-le-Grand, règlements, titres de rentes. — M. 87.

Statuts, 1315. — MM. 348.

Registre des fondations, 1356-1498. — MM. 346.

Délibérations du bureau, 1674-1763. — MM. 349-350.

Titres de propriété. — S. 6353-6355.

Paris : rues de la Harpe, Hautefeuille, des Maçons.

Arcueil, Gentilly (Seine).

Chelles (Seine-et-Marne).

Comptes, dix-septième, dix-huitième siècles. — M. 87. H. 2900.

COLLÉGE DE BEAUVAIS OU DE DORMANS

Fondation du Collége par le cardinal Jean de Dormans, 1370. Arrêts et règlements concernant l'administration du Collége, provisions de bourses, 1570-1763. Pièces concernant les officiers et boursiers, 1620-1728. Procédures, titres de rente, union au Collége Louis-le-Grand, 1764. — M. 88-101.

Délibérations, 1648-1764. — MM. 363-364.

Testament du cardinal de Dormans, 1373. — M. 355.

Fondations. — M. 88. MM. 357-362.

Union des cures de Montreuil-sous-Bois et Brie-Comte-Robert au Collége de Beauvais, 1388. — S. 6181, 6358, 6361.

Titres de propriété, 1283-1767. — S. 6356-6359. Q. 1174.

Paris : rues Barre-du-Bec, Frépillon, Grenéta, de la Huchette, des Lavandières-Sainte-Opportune, des Lombards, Maubuée, du Mont-Saint-Hilaire, des Noyers, Saint-Denis, des Trois-Portes, Troussevache, Petit-Pont.

Épégard (Eure).

Sermaise (Loiret).

Beauvais, Liancourt, Silly C^{ne} de Noailles (Oise).

Bagnolet, La Pissotte C^{ne} de Vincennes, Montreuil-sous-Bois, Vanves, Villejuif, Vincennes, Vitry-sur-Seine (Seine).

Brie-comte-Robert, moulin de la Tour C^{ne} de Voulx, Lizy-sur-Ourcq, Voulx (Seine-et-Marne).

Épiais-lez-Louvres (Seine-et-Oise).

Montdidier (Somme).

Titres de rente, quatorzième siècle. — MM. 356. H. 2493-2495.

Comptes, 1373-1764. — M. 94-97. MM. 365. H. 2785^{1}-2785^{66}, 2897-2899$^{1-2}$.

Devis et mémoires de travaux. — M. 101.

COLLÉGE DES BERNARDINS

Priviléges, statuts et règlements. Fondation de bourses. — M. 199.

Cartulaire, seizième siècle. — MM. 366.

Titres de propriété, 1246-1790. — S. 3658-3674.

Paris : Marais des Bernardins, hôtel de Bar, halle aux Veaux.

Château Saint-Jean-de-Losne (Côte-d'Or).
Le Verger C^{ne} de Vanvillé (Seine-et-Marne).
Le Pecq (Seine-et-Oise).

COLLÉGE DE BOISSY

Règlements, fondations, 1378-1729. Pièces concernant les principaux et les boursiers, titres de rentes, armoiries du Collége. — M. 102-104. S. 6370.

Catalogue de la bibliothèque. — MM. 368.

Titres de propriété. — S. 6370-6371.

Paris : rues des Boucheries, de Buci, des Poitevins, Saint-André-des-Arts, Saint-Honoré.

Rubelles (Seine-et-Marne).

Vinneuf (Yonne).

Comptes, 1407-1764. — H. 2813 [1-3].

COLLÉGE DE BONCOURT

Fondations, titres de propriété. — S. 6233.

Union au Collége de Navarre. — G. 6546.

COLLÉGE DES BONS-ENFANTS

Fondation du Collége. Union à la Compagnie des prêtres de la Mission. — M. 105-106.

Délibérations du bureau d'administration du Collége Louis-le-Grand, concernant le Collége des Bons-Enfants. — S. 6373.

Livre de réception des pensionnaires du séminaire de Saint-Firmin, dix-huitième siècle. — MM. 494.

Titres de propriété. — S. 6373-6380.

Paris : rues d'Arras, des Fossés-Saint-Bernard, des Fossés-Saint-Victor, Saint-Victor, de Versailles.

Territoire de Saint-Marcel.

Le Mesnil-Aubry, Wissous (Seine-et-Oise).

Comptes des recettes et des dépenses. — M. 106. S. 6379.

COLLÉGE DE BOURGOGNE

Fondation, 1331. Statuts, visites, nominations et états des boursiers. Titres de rente, pièces de procédure. — M. 107-108.

Délibérations, 1731-1763. — M. 370-371.

Titres de propriété, 1356-1781, — S. 6382-6389.

Paris : rues des Cordeliers et du Paon.

Ars C^{ne} de Lourouer (Indre).

Villecendrier C^{ne} de Sourdun (Seine-et-Marne).

Comptes, 1417-1787. — M. 107. S. 6384-6385.

COLLÉGE DE CAMBRAI

Fondations, statuts et règlements. Titres divers, 1301-1359.

Principaux et chapelains. État des boursiers. Droits du chancelier de l'Église de Paris. Union du Collége de Tréguier au Collége de Cambrai, 1612 ; du Collége de Cambrai au Collége Louis-le-Grand, 1767. — M. 109-110.

Délibérations, 1683-1763. — M. 373.

Titres de propriété. — S. 6390-6391.

Paris.

Montdidier (Somme).

Mâlay-le-Roi (Yonne).

Comptes, 1390-1770. — M. 110. B. 2496.

COLLÉGE DU CARDINAL-LEMOINE

Réforme du Collége, règlements, délibérations, bourses. — M. 145.

Titres de propriété, 1244-1790. — S. 6392-6401. M. 146.

Paris : rues du Bon-Puits, Saint-Denis, Saint-Victor et de Versailles ; quai de la Tournelle.

Courtenot, Nogent-sur-Seine (Aube).

Mondonville-Saint-Jean (Eure-et-Loir).

Verberie (Oise).

Amilis, Champs-sur-Marne, Coulommiers, Coutevrault, Crécy, Dammartin-sous-Tigeaux, Fouju, La Brosse C^{ne} de Chenoise, La Chapelle-Rablais, La Croix-en-Brie, Larchant, Magny-le-Hongre, Mareuil-lez-Meaux, Marolles C^{ne} de Mortery, Mitry, Montguillon C^{ne} de Saint-Germain-lez-Couilly, Mortcerf, Mory C^{ne} de Mitry, Moulangis C^{ne} de Saint-Martin-lez-Voulangis, Signy, Sigy, Vieux-Champagne, Villeneuve-le-Comte, Voisenon, Voulangis C^{ne} de Saint-Martin, Vulaines-lez-Provins (Seine-et-Marne).

Bouville, Champagne, Corbeil, Enghien, Étampes, Garges, Grolay, La Norville, le Plessis-Gassot, Montmorency, Saint-Brice-sous-Forêt, Sarcelles (Seine-et-Oise).

Assainvilliers, Picquigny (Somme).

COLLÉGE DE CAREMBERT

Union du Collége de Carembert au Collége de Tréguier. — M. 193.

COLLÉGE DES CHOLETS

Fondation du Collége, chapellenies, délibérations, admissions d'élèves, bourses artiennes affectées au diocèse d'Amiens, provisions de bourses et états de boursiers (1624-1756). Nominations de custodes et de grands maîtres, 1427-1726. Titres divers, 1315-1580. Titres de rente, obituaire du Collége, quinzième siècle. Bibliothèque. — M. 111-115.

Registres de délibérations, 1626-1704. — MM. 381-385.

Cartulaire du treizième siècle. — MM. 374.

Cartulaire du seizième siècle. — MM. 375.

État des revenus du Collége, quinzième, dix-huitième siècles. — MM. 377. S. 6409-6410.

États de fondations de messes. — MM. 378-379.

Catalogue des obits, 1706. — MM. 380.

Titres de propriété. — S. 6183-6184, 6402-6414.

Paris : rues de la Montagne-Sainte-Geneviève, Saint-Étienne-des-Grès et Saint-Jacques.

Golainville C^{ne} d'Orveau (Loiret).

Beauvais, Pronleroy, Ravenel, Verberie (Oise).

Montrouge (Seine).

Coupvray, Le Jard C^{ne} de Vert-Saint-Denis (Seine-et-Marne).

Forges, Grigny, Guyancourt (Seine-et-Oise).

Hallencourt, Tilloloy (Somme).

Comptes, 1499-1718. — H. 2800 $^{1\text{-}10}$.

Déclaration des revenus du Collége, 1519. — P. 46.

COLLÉGE DE CLUNY

Titres de propriété. — S. 6415.

Paris : rue de la Harpe; place de la Sorbonne.

Belle-Fontaine, Châtenay (Seine-et-Oise).

Prieurés de Tain et d'Aulnay, doyenné de Grazac, Collége Saint-Martial d'Avignon. — S. 6416.

COLLÉGE DE CORNOUAILLES

Fondation du Collége, titres de rentes, boursiers. — M. 116-117.

Délibérations du bureau, 1705-1762. — MM. 394.

Titres de propriété. — S. 6417-6430.

Paris : rues de la Harpe, du Martroy et des Postes.

Rieuville C^{ne} de Dreux (Eure-et-Loir).

Bry-sur-Marne, Orly, Port-à-l'Anglais C^{ne} de Maisons-Alfort.

Viry (Seine-et-Oise).

Fresles (Seine-Inférieure).

États des recettes et des dépenses. — M. 117.

COLLÉGE DE DAINVILLE

Fondation du Collége, statuts, procès-verbaux des visites,

titres de rente, pièces de procédure, plans, comptes, 1320-1790. — M. 118-119.

Titres de propriété. — L. 6421-6425.

Paris : rues des Cordeliers, de la Harpe, du Marché-Palu, Pierre-Sarrazin.

La Courneuve (Seine).

Le Tremblay (Seine-et-Oise).

Rouen : halles et moulins (Seine-Inférieure).

Boucly C^{ne} de Tincourt, Hébuterne (Somme).

Comptes, 1394-1764. — M. 120. H. 2898 [1-5].

COLLÉGE DES DIX-HUIT

Fondation du Collége, statuts, règlements, fondations et provisions de bourses, union du Collége des Dix-Huit au collége Louis-le-Grand, 1180-1763. — M. 121-122.

Titres de propriété. — S. 6426-6429.

Paris : rues du Faubourg-Saint-Jacques, du Faubourg-Saint-Marcel et des Poirées.

Comptes. — M. 121-122.

COLLÉGE DE FORTET

Fondation du Collége, 1397. Nominations de boursiers, fondations, procès-verbaux de visites, procédures, provisions, rentes, union au Collége Louis-le-Grand. — M. 123-124, 127-129, 131. S. 6434.

Statuts. — MM. 397.

Procès-verbal de visite, 1734. — MM. 399.

Titres de propriété. — S. 6430-6434.

Paris : rues des Amandiers, Bordet, des Cordiers, de l'Épée-de-Bois, du Four-Saint-Germain, de la Monnaie, de la Parcheminerie, des Poirées, des Sept-Voies, Saint-Jacques, Saint-Victor, Sainte-Marguerite.

Viry (Seine-et-Oise).

Comptes, 1388-1701. — M. 127, 130-131.

COLLÉGE DES GRASSINS

Fondations de bourses, boursiers irlandais, titres de rente. — M. 132.

Confrérie établie dans le Collége. — MM. 447.

Titres de propriété. — S. 6181, 6437-6438.

PARIS : rues des Amandiers, de la Montagne-Sainte-Geneviève, du Mont-Saint-Hilaire, des Sept-Voies ; carrefour Sainte-Geneviève.

COLLÉGE D'HARCOURT

Règlements, titres de rente, fondations de bourses, union projetée du Collége d'Harcourt et du Collége de Justice. — M. 133-134.

Délibérations du bureau, 1697-1725. — MM. 449-450.

Registres des prieurs, 1574-1596. — MM. 451.

Catalogue de la bibliothèque, 1696. — MM. 453.

Titres de propriété. — S. 6439-6447.

PARIS : rues Bordet, des Fossés-Monsieur-le-Prince, des Francs-Bourgeois, de la Harpe, des Maçons et de Saint-Étienne-des-Grès.

Fiefs de la Haye et la Hédouinière C^{ne} de Saint-Nicolas-de-Coutances (Manche).

Arcueil, Bagneux, Gentilly (Seine).

Comptes. — MM. 452. H. 2818-2821.

Réparations des bâtiments du Collége, 1689-1712. — H. 2816-2817.

COLLÉGE DE JUSTICE

Fondation du Collége, statuts, 1358. Proviseurs et boursiers, fondations, titres de rente, pièces de procédure. — M. 137-139.

Administration du Collége depuis sa réunion au Collége Louis-le-Grand. — S. 6452.

Fondation d'Étienne Haro, 1510-1788. — MM. 412-413.

Registres de délibérations, 1672-1762. — MM. 414-415.

Titres de propriété. — S. 7452-6455.

Paris : rues aux Fers, de la Harpe, de la Mortellerie.

État des biens du Collège à Paris. Titres de rente sur la vicomté de Rouen.

COLLÉGE DE LA MARCHE ET WINVILLE

Fondation du Collège, testaments de Guillaume de La Marche, 1401, et de Beuves de Winville, 1423; boursiers, titres de propriété. — M. 171-173.

Recueils de titres et de transcriptions d'actes, 1317-1664. — MM. 455, 458-459.

État des anciennes acquisitions, 1374-1653. — MM. 456-457.

Titres de propriété. — S. 6181-6182, 6491-6498.

Paris : rues d'Amboise, Bertin-Poirée, de Bièvre, Hautefeuille, Jean-Lantier, Judas, des Lavandières, Michel-le-Comte, Mouffetard, du Pavé, Perdue, du Plâtre-Saint-Jacques, Saint-Julien-le-Pauvre, Saint-Nicolas-du-Chardonnet, Saint-Victor; place Maubert. — La Villette-Saint-Lazare.

Arcueil, Gentilly, Ivry-sur-Seine, Thiais (Seine).

Cresly C^{ne} de Magny-les-Hameaux, Gomberville C^{ne} de Chevreuse, fief du Buisson-aux-Moineaux à Villiers-Adam (Seine-et-Oise).

COLLÉGE DE LA MERCI

Titres de propriété. — S. 4285.

Élections des prieurs. 1725. — MM. 470.

COLLÉGE DE LAON

Statuts et règlements, procédures, fondations, collation de bourses par les évêques de Laon, fondation du président Cousin, procès-verbaux de visites, union au Collége Louis-le-Grand, comptes. — M. 140-144. S. 6461.

Paris : rues des Carmes, du Clos-Bruneau, Hautefeuille, Judas, de la Montagne-Sainte-Geneviève, du Mont-Saint-Hilaire, Saint-Antoine.

Bucilly, Crépy, La Fère, Laon, Nouvion-le-Vineux (Aisne).

Le Plessis-Belleville (Oise).

Dammartin-en-Goëlle, Longpérier, Athis, Saint-Mard, (Seine-et-Marne).

Comptes, 1348-1763. — H. 2803 [1-18].

COLLÉGE DE LISIEUX

Statuts et règlements, fondations, titres de rente. — M. 146.

Titres de propriété. — S. 6181-6182, 6464-6473.

Paris : rues du Cloître-Saint-Benoît, Notre-Dame-des-Champs, des Noyers, Saint-Étienne-des-Grès. — Ménilmontant.

Bonneville-la-Louvet, Lisieux, Riqueville C^{ne} de Gonneville-sur-Dives (Calvados).

Fief des Landes de Martigny C^{ne} de Lyons-la-Forêt (Eure).

Bagnolet, Clichy-la-Garenne, Gentilly (Seine).

Argenteuil, Montmorency (Seine-et-Oise).

Butancourt C^{ne} de Gaillefontaine, Fécamp, Grèges (Seine-Inférieure).

COLLÉGE DES LOMBARDS

Mémoire sur le Collége, titres de procédure, fondations. — M. 147.

Titres de propriété. — S. 6183.

COLLÉGE DE CLERMONT OU DE LOUIS-LE-GRAND

Titres, contrats et plaidoyers concernant le Collége de Clermont. — M. 386-389.

Union du Collége de Clermont à l'abbaye de la Couronne. — M. 149.

Priviléges, donations faites au Collége Louis-le-Grand; nomination de boursiers, mémoires sur l'éducation donnée par l'Université et par les Jésuites. — M. 148.

Délibérations du bureau, 1763-1793. — MM. 305-322.

États des boursiers, dix-huitième siècle. — M. 154. MM. 325.

Correspondants des boursiers, 1778-1799. — MM. 323-324.

Obituaire et nécrologe, 1768. — MM. 326-329.

Fondation du roi Henri III. — M. 149.

Fondation Braquet, 1568-1785. — M. 149. MM. 297-298.

Fondation Harlay, 1762-1789. — M. 149. MM. 299-300.

Fondation Molong, 1701-1765. — M. 149. MM. 301-302.

Fondation Pourchat, 1779. — M. 149. MM. 303-304.

Titres de propriété. — S. 6181, 6256-6260.

Acquisition du Collége de Clermont par les Jésuites, 1560.

Union des Colléges de Marmoutier, 1641, et du Mans, 1682.

Maisons à Paris : rues du Brave, des Quatre-Vents, Saint-Jacques.

Bessancourt, Frépillon, Montubois, C^{ne} de Bessancourt (Seine-et-Oise). — S. 6280-6283, 6344-6345.

Abbaye de Saint-Martin-aux-Bois. — S. 6262-6276, 6319-6343. H. 2443-2445.

Aronde (Rivière d'), Catenoy, Coivrel, Cressonsacq, Grandvilliers-aux-Bois, fiefs de la Chaussée-de-Chepoix et de la Folie à Wacquemoulin, fief de Lépine près Gournay, Maignelay, Montgérain, Montigny, fief de Parville près Saint-Martin-aux-Bois, Varnavillers C^{ne} de Rouvillers, Senescourt C^{ne} de Bailleval, fief de Sermoise près Gournay, fief de Sissonne à Wacquemoulin, Tricot, fief du Val-de-Vienne près Saint-Martin-aux-Bois, Vaumont C^{ne} de Saint-Martin-aux-Bois, Verderonne, Wacquemoulin (Oise).

Collége de la Flèche (Sarthe). — S. 6284.

Maladrerie de Saint-Lazare à Brie-comte-Robert (Seine-et-Marne). — S. 6277.

Prieuré de Villenauxe (Aube). — M. 151. S. 6261.

Prieuré de Gargenville (Seine-et-Oise). — S. 6279.

Prieuré de Montalet (Seine-et-Oise). — S. 6278.

Pièces relatives à l'école des Enfants de langues établie au Collége Louis-le-Grand. — M. 155.

Lettres patentes et pièces diverses relatives à la réunion des Colléges de non-plein exercice au Collége Louis-le-Grand. — M. 153-154.

Titres de propriété de ces Colléges :

Colléges d'Autun et de Sainte-Barbe. — S. 6234.

Colléges de Bayeux et de Beauvais. — S. 6235.

Colléges de Boissy, des Bons-Enfants et de Bourgogne. — S. 6236.

Colléges de Cambrai, des Cholets, de Cornouailles et de Dainville. — S. 6237.

Colléges des Dix-Huit, de Fortet. — S. 6238.

Colléges de Maître-Gervais, des Grassins et d'Harcourt. — S. 6239.

Colléges de Hubant et de Justice. — S. 6240.

Colléges de Laon et de Lisieux. — S. 6241.

Colléges du Mans et de la Marche. — S. 6242.

Colléges de Mazarin, de Saint-Michel et Mignon. — S. 6243.

Collége du Cardinal-Lemoine, de Montaigu, de Narbonne et de Navarre. — S. 6244.

Colléges du Plessis, de Presles, de Reims et de Sées. — S. 6245.

Colléges de Tours, de Tréguier et du Trésorier. — S. 6246.

Contrats de vente, enchères de biens vendus, baux des biens des Colléges réunis à Louis-le-Grand. — S. 6316-6318.

Comptes. — H. 2388-2528, 2547-2549, 2552-2555, 2560-2568, 2572-2574.

COLLÉGE DE MAITRE-GERVAIS OU DE NOTRE-DAME DE BAYEUX

Fondation et statuts du Collége, bourses, états des boursiers, règlements de comptes, titres de rente et pièces de procédure. — M. 163-169.

Délibérations du bureau, 1642-1763. — MM. 401-404.

Procès-verbaux des assemblées du Collége, 1689-1697. — MM. 405.

Titres de propriété, quatorzième, dix-huitième siècle. — M. 165-166. S. 6474-6487.

PARIS : rues Boutebrie, de la Cossonnerie, du Foin, de la Grande-Truanderie, de la Parcheminerie, Saint-Denis; fief de Thérouenne.

Barbeville, Bayeux, Bréville, Canchy, Cesny-aux-Vignes, Cormelles, Courseulles-sur-Mer, Croisilles, Gonneville-sur-Merville, Merville, Vaucelles (Calvados).

Ile de Rangiport C^{ne} de Gargenville (Seine-et-Oise).

Sainneville (Seine-Inférieure).

Comptes, 1518. — M. 257^c.

COLLÉGE DU MANS

Fondation du Collége, statuts, pièces concernant les principaux et les boursiers, pièces de procédure; titres de fondation du Collége de la Mothe à Courdemanche. — M. 170.

Délibérations, 1717-1762. — MM. 426-427.

Titres de propriété. — S. 6488-6490.

Comptes du Collége, 1770. — M. 160.

COLLÉGE MAZARIN

Lettres patentes, brefs, correspondance, plans, testament du cardinal, union de l'abbaye de Saint-Michel-en-l'Herm au Collége, bibliothèque Mazarine. — M. 174-176. S. 6499-6506.

Délibérations, 1661-1791. MM. 461-464.

Titres de propriété, 1210-1790. — M. 174. S. 6499-6506.

Rues Guénégaud et Mazarine; quai Malaquais; hôtel de Nesle.

Comptes. H. 2562-2573, 2822-2842.

Devis des constructions du Collége. — H. 2845.

Comptes d'ouvriers et pièces relatives à la bibliothèque Mazarine, 1764-1777. — H. 4253.

COLLÉGE MIGNON OU DE GRANDMONT

Fondation du Collége, états des boursiers. — M. 177.

Union au Collége Louis-le-Grand. — S. 6511.

Titres de propriété. — S. 6511-6513.

PARIS : rues du Jardinet et Mignon.

Bagneux, Châtillon-sous-Bagneux (Seine).

Machery C^{ne} de Vaugrigneux (Seine-et-Oise).

COLLÉGE DE MONTAIGU

Fondation, statuts. — MM. 465-467. S. 6514.

Titres de propriété, 1453-1773. — S. 6181-6182, 6514-6535. M. 178.

PARIS : rues d'Arras, des Cholets, des Fossés-Saint-Bernard, de la Montagne-Sainte-Geneviève, des Sept-Voies, de Saint-Étienne-des-Grès, de Saint-Placide, de Saint-Symphorien, des Vieilles-Tuileries. — Hôtel Vezelay, place Maubert.

Acy-en-Multien, Brégy (Oise).

Dugny, Orly, Villejuif (Seine).

Annel, fiefs du Bouchet-de-Gournay et de Tourvois près Sourdun, L'Ormurion C^{ne} de Sourdun (Seine-et-Marne).

Bois d'Arcy, Bondoufle, Charcoy C^{ne} de Plessis-Pâté, Le

Breuil C^{ne} de Villemoisson, le Plessis-Pâté ou le Plessis-Secqueville, Liers C^{ne} de Sainte-Geneviève-des-Bois, Maule, fief de Tremblay près Versailles, Verrières, Villiers-sur-Orge, Wissous (Seine-et-Oise).

Terrier du Collége de Montaigu (châtellenie de Châteaufort), 1523-1579. — P. 1452-1453.

COLLÉGE DE NARBONNE

Fondation du Collége, statuts, états des boursiers. — Titres de propriété. — S. 6536-6539.

Paris : rues de la Harpe et des Maçons.

Prieurés de Notre-Dame de Marseille C^{ne} de Limoux, et de la Madeleine C^{ne} d'Azille (Aude).

Recettes et dépenses, 1748-1751. — S. 6537.

COLLÉGE DE NAVARRE

Statuts et règlements, provisions de bourses, fondations d'obit, de statuts et de bourses, pièces de procédures, union du Collége de Boncourt au Collége de Navarre. — M. 180-181. S. 6546.

Registres des délibérations, 1709-1774. — MM. 469.

Titres de propriété, 1392-1790. — S. 6540-6546, 6181-6183.

Paris : rues des Amandiers, d'Arras, de Champgaillard, de la Clef, Clopin, de la Montagne-Sainte-Geneviève, des Murs, Traversine, de Venise; carrefour Sainte-Geneviève.

Vincy (Aisne).

Évry-le-Châtel (Aube).

Verneuil (Marne).

Charenton, Pantin (Seine).

Cernay-la-Ville, La Ferté C^{ne} de Choisel (Seine-et-Oise).

Sotteville-lez-Rouen (Seine-Inférieure).

Saint-Florentin (Yonne).

COLLÉGE DU PLESSIS-SORBONNE

Fondation du Collége, statuts et règlements, union du Collége du Plessis à la Sorbonne, fondations de bourses, 1266-1767. — M. 183-184.

Titres de propriété. — M. 182. S. 6182, 6547.

Paris : rues Chartière, Fromentel, Saint-Étienne-des-Grès.

Moulin de Bécherel, entre Vanves et Issy (Seine).

Brie-Comte-Robert, Combs-la-Ville (Seine-et-Marne).

Groslay, forêt de Sénart (Seine-et-Oise).

Comptes, 1655-1736. — H. 2748-2752.

COLLÉGE DES PRÉMONTRÉS

Construction du Collége, 1676 ; état des biens des Prémontrés de la Croix-Rouge. — S. 4342.

Pièces relatives aux abbayes du Jard C^{ne} de Voisenon (Seine-et-Marne); de Joyenval C^{ne} de Chambourcy; de Grand-Champ (Seine-et-Oise), et au prieuré de Saint-Germain-le-Gaillard C^{ne} de Guainville (Eure-et-Loir). — S. 4343-4351.

Terrier de la seigneurie de Mareil-Marly (Seine-et-Oise). 1575. — S. 4352.

COLLÉGE DE PRESLES

Fondation du Collége, lettres de sauvegarde, états des boursiers, enquêtes, procédures, comptes, fondations pies, 1383-1773. — M. 185-186.

Délibérations, 1738-1762. — MM. 433.

Titres de propriété. — S. 6548-6558 ^{bis}. M. 186.

Paris : rues des Carmes, du Clos-Bruneau, de la Colombe, de la Montagne-Sainte-Geneviève, Saint-Denis, Saint-Hilaire ; place Maubert, territoire de Saint-Marcel.

Amigny (fiefs de Presles et du Mez), Azy, Bovettes C^{ne} de Presles, Chery-Chartreuve, Le Ru C^{ne} de Saint-Mard,

Mareuil-en-Dôle, Presles C^on de Braisne, Saint-Mard, Vailly (Aisne).

Le Mesnil-Saint-Denis (Oise).

Villejuif (Seine).

Le Tremblay (Seine-et-Oise).

Comptes, 1391-1764. — H. 2874 [1-4].

COLLÉGE DE REIMS

Fondation et statuts du Collége, règlements, boursiers, fondations, titres de procédure, union du Collége de Rethel. — M. 187. S. 6560.

Titres de propriété. — S. 6559-6561.

Paris : rues Chartière, du Four-Saint-Hilaire, des Poirées, de Reims, des Sept-Voies.

Vailly (Aisne).

Comptabilité, dix-huitième siècle. — H. 2896.

COLLÉGE DE SÉES

Fondation du Collége, union au Collége Louis-le-Grand. — M. 191.

Délibérations, 1672-1762. — M. 437.

Titres de propriété. — S. 6562-6575.

Paris : rues de la Harpe et des Maçons.

Fief Becquet C^ne de Villemeux, Chaudon, Cherville C^ne de Villemeux, fief Grenet C^ne du Boulay-Mivoie, Renancourt C^ne de Villemeux, Saint-Évroult C^ne de Villemeux, Vigny C^ne de Marville-Moutiers-Brûlé (Eure-et-Loir).

Fief du Poulailler à Saint-Germain de la Coudre (Orne).

Chaudron C^ne de Chevannes (Seine-et-Oise).

COLLÉGE SAINT-MICHEL

Fondation et statuts, principaux et boursiers, fondations pieuses. — M. 188.

Titres de propriété. — S. 6507-6510. M. 188.

Paris : rue de Bièvre, rue Perdue.

Arcueil (Seine).

Moissy-Cramayel (Seine-et-Marne).

Corbeil, Tigery, Viry (Seine-et-Oise).

Comptes, 1547-1764. — H. 2869 [1-4].

COLLÉGE SAINTE-BARBE

Fondation et statuts, bourses, nominations d'officiers et de boursiers, titres de rente, comptes. — M. 189-190.

Inventaires de la fondation Seurat. — MM. 342-343.

Inventaires de la fondation Menassier. — MM. 344-345.

Chapelle de Sainte-Barbe, inventaire d'ornements. — M. 100. H. 2810.

Comptes, 1559-1764. — H. 2808 [1-3].

Pièces justificatives des comptes antérieurs à 1600. — H. 2895.

COLLÉGE DE TOURS

Fondation du Collége, comptes, états des boursiers. — M. 192.

Délibérations du Collége, 1718-1735. — MM. 439-440.

Titres de propriété, 1316-1790. — S. 6576-8580.

Paris : rues de la Harpe, Percée, Serpente.

Monts-sur-Indre (Indre-et-Loire).

Fief de la Fermeté à Grisy-sur-Seine (Seine-et-Marne).

COLLÉGE DE TRÉGUIER

Fondation du Collége, actes relatifs aux boursiers, union du Collége de Carembert au Collége de Tréguier et du Collége de Tréguier au Collége Louis-le-Grand, comptes, 1301-1763. — M. 193.

Titres de propriété. — S. 6581-6584.

Paris : rues de la Bûcherie, du Four-Saint-Hilaire, des Sept-Voies. Place Cambrai.

Vanves (Seine).

Fermes de Cahamans, à Sèvres; terres enclavées dans le parc de Saint-Cloud (Seine-et-Oise).

Comptes, 1467-1764. — H. 2855 1-3.

COLLÉGE DU TRÉSORIER

Fondation du Collége, règlements, bourses, pièces relatives aux boursiers, catalogue de la bibliothèque. — M. 194, S. 6586.

Titres de propriété. — S. 6585-6589.

PARIS : rues de la Harpe, Neuve-Richelieu et des Maçons.

Gelleville C^{ne} de Bosbénard-Crescy (Eure).

Oissel-sur-Seine (Seine-Inférieure).

Comptes. — M. 195.

Mémoires, comptes rendus, lettres patentes, arrêts, règlements relatifs à divers colléges ; Colléges du Mont, de Perpignan et de Strasbourg. — M. 196-198.

La bibliothèque Mazarine possède six registres de la nation de France, du 27 octobre 1660 au 16 décembre 1786 (1935, A, B, C, D, E, F). — Un autre manuscrit relatif aux procureurs de la nation de France est inscrit 2682, A, in-4° sur vélin ; il va du 14 janvier 1537 au 2 avril 1616 [1].

Les greffiers de l'Université : Quintaine (1622), César Égasse, du Boulay, Lair, Viel, Piat, Fourneau, Daragon, ancien procureur de la nation de Picardie, et Girault de Kéroudon, professeur de

---

1. Du Boulay, *Histoire de l'Université de Paris*, t. III, et *Élection des officiers de l'Université de Paris* (1668, in-4°).

mécanique au collége Royal, ont colligé les conclusions des nations réunies ou de la Faculté des arts. — Il y a encore le *rôle des nominations* [1], comprenant 44 registres, de 1493 à 1791 :

1º *Manuscrit* 1555.
LIVRE DES QUÉSTEURS, 1704-1723.
1º Instruction pour Messieurs les questeurs.
2º Dépenses et recettes des questeurs.
3º Comptes et reprises.
4º Comptes des rentes échues à la Nation de France.

2º *Manuscrit* 2682. A :
Liber procuratorius nationis Gallicanæ, du 19 novembre 1537 au 2 avril 1616.

1º *Manuscrit* 1935. A :
Liber censorius, 1690-1700, complectens : honorandæ Gallorum nationis conclusiones à die vigesimâ septimâ mensis octobris exclusivè anni millesimi sexcentesimi nonagesimi ad diem vigesimam septimam mensis octobris inclusivè anni sequentis 1691. — Censore magistro Nicolao Contino professore emerito. (Texte latin.)

2º *Manuscrit* 1935. B :
Liber censorius, 1724-1744, honorandæ Gallorum nationis complectens conclusiones in ejus comitiis latas, à die decimo octobris, anni millesimi septuagesimi vigesimi quarti.

3º *Manuscrit* 1935. C :
Liber censorius, 1744-1760, honorandæ Gallorum nationis complectens in ejus comitiis latas conclusiones et cætera illius acta, à die trigesimo primo mensis octobris anni

---

1. Bibliothèque Mazarine (Manuscrits).

millesimi septingentesimi quadragesimi quarti inchoatas à Joanne Baptisto Blasio Delaporte presbytero licentiato Theologo electo ad censuram, die 27 octobris anni 1744. (Texte latin.)

4° *Manuscrit* 1935. D :

Liber censorius, 1770-1778, honorandæ Gallorum nationis complectens latas in ejus comitiis conclusiones et cætera ejusdem acta à die vigesimâ septimâ octobris anni millesimi septuagesimi sexagesimi, inchoatas à Jacobo Malvinao Lambert professore emerito in collegio, electo ad gerendam censuram in ordine professorum.

Imprimés :

Livre Bleu de Padet, sur l'*Université* (1653, *son estat présent et ancien*. Paris, imprimé chez Jean Julien, libraire de l'Université). Ce recueil avait été commencé par Jacques Du Chevreuil. — On a un manuscrit de Padetius : *Oratio in Collegio camerarensi habita*.

Au ministère de l'instruction publique (archives classées par A. Vallet de Viriville) sont 58 registres (Université, Faculté des arts, Nations séparées) :

Deux registres de la nation de France (1443-1455, 1657-1662).

Deux de la nation de Picardie (1476-1483, 1779-1792).

Deux de la nation de Normandie (1636-1769).

Registres des certificats d'études, — Livre des receveurs de la nation d'Allemagne (1496-1536).

Deux rôles des officiers de l'Université (1543-1720).

Quatre registres :

Concours d'agrégation. — Livre des recteurs (1650-1670).

Catalogue des ministres ès arts (1660-1793).

Registres des messagers de l'Université (1672-1736).

Cartulaire de l'Université ; Table méthodique des actes de l'Université, 1622-1728. — Fondation des 29 colléges. Deux inventaires des titres de l'Université. — Mémoire pour la faculté de théologie. — Livre de l'Instruction (*Convention*).

Archives du ministère de l'instruction publique (25 cartons) [1] :

Un carton des *Jésuites* a été enlevé (1820).

Colléges de Paris ou hors Paris :

Universités d'Aix, Angers, Besançon, Bourges, Caen, Cahors, Douai, Montpellier, Nantes, Orange, Orléans, Poitiers, Reims, Strasbourg, Toulouse, Valence, Dijon, Pau (Louvain, Cracovie, Zamoski).

Écoles communales de la république, écoles secondaires, collége des Irlandais, collége Louis-le-Grand, Prytanée.

Le premier volume du livre des recteurs [2] *contient leur liste :*

1526. — Claude Roillet, de la nation de Picardie ; — Nicolas Goinbault ; — Alvare, de Moscher ; — Jean Daval ; — Thomas Bosce ; — Nicolas Roussel ; — Pierre de la Cousture ou des Fosses ; — Noël Bélier ; — Louis Fabre ; — Hilaire Courtois ; — Jean Prévost ; — Pierre Avril ; — Jérôme de Salinas ; — Bernard Georges ; — Claude de Mailli ; — Pierre Wassebourg ; — Nicolas, de Mantes ; — Jérôme le Picard ; — Jean de Gaigny ; — Louis Maciot ; — Jean Adam ; — Ricard de Larner ; — Jean Morin ; — Thomas Pinchemaille ; — Mathieu Paviot ; — André de Gova ; — Nicolas Copus ; — Nicolas Lesage ; — Adam Sequart ; — Antoine de Mery.

La faculté [3] de théologie de Paris comprend dans ses

---

1. Les cartons sont déposés à la Sorbonne, bibliothèque de l'Université de Paris ; ils méritent un classement et un inventaire immédiats.

2. *Acta Rectoria Universitatis Parisiensis* (1526-1534). Bibl. nat. (Latin 9952). Ce manuscrit commence par une belle miniature représentant un évêque avec sa crosse et sa mitre, entre deux autres personnages. Voir : *Charles Jourdain.*

3. Il serait très-important que les catalogues de ces précieuses

registres (*Archives nationales de France*, — *section historique M*) les conclusions de la maison de Sorbonne, 1534-1690; — Conclusions des Prieurs, 1540-179; —Donations de bibliothèques. — La Bibliothèque nationale de Paris possède trois manuscrits (*Fonds de Sorbonne*, 1115-1275-1376)[1].

Les registres de la faculté de médecine, contenus à la bibliothèque de l'École de médecine de Paris, forment aujourd'hui une série de 23 volumes (*de 1395 à 1777*). *Commentarii Facultatis medicinæ Parisiensis*.

La faculté de droit possède dans les archives[2] de son secrétariat à Paris 121 registres, partagés en neuf catégories : De 1 à 3, délibérations de la Faculté 1414-1623; —n° 4, anciens statuts 1631-1677; — n° 5 à 9, Délibérations d'enregistrement 1679-1791; — n° 10 à 44, Inscriptions 1662-1791; — Suppliques 1587-1793, — n° 61, Suppliques pour le doctorat 1699-1791; — n° 62 à 77, Réceptions aux grades 1679-1791; — n° 88 à 92, Attestations 1681-1791; — n° 93 à 112, Table alphabétique des étudiants de 1678 à 1775 ; — n° 113 à 116, Liste des étudiants ayant des attestations d'inscriptions 1694-1780 ; — n° 117, Registres divers.

---

archives fussent publiés et mis, dans l'intérêt des études historiques, à la disposition des élèves, des professeurs et des érudits.

1. Les registres de la Faculté de théologie ont été publiés en partie par d'Argentré, sous ce titre : *Collectio judiciorum de novis erroribus, qui ab initio XII sæculi in Ecclesia proscripti sunt operâ et studio Caroli du Plessis d'Argentré. Lutetiæ Parisiorum*, 1724. 3 vol. in-folio.

2. *Archives de la France*, par Henri Bordier, 1855.—*Rapports au ministre de l'instruction publique sur les collections des documents inédits de l'Histoire de France et sur les actes du comité des Travaux historiques*, publiés par M. le baron de Wateville, chef de section des Arts et Sciences. Paris, Imprimerie Nationale, 1874.

Alfred Franklin (Bibliothèque de l'École de médecine).—Astruc, *Mémoire pour servir à l'histoire de la Faculté de médecine de Montpellier*. Paris, 1767, in-4°.

CHAPITRE VI

SCEAUX DES UNIVERSITÉS, NATIONS ET FACULTÉS

SCEAUX DE L'UNIVERSITÉ DE PARIS

Sceau rond de 80 millimètres [1].

Sceau à trois compartiments principaux : dans celui du milieu, dans une niche supérieure, la Vierge avec l'enfant Jésus, assise et accostée d'un croissant et d'une étoile ; — dans deux niches médianes, deux docteurs assis sur leurs chaires, de profil, se faisant face et lisant dans des livres ; — dans deux niches inférieures, quatre écoliers, assis par terre et lisant. — Dans le compartiment à dextre, un évêque debout, vu de profil à

---

1. *Archives nationales de Paris, Collection de Sceaux*, par M. Douet d'Arcq. H. Plon, éditeur, 1867, Paris.

droite et tenant sa crosse des deux mains ; dans une niche inférieure, un personnage assis. — Dans le compartiment à senestre, deux saints nimbés, debout et tenant des palmes ; — dans une niche inférieure, un évêque à genoux :

S. Universitatis magistrorum et scolariv. PARISIVS

Contre-sceau.

Une femme assise sur un siége d'architecture à dossier triangulaire, tenant de la main droite la colombe, emblème du Saint-Esprit, et de la main gauche une fleur de lys :

SECRETUM. PHILOSOPHIÆ.

—

NATION D'ANGLETERRE

(1398) 12 *juillet.*

Au haut, le couronnement de la Vierge. Au milieu, une Reine et sainte Catherine. Au-dessous, la légende de saint Martin. Au bas, un docteur enseignant à deux écoliers.

·S : NACIONIS ANGLICÆ.

Contre-sceau.

+ S. PRECEPTOR. NACIONIS. ANGLICANÆ. PAR.

Appendu à des lettres dans lesquelles l'Université

engage le roi à soustraire son royaume à l'obédience du pape schismatique Benoît XIII (*aux Mathurins*).

—

NATION DE FRANCE
(1398)

Niche gothique à trois étages. Au haut, la Vierge, avec l'enfant Jésus, vue à mi-corps. — Au milieu, saint Denis qu'encensent deux anges, nimbé, debout, vu de face, tenant des deux mains son test enlevé. — Au bas, un docteur enseignant à un groupe d'étudiants. — Sur les piliers de la niche, deux écus ; celui de dextre aux trois fleurs de lys, celui à senestre au semé de France.

S. NATIONIS. GALLICANÆ.

Contre-sceau.

Évêque assis, vu de face, mitré, crossé et bénissant, cantonné de quatre fleurs de lys.

—

NATION DE NORMANDIE

Sceau à trois compartiments. Au haut, le couronnement de la Vierge. — Au milieu, la Vierge debout, avec l'enfant Jésus et délivrant un écolier debout, les mains jointes, dans un vaisseau que le diable s'efforce de submerger; entre la Vierge et le clerc, un écu à trois fleurs de lys. Au bas, trois écoliers à genoux, les mains jointes.

S. NACIONIS. NORMANORVM. PARIS. STUDENCIVM.

Contre-sceau.

Un élève debout, de profil à gauche, indiquant de la main droite et tenant de la gauche un livre ouvert, accosté de deux fleurs de lys et de quatre étoiles.

✝ S. PROCURATORIS. NORMANIÆ. NACIONIS.

NATION DE PICARDIE

Sceau à six compartiments, deux au centre et quatre latéraux. Dans la partie supérieure du compartiment du centre, la Vierge assise avec l'enfant Jésus, encensée par deux anges; — dans la partie inférieure, l'archange saint Michel terrassant le démon. — Dans le compartiment à dextre, à la partie supérieure, un personnage debout, vu de face, les mains jointes et avec la légende S. PIATVS; — à la partie inférieure, un docteur assis et deux écoliers debout. — Dans le compartiment à senestre, à la partie supérieure, un personnage debout, de profil à gauche, devant un autel, tenant des deux mains sa tête mitrée et nimbée, avec cette légende :

S. FIRMIN. S. PR. NACIONIS. PICARDIÆ.
Nationis Picardiæ Sigillum procuratoris.

Contre-sceau.

Dans une niche gothique géminée, à dextre, un évêque debout, devant saint Éloi, en forgeron, nimbé, tenant des tenailles d'une main, de l'autre frappant d'un marteau sur une enclume ; au haut, les lettres S. E. — A senestre, deux personnages debout.

SECRETVM. NATIONIS. PICARDORVM.

UNIVERSITÉ DE PARIS. — FACULTÉ DE THÉOLOGIE
(1398)

Le Christ assis, vu de face, nimbé du nimbe crucifère, bénissant des deux mains. — A droite, un ange tenant la lance et les clous. — A gauche, un autre ange tenant la croix et la couronne d'épines. Aux quatre coins, les figures des quatre évangélistes. — Au bas, un profil de ville.

S. THEOLOGIE. PARISIEN.

FACULTÉ DE DÉCRET

Niche à deux étages. — En haut, la Vierge avec l'enfant Jésus, à mi-corps; en bas, un docteur enseignant à deux écoliers.

S. COLLEGII. MAḠRORVM. DECRETIS.

Contre-sceau.

Docteur assis, lisant dans un livre, posé sur un chapitre.

PARVUM. SIGILLVM. FACVLTAT. DECRETORV. PAR.

On conserve aussi les sceaux d'Aix, de Bourges, de Caen, de Nantes, de Reims, de Rennes, de Toulouse, qui possédaient des facultés de droit.

FACULTÉ DE MÉDECINE DE PARIS
(1515)

La Vierge assise, vue de face, couronnée et voilée, tenant à la main droite une palme, et à la main gauche un livre ouvert. De chaque côté un groupe d'écoliers.

✝ S. Magistrorum Facultatis Medicinæ Parisiensis.

Contre-sceau.

Docteur assis, lisant dans un livre.

Secretum gloriosissimi Ypocratis.

CHAPITRE VII

L'ÉGLISE ET SON ENSEIGNEMENT

Il faut le reconnaître et le proclamer hautement, l'Église n'attendit pas les édits de Charlemagne pour ouvrir ses écoles à la jeunesse.

En Picardie [1], pour ne pas sortir de la région qui nous occupe ici plus spécialement, le collége *des Bons-Enfants*, à Saint-Quentin, était placé sous la direction même du chapitre de la Collégiale. Dès le douzième siècle, le diocèse de Noyon avait *son maître d'école;* à Laon, à Soissons et à Saint-Quentin, il y avait aussi un *écolâtre*.

Les ordonnances synodales du diocèse [2] de Sois-

---

1. *L'Enseignement donné par le clergé dans le département de l'Aisne, avant* 1789, par le modeste, laborieux et érudit curé-promoteur de Vendeuil, M. Delaigle; travail adressé à M. le ministre de l'instruction publique (janvier 1874).

2. Réimprimées en 1763, par ordre de Mgr H. S. C. de Bourdeilles, évêque de Soissons.

sons[1], reproduisant les dispositions des statuts de 1403, — de 1532, — de 1610, de 1626, de 1629, de 1654, de 1656, règlent avec détail (*Titre de l'instruction*) les fonctions, la tenue et la discipline des clercs, qui ne peuvent exercer qu'après avoir été reçus et approuvés par l'évêque. — Ces règles sont révisées et confirmées par les synodes de Soissons[2] (*5 novembre* 1716 — *21 mars* 1720 — *18 mars* 1723 — *6 avril* 1724 — *2 avril* 1727 — *6 avril* 1729 — *29 mars* 1730 — *6 avril* 1736 — *27 avril* 1740 — *19 avril* 1741 — *14 avril* 1742 — *30 mars* 1746 — *15 mars* 1749). — Par deux actes du chapitre de la cathédrale, on voit que le collége de Laon a été fondé à Laon[3] par les frères Carolot (*Actes du* 23 *mars* 1555 *et du* 24 *février* 1556). Le chapitre de la cathédrale donna quatre-vingts livres parisis, sous la condition de nommer le principal du collége et de pourvoir à la desserte de la chapelle.

---

1. Cette province étant notre pays d'origine (Saint-Quentin), nous avons toujours relevé, dans cette étude concernant Laon et Presles du diocèse de Soissons, tous les faits se rattachant plus intimement à notre chère patrie :
> *Nescio qua natale solum dulcedine cunctos.*
> *Ducit et immemores non sinit esse sui.*

2. Par Jean-Joseph Languet de Gergy, évêque de Soissons.

3. Ce collége était, bien entendu, distinct du collége de Laon, à Paris, qui fait l'objet de la présente étude, et qui avait été fondé, en 1313, par Gui de Laon, trésorier de la Sainte-Chapelle, avec Raoul de Presles, avocat au parlement, pour les écoliers pauvres des diocèses de Laon et de Soissons.

En 1729, Mgr de La Fare, avec l'agrément du roi, chargea les Jésuites de la direction du collége. En 1781, le collége fut transféré à l'abbaye de Saint-Jean de Laon et les études confiées aux religieux de cette maison, par Mgr de Sabran, approuvé par le roi. Le séminaire de Laon fut fondé en 1662 par Mgr d'Estrées, évêque de Laon, cardinal, en 1671. Le prélat donna 2,000 livres pour cet établissement, et le clergé du diocèse s'imposa d'une somme de 2,000 livres pour soutenir ce séminaire, auquel fut annexé le prieuré de Gizy [1].

Les frères des Écoles chrétiennes de l'Institut fondé par le R. P. Jean-Baptiste de La Salle s'établirent à Laon, en 1684, pour instruire l'enfance. — Mgr d'Estrées les encouragea, la ville leur donna 500 livres de pension, et, en outre, ils faisaient dans la ville et la campagne *la quête du vin*.

La pension des sœurs Marquettes ou de la Providence a été fondée, à Laon, par mesdemoiselles Marquette et par Marie Vallet, sous les auspices de Mgr Jean d'Estrées. — Sous l'épiscopat de Mgr de Sabran, le faubourg de Vaux fut doté d'une école

---

[1]. Geoffroy de Billy, né à Guise (1536), et évêque de Laon (1601-1612), tint aussi un synode et y a publié des statuts sur la discipline ecclésiastique.

gratuite pour l'éducation de la jeunesse[1]. — Sur d'autres points de la Picardie, se fondaient à l'envi des colléges. — En 1627, le 12 février, Maxime de Froideur, chanoine de l'église de Saint-Montain de La Fère, y fonde le collége de cette ville, en abandonnant sa prébende de chanoine. — Les frères des Écoles chrétiennes y furent établis en 1788, dans une maison donnée par la ville de La Fère. — Les sœurs de Saint-Vincent de Paul y furent installées par le saint lui-même, en 1656. — Dès le douzième siècle, le monastère des Bénédictines, à Barisis, possédait une école célèbre.

Les sœurs de Marle s'établirent à Crécy-sur-Serre, en 1686.

Rozoy-sur-Serre avait, bien avant 1789, des écoles publiques pour l'éducation des enfants, confiées aux sœurs de la Próvidence de Laon. — A Vervins, le collége fut fondé au seizième siècle, par Jehan de Coucy, abbé de Bonnefontaine, fils de Raoul II de Coucy, seigneur de Vervins, comme le dit un ancien titre. — En 1705, le titre et les revenus de la chapelle de l'Hôtel-Dieu furent réunis au collége de cette ville, sous la condition que le

---

[1]. Voir aussi les *Statuts du diocèse de Noyon*, promulgués. en synode, le 3 octobre 1613, par Mgr François de Clermont, évêque, comte de Noyon, pair de France.

régent, avec l'autorisation du curé, y dirait la messe tous les jours, et inhumerait les morts.

Le collége de Guise fut fondé, en 1740, par le duc de Bourbon. Auparavant, il y avait un maître des écoles à Guise, jouissant des revenus de la chapelle Saint-Nicolas d'Hirson, aux termes d'une convention du 1er juin 1565, intervenue entre le cardinal de Lorraine et Robert de Coucy, abbé de Fesmy et de Saint-Michel en Thiérache.

Le collége de Marle fut fondé (1701) par Jacques Wanet, prêtre du diocèse de Laon, né à Marle, et archidiacre de Chartres. — Les écoles de Marle, autrefois communes aux deux sexes, furent séparées pour les garçons et pour les filles, par suite des donations de Mathieu Beuvelet, originaire de Marle, supérieur de la communauté de Saint-Nicolas-du-Chardonnet, à Paris. — Les frères de Marle, institués par M. Grenier, curé doyen de cette ville, furent chargés des garçons, et les filles confiées aux sœurs de l'Hôtel-Dieu.

Les seigneurs d'Aubenton y fondèrent un collége, le prince de Condé donnait 200 livres au régent, la ville 60 livres, la fabrique de l'église 40 livres. Le régent était, en même temps, vicaire. En 1680, mademoiselle de Guise fonda des écoles publiques à Aubenton, et à Hirson des écoles pour les jeunes filles.

A Saint-Quentin, dès le sixième siècle, existaient des écoles publiques, déjà célèbres, où saint Médard puisa sa science et ses vertus. — En 1115, Anselme, archidiacre de Laon, illustrait l'école de cette ville; en 1242, Enguerrand, écolâtre de Noyon, y brillait dans sa chaire, alors que Pierre Wandès immortalisait son nom et l'Église par son enseignement. — Les chanoines avaient une école dans la Panneterie (Actes capitulaires de 1527). — Les chanoines avaient la direction du collége qu'ils administraient, dès 1317, suivant les intentions des donateurs, Gossuin le grenetier et sa femme; ils nommaient les maîtres, les rétribuaient. — Le collége, converti récemment en lycée, fut ruiné par les Espagnols (1557), et réédifié aux frais du chapitre.

Le collége de Noyon fut fondé par les évêques et prêtres de cette ville, qui le dirigeaient. — Il en fut de même pour Péronne.

Ribemont avait une école, dès 1141, dans le prieuré de Saint-Germain, fondé au neuvième siècle. Elle fut enrichie par les fondations de la ville (1652) et le testament de son curé François Paloillot et de sa sœur (13 juillet 1741), avec codicille du 11 janvier 1759. — Moy eut une école dirigée par les sœurs de la charité et de la congrégation de Saint-Maur de Paris, aux termes de la fondation due aux libéralités de madame Marie-Marguerite Legendre, veuve d'Antoine Crozat, seigneur de Moy, marquis de Moy, commandeur des ordres du roi, aux termes d'un acte notarié du 20 juillet 1740. — L'école des garçons de Moy était tenue par un clerc laïque, sous la direction du curé de la paroisse. — A Vendeuil, l'école des filles était dirigée par une sœur de l'Hôtel-Dieu, et la reconnaissance publique cite encore la sœur Marie Leclerc [1].

Vendeuil avait une école de garçons tenue par le maître d'école, en même temps clerc laïque; les enfants, pour leur assistance aux services funèbres, recevaient de un sol à cinq. — Le clerc recevait aussi, pour son salaire, une somme de cinq à six sols.

1. Voir les *Comptes de la fabrique de Vendeuil* (1565-1624), explorés par l'érudit curé M. Delaigle, dont les recherches historiques, déjà si complètes, mériteraient d'être encouragées et publiées.

CHAPITRE VIII

ACTES DE LA NATION DE PICARDIE

29 septembre 1329. — Lettres par lesquelles l'official de Laon déclare avoir vu les statuts du collége de Laon [1], fondé à Paris, rue du Clos-Bruneau, par Gui de Laon, autrefois trésorier de la chapelle royale de Paris, chanoine des églises de Paris et de Laon.

17 juillet 1331. — Statut de la nation de Picardie sur la somme à payer par les écoliers du diocèse d'Amiens, pour célébrer la messe annuelle en l'honneur de saint Firmin, martyr.

29 avril 1336. — Statut de la nation de Picardie contre les maîtres qui, sans motif légitime, s'absentent des offices [2].

28 juin 1340. — Statut de la nation de Picardie afin

---

1. *Archives du ministère de l'instruction publique.* — Jourdain, *Index des Chartes de l'Université.* — Du Boulay, *Histoire de l'Université*, t. IV, page 280.

2. Cette fière province de Picardie avait, au moyen âge, mérité ce dicton : *Isti Picardi non sunt ad prælia tardi.*

La devise du régiment de Picardie était : *On ne relève pas Picardie sur le champ de bataille.*

qu'aucun règlement ne se fasse en dehors du temps des études.

23 *décembre* 1347. — Statut de la nation de Picardie afin qu'il ne soit établi de dépense qu'au jour fixé à cet effet.

20 *janvier* 1351. — Statut de la nation de Picardie sur les distributions à faire dans les fêtes solennelles.

15 *octobre* 1355. — Statut sur les distributions et les clefs de la caisse commune à remettre aux mains de chaque procureur, après son élection.

18 *juillet* 1358. — Acte entre la nation d'Angleterre et celle de Picardie, au sujet des limites et attributions de chacune.

12 *janvier* 1372. — Statut de la nation de Picardie sur l'emploi de ses deniers, dont la distribution doit être consacrée à ses besoins.

Dernier jour de mars 1374. — Statut sur le mode d'élire les officiers de la nation de Picardie.

Mai 1379. — Déclaration de l'Université de Paris, signifiant, à la requête du roi Charles V, aux maîtres d'Angleterre et de Picardie hésitant encore, qu'elle a reconnu le pape Clément VII comme le pape vrai et légitime.

7 *septembre* 1379. — Délibération de la nation de Picardie pour que le recteur ne scelle pas la dépêche au pape Clément VII, tant que les articles et chapitres de cette communication n'auront pas été lus en l'assemblée générale de l'Université.

19 *août* 1415. — Lettres par lesquelles la nation de Picardie déclare n'avoir jamais délégué Jean Gerson, comme représentant de l'Université, au concile de Constance.

7 *octobre* 1432. — Délibération de l'Université de Paris pour envoyer une députation au duc de Bourgogne[1]; une

---

1. Du Boulay, *Histoire de l'Université*, t. V.

somme de cent écus d'or est versée par les nations de France, de Picardie, de Normandie, pour couvrir cette dépense.

Avril 1481. — Lettre du prévôt de Paris J. d'Estouteville à M. le recteur et à MM. de Notre-Mère, — l'Université de Paris, enjoignant, de la part du roi, de déclouer et défermer tous les livres des nominaux.

Délibération de la nation de Picardie pour assurer, dans tous les colléges, l'exécution de la sentence du prévôt d'Estouteville.

31 *mai* 1481. — Lettres des vicaires généraux [1] de l'évêque de Paris adressées aux maîtres et écoliers de la nation de Picardie, auxquels il est accordé le droit de construire, à leurs frais, une chapelle, avec clocher et cloches, rue du Fouarre, pour y célébrer le service divin.

Novembre 1550. — Discussion soumise à l'Université de Paris au sujet de la charge de procureur dans la nation de Picardie, qui aurait été conférée contrairement aux statuts de l'Académie.

Le grand bedeau de la nation de Picardie, Mathurin Chedepeau, frappé, dans l'exercice de ses fonctions, par M° Faultier, un des maîtres de la même nation, avait porté plainte devant le lieutenant criminel. — Il fut cité pour ce fait, le 8 février 1601, devant les députés de l'Université, assemblés au collége de Navarre, et blâmé sévè-

---

1. Du Boulay, *Histoire de l'Université*, tomes V et VI. Voir aussi : *Règlements de l'Université de Montpellier*. Bibl. Nationale (manuscrits, 4831-1879).

rement de ce que, pour obtenir justice, il s'était adressé à d'autres qu'au recteur et à son conseil, seuls juges des membres de l'Université en fait de discipline scolastique. (*Recueil des actes et autorités concernant la juridiction du recteur*, 1744, in-f°.)

En 1642, Pierre Le Bourg, recteur de l'Université de Paris, notifia, le 8 octobre 1642, son mandement annonçant sa visite aux divers colléges de l'Université. Le 15 novembre, il visita le collége de Laon, où furent trouvés vingt-cinq boursiers, assujettis à une discipline régulière.

En 1763, sur le rapport de M. de Laverdy, la Cour approuva les conclusions de ses commissaires, et les lettres patentes du 21 novembre confirmèrent l'arrêt du 19 août, en réunissant au Collége Louis-le-Grand la fondation des boursiers des petits colléges. — Par suite, furent ainsi supprimés les colléges d'Arras, d'Autun, de Bayeux, de Poissy, de Bourgogne, de Cambrai, de Cornouailles, de Dainville, de Fortel, d'Huban, de Justice, de Laon et de Presles, de Lisieux, du Mans, de Maître-Gervais, de Narbonne, de Reims, de Sainte-Barbe, de Saint-Michel, de Séez, de Tours, de Tréguier, des Bons-Enfants, des Dix-Huit, des Cholets et de Mignon.

Les lettres-patentes du 3 mai 1766 avaient fixé

au mois d'octobre suivant l'ouverture des épreuves pour l'agrégation. — Les épreuves furent closes le 13 décembre, et l'on proclama le nom des nouveaux agrégés, parmi lesquels, pour la Picardie, nous remarquons : en théologie, François Guyart, prêtre de Soissons, licencié en théologie; Adrien Capin, prêtre de Beauvais; Joseph Porion, sous-diacre d'Amiens; — pour les classes d'humanités : Gossart (Jean-Baptiste), de Noyon, professeur de rhétorique au collége d'Amiens; Jacques Delille [1], de Clermont, professeur au même collége ; Jean Martin, de Compiègne, professeur à Compiègne; pour les classes de grammaire, Firmin Caboche, prêtre du diocèse d'Amiens.

Les adversaires de l'agrégation prirent leur revanche à la rentrée des classes, et M. Coupé, régent de seconde au collége de Navarre, fut, à raison d'un discours véhément, suspendu pour trois mois des assemblées de la faculté des Arts et de celles de la nation de Picardie, dont il était membre (*Lettre de M. de Saint-Florentin au recteur*, 18 novembre 1766).

La faculté des Arts (en février 1779) intervint

---

1. Le traducteur des *Géorgiques*, le chantre des *Jardins* et de l'*Imagination* était régent de seconde au collége d'Amiens. Élève de rhétorique, il y avait remporté sept prix et le prix d'éloquence, fondé par les maîtres ès arts de l'Université de Paris.

près de la Cour des aides en faveur d'un maître de la nation de Picardie, qui tenait un pensionnat à Passy, et le fit exempter de la taille.

Sous Louis XVI, le déplorable état des finances réduisit le gouvernement à proposer à l'Assemblée nationale, comme le seul moyen d'éviter la banqueroute, une contribution extraordinaire, réglée au quart du revenu net de chaque citoyen. — L'Université de Paris subit la loi commune; le chiffre de sa contribution fut fixé à 8,000 livres, ainsi réparties : l'Université en corps, 2,000 livres; la faculté de théologie, 300; la faculté de droit 300; la nation de France, 3,400; la nation de Picardie 1,000; la nation de Normandie, 1,200; la nation d'Allemagne, 800; la faculté de médecine, en l'absence de tout revenu fixe, s'excuse, par l'organe de M° Bourru, de ne déposer nulle offrande sur l'autel de la patrie[1]. — La nation de Picardie, voyant ses masses inutiles pour les cérémonies publiques, et ne pouvant d'ailleurs les offrir à la patrie, à cause des dettes qu'elle a

---

1. Dès 1636, le 7 août, l'Université, précédée de ses bedeaux et ayant en tête le recteur, vêtu de pourpre, salua ainsi Louis XIII entrant au conseil : « Sire, votre Université, la plus pauvre de « tous les corps de votre ville de Paris, mais la plus riche en « affection, vient vous offrir sa vie et ses biens; elle vous promet « deux cents hommes de pied, qu'elle assure entretenir. » A quoi le roi, tout joyeux, répondit : « J'ai besoin d'hommes. Vous avez, « dans vos colléges, de grands écoliers qui n'ont pas tant d'inclina- « tion pour l'étude, envoyez-les-moi pour servir. » Ainsi fut-il fait.

contractées, a, le 19 juillet 1790, décidé, d'un commun accord, que lesdites masses seraient vendues, pour les deniers qui en proviendraient être employés à payer ses dettes et notamment celles du maçon. — Le surplus, s'il y en a, sera versé dans la caisse de la nation, entre les mains de M. le questeur. — A cet effet, ladite nation a nommé commissaires, pour surveiller ladite vente, les procureurs, censeurs, doyens qui ont signé avec MM. Levasseur et Tronquier, délégués pour assister le questeur ; Bondy, procureur ; Binet, doyen de Beauvais ; — Lhomond, doyen de Noyon ; Guy, vice-doyen d'Amiens ; — Delestré, doyen de Térouanne et ex-censeur.

Au moment où la société française s'effondrait sous l'action révolutionnaire, la nation de Picardie, avec les nations de France et d'Allemagne, jeta une suprême protestation, en déclarant que les règlements de l'Université qui obligeaient les maîtres à s'acquitter exactement de leurs fonctions étaient toujours en vigueur, qu'ils avaient tout prévu, qu'ils répondaient à toutes les nécessités de la discipline, qu'il suffisait d'en exiger l'observation stricte.

C'était là une vaine consolation, tout était consommé. — L'Université de Paris, dont l'histoire s'ouvre en 1200, par le diplôme de Philippe-Auguste, qui affranchit les écoliers de la juridiction du prévôt de Paris [1], se vit supprimée de fait, par le décret de la Convention nationale du 15 septembre 1793. — Cette Assemblée décida en effet qu'il serait établi dans la République trois degrés progressifs d'instruction : le premier, pour les connaissances indispensables aux artistes et ouvriers ; — le second, pour les connaissances ultérieures, nécessaires à ceux qui se destinent aux autres professions ; — le troisième, pour les objets d'instruction dont l'étude difficile n'est pas à la portée de tous les hommes.

1. *Le Châtelet de Paris.* Didier, éditeur.

CHAPITRE IX

COLLÉGE DE PRESLES ET LAON

Le collége de Presles et Laon [1], dont nous retraçons ici l'histoire intéressante, était situé rue Saint-Hilaire et s'étendait jusqu'à la rue du Clos-Bruneau. — Les écoliers des diocèses de Laon et de Soissons ne restèrent pas longtemps réunis, car en 1323 les Laonnais occupèrent la partie attenante au clos Bruneau; les Presliens ou Soissonnais se retirèrent dans la partie voisine de la rue Saint-Hilaire. — Peu d'années après, en 1340, les Laonnais allèrent rue Sainte-Geneviève, et vendirent à Jehan de Dormans, évêque de Beauvais, fondateur d'un collége, la

---

1. *Arch. nationales de Paris*, M. M. 432. Du Boulay, t. IV, p. 168.
Jaillot, *Recherches sur Paris* (place Maubert), pages 59 et suivantes.

maison qu'ils avaient d'abord habitée, rue du Clos-Bruneau.

Au seizième siècle, l'Université de Paris ressentit le contre-coup des agitations profondes qui déchiraient le royaume. Même et déjà sous François Ier, l'opportunité d'une réforme frappait les professeurs qui, prenant l'initiative, demandèrent, en 1529, et obtinrent en 1532, que des modifications fussent apportées aux statuts de la faculté de théologie et de la faculté de droit. — Toutefois, lorsque Henri II, en 1533, enjoignit à l'évêque de Paris de travailler à l'extirpation de l'hérésie et à la réformation de l'Université, celle-ci réclama : *Negotium reformationis*[1] *in disciplinâ et moribus ad se pertinere respondit.* — Malgré cette vaine opposition, Ramus[2], un des maîtres que Henri II avait associés à ses desseins, soumit au jeune roi Charles IX un plan de réforme, qui embrassait toutes les branches de l'enseignement. Son vaste projet, publié sous ce titre :

---

1. Du Boulay, t. VI, p. 461.
2. *Petri Rami oratio habita Lutetiæ, in gymnasio Prellæorum, cal. decembris* 1745, *postquam Nicolaus Sapiens, ejusdem gymnasii moderator, docendæ ibi juventutis munus Ramo dedit, imo eum in administrationem dicti collegii adoptavit.*

Petri Rami oratio de studiis philosophiæ et eloquentiæ conjungendis, Lutetiæ habita (anno 1746, die 4 id. octobris).

P. Rami oratio pro philosophicâ Parisiensis Academiæ disciplinâ. Si quis vestrûm forte miretur... (13 cal. martii 1550 ante Pascham.)

Præmium reformandæ academiæ ad Carolum Nonum Regem (Parisiis, 1569, in-12), fut traduit en français sous ce titre : *Advertissement sur la réformation de l'Université de Paris au Roy* (1562, in-12, imprimerie d'André Wechel). Entre autres améliorations, Ramus proposait que, dans les facultés supérieures [1], les professeurs fussent astreints à faire eux-mêmes leurs leçons ; — que les frais des actes qui préparaient à la licence et au doctorat fussent diminués ; — que, dans la faculté de médecine, on substituât la lecture d'Hippocrate et de Galien, l'étude de la science de guérir aux disputes qui, d'après l'ancien usage, occupaient les quatre années du cours ; — qu'en théologie, les questions subtiles, agitées par les scholastiques, fussent plus utilement remplacées par des conférences, des sermons, la lecture de l'Ancien Testament en hébreu,

---

1. *P. Rami, regii eloquentiæ philosophiæque professoris, oratio, initio suæ professionis habita* (an. 1551, die 8 cal. septembris — 25 augusti 1551).

Collectaneæ præfationes, etc., p. 402 et s.

Petri Gallandi, litterarum latinarum professoris regii, pro scholâ Parisiensi contra novam Academiam Petri Rami oratio. Ad illustrissimum cardinalem et principem Carolum à Lotharingiâ. Quod uterque Gracchus olim... (An. 1551. Festum Paschæ, 29 martii. Lutetiæ, apud Vascosanum, 1551, in-8°. Bib. Maz. 20, 660.)

P. Rami oratio coram Universitate Parisiensi, die 9 junii 1557 habita, quâ disertè refert orator, quid gestum fuerit a legatis, quos dicta Universitas ad Henricum regem mansuefaciendum destinaverat. (*Equidem non dubito, auditores...*)

et du Nouveau Testament ; — qu'enfin, dans les colléges de la faculté des Arts les régents donnassent moins de temps à l'explication sèche des règles de l'art d'écrire qu'à la lecture des textes originaux et à des travaux de composition. — Suivant le calcul de Ramus, les frais d'examen de médecine, pour la seconde année d'études., étaient de beaucoup les plus considérables ; ils s'élevaient à 772 livres 5 sols, ceux des années réunies s'élevaient à 881 livres 52 sols.

Dans la faculté de droit, un arrêté du 13 juin 1534 fixait à 28 écus l'honoraire dû par le disciple à son régent. — Le même tarif n'existait pas dans les autres facultés ; pour parvenir à la maîtrise ès arts, il en coûtait 56 livres 13 sols ; — au doctorat en médecine, 881 livres 5 sols ; — au doctorat en théologie, 1002 livres ; le tout, sans compter le degré de licence, qui se vendait aux enchères. — Le vœu de Ramus était que ces exactions fussent supprimées et que les gages des professeurs fussent assignés, sur tant de rentes et de revenus que tiennent les moines, chanoines, abbés et évêques ; — enfin, en médecine, il proposait, au lieu de thèses et argumentations, l'étude clinique.

Les tendances calvinistes que le clergé, menacé par elles, reprochait à Ramus, empêchèrent ces nouvelles et pourtant bien pratiques réformes d'être adoptées. — Cependant, la réputation du professeur grandissait tous les jours ; en 1544, pendant la peste noire[1] qui dévastait Paris, le collége de Presles était désert. — L'ancien recteur Nicolas Lesage (*Sapientus*)[2] pria Ramus d'y venir enseigner. — Le maître y consentit, et, malgré le fléau, les élèves accoururent en foule recueillir la parole du professeur savant et convaincu.

Jaloux du nouveau succès de leur rival, les Sorbonistes invitèrent Lesage à congédier Ramus, mais la justice veillait et un arrêt du parlement le maintint dans sa chaire. — Les archives[3] nationales possèdent, parmi tant de précieux documents, le compte des recettes et dépenses, signé par maître Pierre de la Ramée, lecteur ordinaire du roy, principal du collége de Presles (*du 23 mars 1553 à mars 1554*)[4]. La recette générale de Soissons et Laon

---

1. M. le docteur Chéreau (Achille) a retracé *les Ordonnances faictes et publiées à son de trompe par les carrefours de cette ville de Paris, pour éviter le danger de peste* (1531). Paris, Léon Willem, 8, rue de Verneuil, et P. Daffis, 7, rue Guénégaud, 1874.

2. *Nicolaus Sapientus cujus munus incipit anno Domini millesimo quingentesimo tricesimo tertio, decembris decimo sexto*, disent *Acta Rectoria Universitatis Parisiensis*. (Bibl. Nationale. Manuscrit latin 9952.)

3. *Archives nationales*, Sect. Adm., H. 2874.

4. *P. Rami oratio, in comitio Mathurisensi, pridie id. aprilis 1561, habita, de sua ad Christianissimum regem legatione, pro confirmandis Parisiensis Academiæ privilegiis. Quod à Deo optimo...* (12 aprilis 1561 — *Festum Paschæ* 5 aprilis.)

était de 1,463 livres 13 sols, la dépense de 236 livres 15 sols.

Le collége de Presles possédait, à Paris, dix-huit maisons, désignées, pour la plupart, par les enseignes qui y pendaient, quartiers Sainte-Marie, — Saint-Denis, — Lavandières. — Il possédait aussi des maisons à Soissons, et des biens ruraux à Crouy, Vailly, Pierrefitte. — Dans le compte qui va de septembre 1552 au mois d'août 1553, on lit [1] :

Item, baillé à M° Ramus, à Breyne, lorsqu'il voulut aller à Vailly . . . . X sols.
Item, baillé pour les gants de M° Ramus . . . XI sols,

A partir du 1er septembre 1552, on lit, en tête du compte annuel des dépenses du collége de Presles : *Compte que rend M° Pierre de la Ramée, lecteur ordinaire du Roi, principal du collége de Presles.*

En 1554... pour deux voyages [2] faits par ledit Ramus, rendant compte, tant sur les terres dudit collége de Presles, pour la visitation d'icelles, qu'à Amigny, pour accorder un procès contre les célestins de la Villeneufve-les-Soissons, a esté payé, en dépenses, la somme de 80 livres 60 sols.

Item audit rendant-compte, pour ses gages à lui ordonnés, pour la charge et administration dudit collége et confection du présent compte... 35 livres 60 sols.

1. *Petri Rami oratio de professione liberalium artium, habita Lutetiæ, in scholâ Prellæâ* (8 *calend. septembris* 1563. *Quam multa præclare...*)
2. Ramus. Cherbuliez, éditeur. Paris, 1864.
Voir aux *Archives nationales.* (Collége de Presles, H. 2874.)

En 1561, M° Pierre de la Ramée [1], principal du collége de Presles, rend compte à la communauté, tant en recettes qu'en mises par lui faites pour un an, en commençant au 1er jour de mai 1561 et finissant à pareil jour de 1562. (*Clos et signé Pierre de la Ramée.*)

Du 1er mai 1562 à pareil jour 1564 [2]. — Compte de M° Pierre de la Ramée qui rend compte pour lui et pour ceux qui avaient charge du collége de Presles, durant les troubles, en son absence et ce pour deux ans, du 1er mai 1562 à pareil jour 1564. (Signature autographe. De même pour les comptes de 1564, — 1565, — 1566, — 1567, — 1568, — 1569, — 1570, — 1571. Pas de signature de la Ramée en 1572, bien que le compte soit arrêté au 30 juin 1572.)

Le compte de Noël 1571 à la Saint-Jean-Baptiste 1572, que rend maître Pierre de la Ramée, administrateur du collége de Presles, fondé par l'Université de Paris, est signé à la fin (30 *juin* 1572, *le lendemain de la Saint-Jean-Baptiste*) par Claude Serain, principal chapelain, pourvu du collége de Presles. De même pour le compte du 25 août 1572.

Le professeur illustre du collége de Presles, ce fut, on le voit, véritablement noble et *savante personne, maître Pierre de la Ramée, lecteur ordi-*

---

1. *Petri Rami actio prima, in senatu habita, pro regia mathematicæ professionis cathedrâ. Magnam animi lætitiam...* (5 *id. martii*, *an.* 1566.) *Actio secunda. Quod a Deo Opt. Max...* (3 *id. martii* 1566.)

2. *Archives nationales*, H. 2874.

naire du roi, comme il est qualifié dans une quittance[1] notariée du 2 juin 1563.

En 1572, Ramus, chargé par Charles IX d'une mission scientifique, comme nous dirions aujourd'hui, visita les universités d'Allemagne, la Suisse, en triomphateur, acclamé partout, à Heidelberg, à Francfort, à Nuremberg, à Augsbourg, à Berne, à Lausanne, à Genève, *ces délices du monde chrétien,* comme il les appelait. — Dès 1570, pressentant une fin tragique (*tragicos exitus*), il s'adressait tristement à son vieil ami, le cardinal de Lorraine[2], dont les cabales de ses ennemis lui avaient, pour un temps, aliéné les bonnes grâces. — Vaines prières! la mort venait. — Ramus[3] aurait pu l'éviter, s'il avait consenti à partir (août 1572) avec Jean de Montluc, évêque de Valence, ambassadeur de Pologne. — Le prélat lui promettait une forte somme d'argent et lui disait : « Il me faut un ora-
« teur, non-seulement habile à parler, mais surtout
« un honnête homme, dont la langue ne peut être

---

1. Alexis Monteil, *Traité des matériaux manuscrits.* — *Ramus.* Cherbuliez, éditeur, à Paris, 1864.
2. *Epistola ad Carolum Lotharingensem* (1570). Bancel, p. 64.
3. *Litteræ P. Rami, quibus rectori et Academiæ Parisiensi valedicit, quum impetravisset à rege veniam peregrinationis annuæ; tanquam liberæ legationis ad nobiles christiani orbis academias invisendas præstantesque ingenio et doctrina homines salutandos.* (*Quem animum præsens...*)

« vénale. » Ramus refusa ; comme philosophe platonicien, comme huguenot, il devait trouver la mort dans les massacres de la Saint-Barthélemy (24 et 26 août 1572). — Le 26 août, des sicaires, dirigés par Charpentier[1], l'ennemi acharné du maître illustre, assiégent le collége de Presles, en enfoncent les portes et découvrent leur victime dans une cave. — Après lui avoir extorqué une grosse somme d'argent, un des meurtriers fait à Ramus une blessure au bras[2]. — Ce fut le signal du meurtre ; les assassins lui portent alors de nombreux coups de poignard. — En rendant l'âme, le philosophe invoquait encore son Dieu, qu'il avait seul offensé, et le priait de pardonner à ses aveugles bourreaux : « Tibi soli peccavi, ô Jehovah, et « malum coram te feci; judicia tua, veritas et jus- « titia ; — miserere mei et interfectoribus ignosce

---

1. Varillas, *Histoire de Charles IX*. — De Thou, *Histoire de mon temps*.

2. Le pâle Charles IX, ce royal poëte, le disciple de Ronsard, tirait avec sa carabine sur ses sujets hérétiques, et Muret, le cicéronien, commettait un élégant et abominable discours en l'honneur de la Saint-Barthélemy : *Oratio XXII pro Carolo IX, Galliarum rege christianissimo*. — Enfin, Charles IX, tout couvert encore du sang de ses sujets, osait écrire, dans son ordonnance de 1572, promulguée immédiatement après la Saint-Barthélemy : « Notre intention a toujours été de gouverner plutôt par douceur et voie amiable que par force : en conséquence, prescrivons l'abolition du passé. » Comme si le sang pouvait jamais s'effacer !

Varillas, *Histoire de Charles IX*, livre IX. — De Thou, *Histoire de mon temps*.

« nescientibus quid faciunt. » Les meurtriers[1] n'avaient pas encore cependant assouvi leur rage, ils jetèrent le cadavre sanglant par une fenêtre; on le traîna ignominieusement dans les rues de Paris; puis des écoliers, excités par leurs régents[2], frappaient le corps inanimé avec des escourgées, au mépris de sa profession, nous dit un contemporain. —Enfin, un chirurgien coupa cette tête noble, calme, qui avait tant[3] et si profondément pensé; le tronc fut jeté dans la Seine. Ramus avait alors cinquante-sept ans. — Un grand historien, qui lui aussi professa[4] au Collége de France, a écrit : « Dans le terrible déchirement du seizième siècle, quand la liberté se hasarda de venir au monde, quand la nouvelle ve-

---

1. Michelet, à qui j'avais envoyé mon étude sur Ramus, me répondit par le billet suivant, daté d'Hyères (Var), 3 avril 1868, que je suis fier de transcrire ici : « M. Michelet adresse ses remercîments et ses salutations bien sympathiques à M. Charles Desmaze. Dans ce beau et excellent travail sur Ramus, il a trouvé beaucoup de faits nouveaux, curieux, et une tendance générale dont il est très-touché pour ce grand seizième siècle. »

2. *Harangue de Pierre de la Ramée, touchant ce qu'ont fait les députés de l'Université de Paris envers le roi*, mise de latin en français. A Paris, chez André Wechel, 1557. Avec privilége du roi, donné à Reims, l'unzième jour de juing 1557. (Voir Wadington, *Ramus*, p. 114, et aussi Du Boulay, *Histoire de l'Université*.)

3. Voir dans la *Biographie de Ramus* (Cherbuliez, éditeur) la liste des ouvrages de Ramus, dont la Bibliothèque Mazarine, à Paris, possède quarante-sept volumes; nous recommandons ce précieux dépôt, toujours si accessible, toujours si hospitalier, aux études et aux recherches.

4. J. Michelet.

nue, froissée, sanglante, semblait à peine viable, nos rois — quoi qu'on pût dire contre elle — l'abritèrent au Collége de France, mais l'orage vint des quatre vents. — La scholastique réclama, l'ignorance s'indigna, le mensonge souffla de la chaire de vérité. — Bientôt le fanatisme assiégea ses portes; il s'imagina, sans doute, le furieux fou, égorger la pensée, poignarder l'esprit. Ramus occupait cette chaire; le roi, c'était Charles IX, eut pourtant un noble mouvement et lui fit dire qu'il avait un asile au Louvre. Ramus persista. Il n'y avait plus de libre en France que cette petite place, les six pieds carrés de sa chaire, assez pour une chaire, — assez pour un tombeau. — Il défendit cette place et ce droit, et il sauva l'avenir, car il mit là son sang, sa vie, son noble cœur. »

Cet homme, qui venait de mourir si glorieusement martyr à la fois de la liberté philosophique et de la liberté religieuse, n'avait pas, dans son testament, oublié son ingrate patrie.—Sur son revenu annuel de 700 livres, il léguait au Collége de France 500 livres de rentes sur l'Hôtel de Ville pour l'entretien d'un professeur de mathématiques, — puis sa bibliothèque, et la moitié de ses rentes aux pauvres écoliers du collége de Presles. — Ce testament autographe est signé, à Paris, au collége de Presles, calendes d'août 1568. — On peut le dire, après avoir consacré ses facultés, son âme, sa vie à l'étude et à la philosophie, Ramus laissait sa mort à l'admiration du monde savant. Voltaire le signale[1] comme fondateur « d'une chaire de mathématiques au Collége Royal de Paris, bon philosophe dans un temps où l'on ne pouvait guère en compter que trois, homme vertueux dans un siècle de crimes, homme aimable dans la société, et même, si l'on veut, bel esprit. » Le plus grand historien de la philosophie moderne, Victor Cousin, s'exprime en ces termes, auxquels nous n'avons rien à changer : « Voilà quel fut le sort d'un homme qui, à défaut d'une grande profondeur et d'une originalité puissante, possédait un esprit élevé, orné de plusieurs belles connaissances, qui introduisit parmi nous la sagesse socratique, tempéra et polit la rude science de son temps par le commerce des lettres, et, le premier, écrivit,

---

1. *Dictionnaire philosophique.*—Voir aussi : *Harangue de Pierre la Ramée, touchant ce qu'a fait l'Université de Paris envers le roi.* Paris, 1557, in-8°, et 1568.

Controversia de doctrina Aristotelis inter Petrum Ramum et Antonium de Govea, collegii Barbarici magistrum, e mandato regis habita, coram judicibus ex utraque parte delectis, Petro scilicet Danesio et Francisco Vicomercato, nec non Joanne Quintino et Joanne Bomontio commissarioque regis Joanne Solignaco; sententia insuper qua Danesius, Vicomercatus et Joannes Solignacus decernunt Ramum temere, arroganter et impudenter fecisse, dum animadversiones suas in Aristotelem scriberet; quippe qui receptam apud omnes nationes logicæ artis rationem damnare et improbare voluerit. Lutetiæ, cal. martii, an. 1543.

en français, un traité de dialectique[1]. » Lacroix du Maine, unissant son témoignage à ceux des historiens contemporains, a dit : « Par la vie que Ramus a démenée sur la fin de ses jours, il n'avait pas l'âme autre que d'un homme de bien, vivant en la crainte de Dieu. » (*Bibliothèque française.*)

Ramus, professeur d'éloquence et de philosophie au Collége de France, bienfaiteur des écoliers pauvres et de l'Université de Paris, n'a aujourd'hui son nom ni son visage gravés sur aucun marbre dans le savant établissement qu'il a illustré par son savoir. Il appartient à ses éminents successeurs de réparer enfin ce regrettable oubli.

---

1. *OEuvres philosophiques.*

CHAPITRE X

ACTES RELATIFS AU COLLÉGE DE PRESLES[1]

TITRES DE FONDATION

Janvier 1313. — Confirmation par le roi Philippe le Bel de la première fondation du collége de Presles.

Juin 1320. — Lettres patentes et sauvegarde du roi Philippe. M. 185.

26 *mars* 1321. — État des terres appartenant au collége.

30 *janvier* 1323. — Titre original de la séparation des boursiers de Laon d'avec ceux de Presles et de Soissons.

Acte de séparation du collége de Presles d'avec celui de Laon.

24 *décembre* 1324. — Fondation du collége de Presles par Raoul de Presles.

24 *décembre* 1324. — Titre de l'assignation faite par messire Raoul de Presles et sa femme sur la tête des chapelains et écoliers du collége.

---

1. *Archives nationales de Paris* (section historique M).

28 *décembre* 1324. — Statuts du collége de Presles.

5 *septembre* 1347. — Testament de mademoiselle de Presles.

21 *mai* 1395. — *Vidimus* de ce testament.

16 *décembre* 1347. — Inventaire des meubles laissés par mademoiselle de Presles.

20 *juillet* 1346. — Copie de la bulle du pape Clément VI en confirmation de la fondation du collége de Presles.

3 *mai* 1395. — *Vidimus* de cette bulle.

19 *décembre* 1494.

5 *août* 1558. — Testament de M. Péria, par lequel il fonde une bourse au collége.

Mois de janvier 1313. — Charte de fondation du collége de Presles et Laon [1], par Gui de Laon et Raoul de Presles, pour élever des écoliers pauvres, originaires des diocèses de Laon et Soissons, avec le consentement et l'autorisation du roi Philippe.

28 *décembre* 1324. — Statuts dressés par Me Raoul de Presles, clerc du Roy, et Jehanne de Chastel, sa femme, pour le collége fondé par eux, à Paris, en la rue Saint-Hilaire [2]. (*Voir les lettres du pape Clément VI, 28 juillet 1346, données à Avignon, la cinquième année de son pontificat.*)

Décembre 1545. — Discours prononcé [3] par Ramus, au collége de Presles, en succédant à Nicolas Lesage.

29 *janvier* 1568. — Arrêt du parlement de Paris qui délègue la principalité du collége de Presles à Me Antoine

---

1. Dubreuil, *Antiquités de Paris*, p. 166. — Du Boulay, *Hist. univ.* — Félibien, *Histoire de Paris*, t. III, p. 325.

2. *Arch.* M. XXI. Collége de Presles.

3. *Ramus.* Cherbuliez, éditeur, Paris. — Wadington, *Ramus et ses écrits.* — Goujet, *Mémoire historique sur le Collége de France.*

Muldrat, bachelier en théologie, en remplacement de M° Pierre de la Ramée, absent pour cause de religion.

5 *mars* 1606. — Extrait du testament fait pour la fondation d'un obit par défunt M. Médard Bourgeotte, pour être célébré en la chapelle du collége de Presles.

29 *avril* 1606. — Transaction au sujet du testament de M. Bourgeotte.

5 *novembre* 1621. — Obit fondé par Michel Morel.

19 *avril* 1629. — Pour l'obit fondé par M. Morel qui doit être célébré en la chapelle du collége, le lendemain du jour de Saint-Pierre et Saint-Paul par Nosseigneurs les confrères de la grande confrérie.

26 *août* 1633. — Testament de M. Marin Levasseur, chapelain au collége de Presles.

16 *juillet* 1635. — Obit fondé par M. Marin Levasseur, en la chapelle du collége.

23 *avril* 1649. — Fondation d'un obit par M. Paul Hervoise.

23 *mars* 1679. — Transaction avec les héritiers de M. Moreau.

25 *septembre* 1572. — Promission de M. Claude Serain comme principal.

7 *mars* 1616. — Promission de M° Jehan Grangier comme principal.

17 *août* 1616. — Promission et possession de la chapelle Saint-Jacques au collége de Presles, pour M. Morel.

18 *décembre* 1631. — Promission de M. Antoine Moreau à la même chapelle.

27 *novembre* 1635. — Accord par lequel M. Grangier se démet de la principalité en faveur de M. Loysel.

23 *novembre* 1654. — Promission de M. Louis Levasseur à la chapelle Notre-Dame du collége de Presles.

21 *février* 1679. — Promission de M. Louis Levasseur à la chapelle Saint-Jacques.

18 *avril* 1692. — Compromis entre M. Levasseur, principal du collége de Presles, et M. Babeuf, gouverneur dudit collége.

Suivent diverses promissions aux bourses du collége.

30 *septembre* 1577. — Confirmation de la sentence du bailli de Coucy pour le collége de Presles.

Ce carton ne contient que des pièces qui paraissent insignifiantes, au sujet de divers petits procès que soutint le collége, entre autres contre les Carmes, qui jetaient des ordures dans la rue.

TITRES DE PROPRIÉTÉ

1417-1685. — Pièces concernant une rente foncière de 30 liv. à prendre sur la maison de l'Échiquier, située à Vailly.

1310-1613. — Titres de propriété des bois du Loup et de la Muette acquis par le collége.

Titres de propriété d'une plâtrière dans lesdits bois.

1546-1760. — Pièces et baux relatifs à ces bois, ainsi que arrêts du conseil, lettres patentes et autres pièces concernant les coupes desdits bois.

1348-1662. — Titres de propriété des maisons, terres, vignes, bois et rentes du collége dues, et situés à Presles, Vailly, Saint-Mard, Ru, Bovettes, pièces et baux y relatifs.

Rente foncière de 3 liv. sur une maison située au faubourg de la Rivière à Vailly. S. 6548 *bis*.

Rente foncière de 8 liv. sur 3 seterées de vignes situées au terroir de Vailly.

1553-1554. — Pièces relatives à une rente foncière de 42 liv. à prendre sur la maison du Chapon, située à Vailly.

Rente foncière de 1 liv. 10 sols sur 8 hommées de vignes, au terroir de Presles.

Rente foncière de 1 liv. 2 sols 6 deniers sur une maison à Presles.

Rente foncière de 4 liv. sur la maison de Bourseville, à Presles.

Rente foncière de 2 sols 6 d. sur une hommée de vigne au terroir de Ru, Bovettes.

Rente foncière de 1 liv. sur une maison à Presles.

Rente foncière de 1 liv. 18 sols sur la ferme des Bovettes.

Rente foncière de 5 liv. sur plusieurs pièces de terre au terroir de Saint-Mard.

23 *avril* 1348. — Bail à ferme d'une maison et héritages donnés par mademoiselle de Presles.

28 *décembre* 1790. — Bail des terres et rentes situées à Vailly. S. 6549.

1308-1778. — Baux des biens situés à Presles, Vailly, Saint-Mard, Ru et Bovettes.

1454-1743. — Baux et titres de propriété des biens possédés par le collége à Leury.

Décembre 1312. — Donation au collége du bien de Mareuil et lettres du roi.

Arrêts du conseil et autres pièces concernant l'exploitation du bois des Clercs et de celui de Mareuil.

1530-1781. — Pièces concernant une pièce de pré située à Mareuil, laquelle formait anciennement un étang.

Rente de 6 pichets d'avoine et 2 sols de cens sur une maison à Mareuil.

1312-1615. — Titres de propriété des terres à Chéry, du bois des Clercs, du pré Mareuil, des bois audit lieu et autres objets composant le fief de la Tournelle.

1348-1774. — Baux des biens situés à Chéry et à Mareuil composant le fief de la Tournelle.

1322-1336. — Titres de propriété en faveur du collége de Presles des fiefs de Presles et de Metz à Amigny, acquisition faite par Raoul de Presles de Raoul de Farnier.

1491-1740. — Baux à cens d'héritages faisant partie de terres appartenant aux fiefs de Presles et de Metz. S. 6551.

1401-1477. — Titres de propriété du fief de Metz.

Pièces établissant le droit de seigneurie et de censive du collége de Presles sur plusieurs pièces de terre dépendant des fiefs de Presles et de Metz.

1393-1772. — Baux à ferme par le collége au profit de divers particuliers des fiefs de Presles et de Metz à Amigny.

1575-1754. — Titres de propriété en faveur du collége de Presles et de Metz à Amigny, baux à ferme et à cens et sur cens, déclarations censuelles, pièces de procédure et autres anciens titres et pièces sur la propriété desdits fiefs.

Déclarations de cens et rentes et autres droits sur plusieurs maisons et terres sises dans le village d'Amigny et dans son terroir, dues au collége de Presles.

12 *mars* 1482. — Pièce concernant la jouissance d'un petit fief à Mesnil-Saint-Denis.

1552-1745. — Pièces relatives aux contestations entre le collége et les Célestins de Soissons et transactions sur icelles.

16 *mars* 1393. — Bail de rente sur une maison, rue de la Colombe, à l'image Saint-Martin.

1445-1731. — Titres de propriété en faveur du collége de Presles d'une rente foncière de 15 fr. parisis sur une maison rue de la Colombe, près Saint-Landry.

1425-1719. — Titres de propriété en faveur du collége de Presles d'une rente foncière de 8 fr. sur la maison de la Petite-Pomme-Rouge, située rue Sainte-Geneviève.

1418-1507. — Titres de propriété d'une maison située sur la place Maubert, au coin de la rue des Lavandiers.

Baux à loyers, déclarations censuelles et autres pièces concernant ladite maison.

1335-1448. — Titres de propriété en faveur du collége de Presles d'une rente de 24 fr. parisis sur une maison rue Saint-Hilaire et clos Brunel.

1421-1728. — Titres de propriété en faveur du collége d'une rente foncière de 15 fr. sur une maison située rue Saint-Denis.

1574-1750. — Baux d'une maison ayant pour enseigne la Petite-Caille, située rue des Carmes.

1455-1511. — Titres de propriété d'une maison ayant pour enseigne le Croissant-d'Argent, rue des Carmes.

1694-1770. — Baux de la maison de l'Homme-Sauvage et de celle de la Bouteille, réunies en une seule, sous l'enseigne du Croissant-d'Argent.

Cens et rentes dus au chapitre de Saint-Marcel sur la maison du Croissant-d'Argent et de la Petite-Caille.

1608-1680. — Procès concernant deux rentes foncières de 2 fr. 10 sols chacune sur deux maisons situées rue des Carmes: l'une ayant pour enseigne l'image Saint-Martin et l'autre la Trinité; remboursées au collége.

1508-1749. — Pièce concernant une rente foncière de 2 fr. 10 sols sur une maison ayant pour enseigne l'image Saint-Jean-Baptiste, rue des Carmes.

1576-1769. — Titres d'une rente foncière de 5 fr. sur une maison ayant pour enseigne la Masure, rue des Carmes.

1509-1579. — Titres de propriété de la maison ayant pour enseigne la même Petite-Caille.

1314-1749. — Pièces, titres de propriété concernant la maison du collége.

Titres de propriété de terres et vignes situées à Saint-Marcel, Pierrefitte, et de rentes sur maisons à Villejuif.

1510-1781. — Baux à ferme de terres et vignes à Villejuif.

1444-1565. — Titres de propriété desdites terres et vignes.

22 mars 1725. — Testament de M. Derveau, principal du collége de Presles, par lequel il fait et institue ledit collége son légataire universel. S. 6555.

Suivent un état des revenus et des charges du collége et autres pièces concernant son administration depuis sa réunion au collége Louis-le-Grand.

1298-1778. — Titres de propriété de terres situées à Tremblay — ferme et terres labourables — et du fief des écoliers situé au même lieu ; baux, déclarations censuelles y relatifs.

Un registre contenant les recettes et dépenses du Collége de Presles depuis son union à celui de Louis-le-Grand.

Un registre contenant l'état des biens du Collége de Presles.

1451-1780. — Présentations d'hommes vivants et mourants; actes de foi, hommage, aveux et dénombrements rendus par le Collége, pour raison du fief des écoliers relevant du seigneur de la Queüe.

1545-1646. — Pièces concernant une rente foncière de 8 fr. parisis sur une maison située dans la grande rue du Grand-Tremblay, dont le Collége ne jouit plus, laquelle maison était le chef-lieu du fief des écoliers et a été depuis réunie au fief de Gencien. Plus sur deux pièces de terre vendues, le 3 *avril* 1668, au collége par Nicolas Havé.

MM. 433. — Registres des délibérations du Collége de Presles.

CHAPITRE XI

ACTES RELATIFS AU COLLÉGE DE LAON

13 janvier 1313. — Acte de fondation des colléges de Laon et de Presles par Guy de Laon et Raoul de Presles, revêtu des lettres patentes du roi Philippe le Bel ; il résulte de cet acte que Guy de Laon donne au Collége de Laon[1] 100 fr. parisis de rente avec toutes les maisons qu'il avait à la rue Saint-Hilaire et celles qu'il acquerrait dans la suite sur la même rue et entre la susdite et celle du clos Brunel[2] (*Carton* M. 140).

4 février 1324. — Acte par lequel Guy de Laon et Raoul de Presles procèdent au partage de la maison que les écoliers de Laon et de Presles habitaient en commun. Les écoliers de Laon eurent la partie du côté du clos Brunel, à charge à ceux de Presles de leur payer une rente de 24 fr. parisis. — M. 140.

1. *Archives nationales de Paris* (section historique M).
2. La rue de Judas, devenue rue du Clos-Bruneau (décision du 2 août 1838), fut plus tard supprimée. La rue de la Calendre allait de la rue de la Juiverie à la rue de la Barillerie.

30 *août* 1324. — Permission accordée aux écoliers de Laon par Estienne, évêque de Paris, de faire l'office divin dans leur chapelle.

12 *novembre* 1331. — Accord fait par les écoliers de Laon avec les exécuteurs du testament de Guy de Laon sur le différend de quatre maisons appartenant à Guy de Laon, qu'il aurait baillées à son Collége. Par cet accord trois des maisons furent laissées au Collége, et il fut stipulé par Gérard de Montaigu, l'un de ces exécuteurs, qu'il aurait la faculté de mettre un boursier de plus au Collége.

4 *août* 1390. — Lettres de l'évêque de Laon sur l'augmentation de trois prêtres dans la chapelle, et la manière de célébrer les messes.

21 *février* 1597. — Ordonnance de Valentin du Glas.

1498. — Statuts de M. Triplat, grand archidiacre de Laon, faits pendant les vacances du siége épiscopal en 1498.

7 *mai* 1407. — Fondation d'une bourse et d'une chapellenie dans le Collége de Laon, à Paris, et d'une messe dans l'église Saint-Vast d'Origny, pour le repos de l'âme du testateur Jehan Motel, maître ès arts, chanoine prébendé en l'église de Noyon.

23 *août* 1430. — Acte par lequel les écoliers[1] du royaume de Dace cèdent au Collége de Laon, par voie d'échange, une maison située à Paris, rue Sainte-Geneviève de Laon. Cette maison était dans le quartier Galande, près la rue du Fouarre, à l'enseigne de la *Pomme-Rouge*.

3 *mai* 1542. — Fondation par Mᵉ Jehan Berthoul, prestre[2], docteur en théologie, principal du collége de Laon, à Paris, d'une bourse qui sera donnée à un écolier en théologie,

---

1. Du Boulay, *Hist. de l'Univ.*, t. V. — Dubreuil, *Théâtre des antiquités de Paris*. — Thurot, *de l'Organisation de l'enseignement dans l'Université de Paris*.

2. Arch. M. th. XX. Collége de Laon.

élu par les maire et échevins de Chuouarse, où est né le donateur, et, à défaut, d'un écolier de Montcornet, Séchelles, Agnicourt, Vigneux, Vincy et Lislet [1].

26 *février* 1364. — Fondation pour le Collége de Laon, à Paris, de deux bourses instituées par Jehan de Coucy, maître en médecine, en faveur de deux écoliers aptes à suivre les cours de médecine et à en profiter.

28 *décembre* 1375. — Fondation au Collége de Laon, par vénérable et discrète personne Jehan de Montchâlons, d'une bourse en faveur d'un écolier du village de Montchâlons ou environs.

28 *décembre* 1375. — Accord entre l'Université de Paris [2] et les écoliers du Collége de Laon, d'une part, et messire Jehan de Challon, comte de Tonnerre, d'autre part, au sujet d'une maison située à Paris.

1329. — Lettres par lesquelles l'official [3] de Laon atteste, le 29 septembre 1329, sous son sceau, avoir vu les lettres par lesquelles Gui de Laon, évêque, autrefois trésorier de la chapelle royale à Paris, fonde pour 16 pauvres écoliers du diocèse de Laon un Collége dans une maison située à Paris, rue du Clos-Bruneau.

25 *février* 1359. — Legs de madame Ada de Cerny, fondant au collége de Laon une chapellenie d'un revenu perpétuel de vingt livres parisis par an [4].

Juillet 1378. — Lettres de Charles V, roi de France [5], par

---

1. 27 mai 1433. — Par une lettre datée de Senlis, et adressée aux recteur et étudiants de l'Université de Laon, le roi Louis XI recommande, pour l'office d'enlumineur, Jehan Maubert, neveu de l'abbé de Saint-Étienne de Fontenay.

2. *Arch. M. th. XX.*

3. *Archives nationales.*

4. Charles Jourdain, *Index chronologicus Chartarum pertinentium ad historiam Universitatis Parisiensis.* Paris, Hachette, éditeur, 1862.

5. *Arch. M. th. XX. E Regesto collegii Landunensis.*

lesquelles il confirme le revenu annuel de 16 livres 14 sols sur la maison, située sur le territoire royal, près la porte Baudoir, provenant du legs de la dame de Cerny.

8 et 14 septembre, 10 octobre 1388. — Lettres de Jean, évêque de Laon, à maîtres Estienne Escaillard, professeur de théologie, et Pierre de Bièvre, licencié en décrets, pour surveiller les écoliers, vérifier les recettes et dépenses du Collége de Laon. Fondation de Raoul Rousselot, autrefois évêque de Laon, en faveur de deux écoliers, étudiant à la faculté de théologie.

20 mars 1389. — Fondation au collége de Laon, à Paris, d'une chapellenie léguée par maître François [1] de Montaigu et confirmation de ce legs par Jehan, évêque de Laon, le 27 mars 1389.

4 avril 1390. — Lettre de Jehan, évêque de Laon, sur la célébration des messes au Collége de Laon et l'élévation du salaire des messes [2].

1558. — Jehan Passerat, l'un des ancêtres de maître Gaultier Passerat, avocat à Paris (1875), succéda à Pierre Ramus dans la chaire d'éloquence et de poésie latine au Collége de France, et fut l'un des auteurs de la Satire Ménippée.

On le qualifiait de docteur ès droit et lecteur ordinaire du Roy en l'Université de Paris.

21 février 1597. — Ordonnance de [3] messire Valentin Duglas, évêque de Laon, qui défend à maître Jehan Griffon, procureur et receveur du Collége de Laon, et à tous ses successeurs, de payer aulcune dépense excédant un demi-écu, si ce n'est par ordre de l'évêque [4], ou du commun con-

---

1. Du Boulay, *Histoire de l'Université*, t. IV, p. 466.
2. *Arch. M. Rég.*, *XCVI*.
3. *Ibid.*
4. *Arch. M. Rég. CXVI*, art. 10, fol. 31.

sentement du principal, des chapelains et des boursiers.

1598. — Statuts du Collége de Laon[1], arrêtés par l'archidiacre de Laon pendant les vacances du siége épiscopal.

4 février 1685. — Règlement fait par messire Jean d'Estrées, évêque de Laon : 1° approuvant la permission verbale, donnée par son E. Mgr le cardinal d'Estrées, de convertir et appliquer les distributions et fruits des boursiers absents au profit des présents, tant de la communauté des grands que de celle des petits, pour le passé et jusqu'au dernier décembre 1681 ; — 2° ordonnons que, conformément aux statuts et à l'usage, tous deniers provenant des legs, donations, fondations, reliquats de comptes, soient incessamment mis dans le coffre-fort qui ferme à trois clefs ; — 3° que le procureur nouvellement nommé présentera sa caution huit jours au moins avant d'entrer en exercice ; — 4° que les chambres étant dans l'enclos du collége ne pourront être louées qu'à des personnes de bonnes mœurs ; — 5° que le règlement fait par messire Valentin Duglas, évêque duc de Laon en 1597, et renouvelé par M. Triplat, grand archidiacre de Laon, en 1606, touchant la direction des biens du Collége, sera exécuté de point en point.

18 mars 1687. — Statuts de Jean d'Estrées, évêque de Laon, modifiant sur quelques points les anciens statuts du Collége.

30 juin 1688. — Procès-verbal dressé par Mgr l'évêque de Laon sur les contraventions aux règlements par lui faits.

15 janvier 1688. — Procès-verbaux faits au Collége pour parvenir au règlement.

9 novembre 1688. — Règlement de Mgr l'évêque de Laon pour le Collége de Laon.

Novembre 1688. — Lettres du roi confirmant ces statuts.

---

1. *Arch. M. Rég. CXVI*, art. 10, fol. 31.

25 *décembre* 1688. — Ordonnance du Parlement ordonnant de communiquer les lettres pour avis au recteur et au principal du Collége.

7 *janvier* 1689. — Pierre de Boulay, recteur de l'Université de Paris, autorise l'usage de ces statuts et règlements et dit n'y avoir rien trouvé de contraire au bien public.

7 *janvier* 1689. — Même attestation de Philippe Dormay, principal du collége de Laon.

14 *janvier* 1689. — Enregistrement par le Parlement des lettres du roi approuvant les statuts.

16 *avril* 1689. — Procès-verbal de la lecture du nouveau règlement, faite à l'assemblée des principal, chapelain et grands boursiers du Collége de Laon.

7 *décembre* 1689. — Engagement de Antoine Hilarier, boursier au Collége de Laon, à observer fidèlement le règlement.

Sans date. — Supplique des principal, chapelain et grands boursiers, priant l'évêque de confirmer la permission verbale, par lui donnée, d'accorder les fruits des bourses des absents à la communauté des présents.

Sans date. — Protestation des petits boursiers, adressée à l'évêque de Laon, contre un libelle présenté au recteur de l'Université et contenant des accusations à leur endroit.
M. 171.

Novembre 1689. — Attestation des chapelain et grands boursiers démentant les faits contenus dans le libelle.

Certificats de plusieurs professeurs et régents attestant que les petits boursiers remplissent diligemment leurs devoirs.

Protestation du principal contre le libelle et prière à l'évêque de Laon d'informer contre ses auteurs.

13 *février* 1689. — Première protestation des petits boursiers contre ledit libelle.

21 *février*. — Attestation du principal qu'il n'a pris aucune part audit libelle.

16 *mai* 1542. — Acte passé par le détenteur d'une maison, sise à Crespy.

31 *mars* 1372. — Copie des lettres du roi de France Charles V à maître Pierre de Paci, clerc, et Nicolas Alori, conseiller dudit seigneur roi, par lesquelles il les commet l'un et l'autre à faire informer de nouveau pour connaître de la vérité des reproches contre l'enquête, ordonnée par la cour du Parlement, afin de parvenir au jugement du procès en matière de nouvelleté et saisine, intenté par l'Université et les écoliers des Colléges de Laon et de Saint-Malo contre Jean de Châlons, comte d'Auxerre et de Tonnerre, cousin dudit roi :

1° Avec l'ordre desdits commissaires, en vertu desdites lettres royaux, au premier huissier du parlement, pour l'ajournement de ceux appelés en témoignage par ledit comte, etc. ;

2° Du 3 avril 1372. Procès-verbal dudit huissier de l'exécution de la commission.

31 *mars* 1329. — Obligation de célébrer deux offices pour Raoul de Preslés : l'un le lendemain de Saint-Vincent-de-Paul, et l'autre après la Quasimodo, moyennant 24 fr. parisis de rente.

19 *août* 1364. — Donation aux écoliers de Laon d'une maison, sise au derrière du Collége de Presles, par Guy Fagot.

8 *juillet* 1387. — Fondation d'un obit par Mgr Feraud de Vernino.

3 *mai* 1399. — *Vidimus* au Châtelet de Paris du testament de M⁰ Estienne Escaillart, doyen de l'église de Laon, du mois de février 1390.

3 *mai* 1399. — Copie du testament de M⁰ Estienne Escaillart, par lequel il a fondé 105 écus d'or en faveur du Collége, en 1390, à la charge de célébrer une grande messe *Requiem*, pour le repos de son âme.

10 *avril* 1404. — Fondation d'un obit.

19 *avril* 1461. — item

5 *avril* 1513. — Fondation d'un obit par Gobert de Tournemeulle, moyennant 50 sols parisis de rente.

10 *décembre* 1517. — Fondation d'un obit.

15 *novembre* 1518. — Fondation d'un obit par Gobert Tourier.

28 *novembre* 1519. — Fondation d'une messe annuelle, par M. de Mannay, chanoine et grand archidiacre de Laon, pour laquelle il donne au Collége la somme de 1000 fr. Il veut que M. le principal la dise le dimanche, le premier chapelain, le lundi, et les autres messieurs les chapelains, successivement en hiver, depuis 7 heures jusqu'à 9; en été, depuis 6 heures jusqu'à 8, avec oraison *Inclina* à la fin de la messe. Il veut qu'elle soit de *Requiem*, excepté les jours de fête. M. le cardinal de Bourbon était évêque de Laon dans le temps de cette fondation. Il désire que cette messe soit dite à son intention et à celle de tous ses parents et bienfaiteurs, même de tous les supérieurs du Collége. Il oblige le Collége, par un serment solennel, de tout accomplir, selon la forme et teneur.

21 *novembre* 1522. — Cession de 40 livres pour l'obit de M⁰ Jean Tournemeulle, à prendre sur une maison, sise faubourg Saint-Jacques (?)

21 *septembre* 1539. — Fondation de deux messes annuelles, par frère Michel Rousset, ordre de Saint-Augustin, moyennant 400 livres.

19 *février* 1554. — Fondation de l'obit de Mgr Villain par son testament du 19 février 1554, et quittance de la somme de 80 livres tournois.

24 *octobre* 1558. — Rente de 5 sols fondée pour le Collége de Laon pour l'obit de M⁰ Pierre Gourdonel.

20 *octobre* 1581. — Fondation d'obit.

16 *décembre* 1584. — Fondation d'un obit de Guillaume Paucquit.

14 *août* 1586. — Fondation d'un obit par M⁰ Claude Cardon, au désir de son testament, moyennant 100 livres.

2 *avril* 1624. — Donation faite au Collége par Marguerite Le Comte, veuve de Jean Le Cocq, d'une somme de 1800 liv. et de la maison sise rue Sainte-Geneviève-du-Mont, ayant pour enseigne : le Soufflet vert.

21 *juillet* 1657. — Fondation faite par M. Dubois au Collége de Laon d'un obit moyennant la somme de 300 livres. Il veut qu'il soit distribué 8 livres aux grands et petits boursiers, et que cet obit soit chanté le plus dévotement qu'il soit possible.

11 *mars* 1668. — Fondation faite au Collége de Laon, par M. Sarazin, avec emploi de 300 livres, données par ledit sieur pour ladite fondation.

10 *octobre* 1675. — Rachat de 22 livres de rente pour la fondation de M⁰ Docquinquan, moyennant 460 livres.

21 *janvier* 1670. — Fondation d'un obit faite pour défunt M. Hermant au Collége de Laon.

3 *février* 1671. — Fondation d'une messe de M. Jallé, moyennant 120 livres.

22 *mai* 1676. — Extrait du testament de M⁰ Estienne Mainon, avocat au Parlement, par lequel il lègue au Collége la somme de 1200 livres pour fondation d'un obit.

3 *juillet* 1677. — Transaction portant quittance pour MM. du Collége de Laon avec M. Mainon, pour l'obit de monsieur son frère.

29 *mai* 1679. — Fondation de M. Laffite, capitaine au régiment de Picardie et ingénieur du Roy, d'un obit moyennant un legs de 300 livres.

31 *décembre* 1680. — Fondation de M. Mulot pour MM. du Collége de Laon.

27 *février* 1681. — Fondation d'un obit par M. de France.

13 *mars* 1685. — Fondation d'obit par M. Philippe Dormay, pour M. Bertrand et pour ledit M. Dormay.

3 *juillet* 1692. — Testament de M. Dormay, principal du Collége de Laon, décédé le 30 juillet 1692.

13 *juin* 1687. — Extrait du testament de M. Jean Garbe, docteur régent et ancien doyen de la Faculté de médecine de Paris, par lequel il lègue au Collége la somme de 1000 livres pour la célébration de deux messes basses à perpétuité.

5 *août* 1687. — Donation et fondation, par M. et mademoiselle Coupet, de la somme de 500 livres pour 25 livres de rente.

19 *août* 1697. — Fondation de M. Paucet, chanoine de Saint-Quentin, pour une messe le jour de la Chaire de saint Pierre à Antioche.

7 *mai* 1714. — Réduction des obits du Collége au nombre de 34 par an, autorisée par l'ordonnance de Mgr l'évêque de Laon.

— État des bourses du Collége de Laon. Mémoire sur l'origine de ses biens.

20 *mars* 1389. — Fondation, par François de Montaigu, d'un boursier et chapelain au Collége de Laon, dont la collation appartient à l'évêque de Laon, pour y dire quatre messes par semaine sous rétribution de 6 livres pour chacune des semaines, assignées sur ses maisons de Paris.

8 *novembre* 1364. — Pièce relative à la fondation de Montaigu.

27 *mars* 1389-1390. — Lettre de don fait au Collége par les exécuteurs testamentaires de François de Montaigu, pour la fondation d'une bourse chapelaine.

4 *février* 1340. — Acquisition du clos Brunel par les écoliers de Laon.

2 *août* 1339. — Pièce relative à la fondation Gérard de Montaigu.

26, 27, 28, 29 et 30 *novembre* 1339. — Testament de Gérard de Montaigu.

3 *février* 1339. — Pièce relative à la fondation Gérard de Montaigu.

8 *octobre* 1340. —   id.
12 *avril* 1390. —   id.

13 *octobre* 1323 et 8 *avril* 1353. — Testament de Raoul Rousselot, évêque de Laon.

Novembre 1323 et *décembre* 1389. — Extrait de registre sur la fondation Raoul Rousselot.

1ᵉʳ *avril* 1348. — Fondation de Raoul Rousselot.

1ᵉʳ *avril* 1348 et 31 *août* 1350. — Testament de Mᵉ Jacques Rousselot.

30 *septembre* 1350, 6 *janvier* 1365 et 14 *juillet* 1368. — Pièces relatives à cette même fondation.

2 *mai* 1385 et 16 *février* 1385. — Bail fait à sire Regnault de la Chapelle de la maison sise rue de la Verrerie, que Messire Raoul Rousselot avait laissée au Collége de Laon, et ratification dudit contrat de bail.

2 *octobre* 1388. — Fondation des bourses de théologie.

11 *mai* 1591. — Transport de 40 livres parisis de rente que le Collége avait à Paris, sur Crespy et sur une maison à Laon.

8 *avril* 1391-1392. — Ne regarde point la rente sur le domaine de Crespy, mais une autre rente à bail d'héritage.

7 *mai* 1407. —   idém

17 *juin* 1409. — Testament de M. Raoul de Harbes, par lequel il donne au Collége la maison ayant pour enseigne : *le Soufflet vert,* pour fondation de quatre bourses destinées à ses neveux et arrière-neveux.

6 *juillet* 1692. — Donation de 33 livres 6 sols de rente faite au Collége du Soufflet, par Philippe Dormay, principal du Collége de Laon.

2 *janvier* 1708. — Généalogie des descendants de Raoul de Harbes.

— Inventaire des titres concernant la fondation Raoul de Harbes.

1552. — Sentence du comte de Vorle, qui institue les sieurs Nicolas Pilloy et Nicolas Laffite, oncle et cousin germain des mineurs Laffite, tuteurs d'iceux; leur mère était Barbe de Harbes, et, en ce nom, ses enfants ont droit aux bourses fondées sur la maison du Soufflet vert, parce que le sieur de Harbes, fondateur, était leur parent.

30 *juillet* 1689. — Jean-Baptiste Bertrand se démet de sa bourse au Soufflet vert et prie d'en gratifier Jacques Gonard, comme étant de la famille de Raoul de Harbes.

— Lettre de Gonard à M. Dormay, demandant ladite bourse.

— 75 livres de rente constituées au Collége par le chapitre de Saint-Martin en la Ferre.

1671. — Supplique de Baron demandant une bourse au Soufflet vert, avec sa généalogie à l'appui.

21 *novembre* 1671. — Enquête de M. Baron pour prouver qu'il est de la famille de M. de Harbes.

26 *février* 1364. — Fondation de Jean de Coucy pour deux bourses de médecine.

27 *août* 1356. — Testament d'Adée de Cerny, exécuté en 1359, par la fondation d'une bourse chapelaine.

1er *mars* 1359. — Touchant la bourse d'Adée de Cerny.

23 *janvier* 1650. — Testament de Jean Aubert, principal du Collége de Laon, par lequel il lègue au Collége tous ses meubles, à charge d'accomplir différents legs.

11 *avril* 1650. — État de compte fait entre MM. du Bois et de Sains, exécuteurs du testament de MM. Aubert et Étienne Tollam.

1er *août* 1654. — Quittance donnée par lesdits exécuteurs.

29 *janvier* 1650. — Inventaire des biens délaissés par M. Aubert. Généalogie de la famille Aubert.

5 *avril* 1659. — Mémoire des deniers dont le Collége est chargé, provenant de la succession de feu M. Aubert.

5 *mars* 1677. — Copie de l'acte assignant 33 livres 6 sols 8 deniers à Philippe Hardy, descendant de M. Aubert, en exécution de la clause de son testament.

2 *janvier* 1742. — Copie de l'acte assignant 25 livres de rente à Paul-Antoine Duterne, descendant de M. Aubert, en vertu de la fondation de ce dernier.

28 *octobre* 1638. — Testament de M. Bocquillart, principal du collége de Laon.

4 *avril et* 18 *mai* 1639. — Compte rendu par les exécuteurs testamentaires de M. Bocquillart, lesquels ont payé au collége 2,022 livres 5 sols 7 deniers.

21 *juillet* 1645. — Contrat de constitution de 287 livres de rente au profit de la fondation de M. Bocquillart.

1er *février* 1707. — Testament de Louis Cousin.

13 *novembre* 1708. — Fondation de M. le président Cousin d'une somme de 38,000 livres aux clauses portées pour la fondation de six bourses.

— Mémoire à Mgr le procureur général sur le mode de nomination desdites bourses et leur mise au concours.

— Supplique des principal, procureur, chapelains et grands boursiers du Collége de Laon, à NN. SS. du Parlement, demandant que les bourses léguées par le président Cousin au Collége de Beauvais, et que celui-ci a refusé d'accepter aux conditions énoncées, soient fondées au Collége de Laon auxdites conditions.

27 *octobre* 1536. — Fondation de Michel Roussel.

6 *avril* 1596. — Fondation d'Antoine le Pot pour une bourse de théologie.

8 *juin* 1643. — Fondation de M. Stupra pour MM. du Collége de Laon, en faveur des pauvres de sa parenté.

8 *juin* 1643. — Procuration par laquelle M. Lucien Stupra donne pouvoir à Me Jean Aubert, principal du Collége de

Laon, de recevoir une somme de 3,000 livres qui lui est due par différents particuliers y dénommés.

14 avril 1644. — Quittance en faveur de M® Lucien Stupra de la somme de 3,000 livres en exécution de la fondation faite par ledit sieur.

— Généalogie des Stupra pour servir à la fondation de M. Lucien Stupra.

— Suivent plusieurs demandes des descendants de Stupra de jouir de la fondation de leur parent avec pièces à l'appui, actes de baptême, de naissance, pièces du procès contre un Stupra, notaire royal, qui prétendait que le collége ne disposait pas de la rente suivant les intentions du fondateur.

26 *novembre* 1656. — Fondation d'une petite bourse au Collége de Laon par M. de Vendeuil.

30 *mars* 1678. — Fondation des bourses de M. Tilorier.

27 *août* 1683. — Fondation au Collége de Laon d'une grande bourse par M. Tilorier.

5 *février* 1685. — Ratification du contrat de fondation de la grande bourse.

— Supplique à Mgr de Laon des curés et maire de la ville de Marle comme présentateurs des bourses de Gilles Tilorier, demandant que le titulaire de la petite bourse vacante depuis quinze années soit nommé.

8 *novembre* 1748. — Décret de Mgr de Laon rétablissant ladite petite bourse après acquiescement des principal, chapelains et boursiers du Collége de Laon.

3 *mai* 1542. — Fondation de maître Jehan Berthou.

5 *mars* 1603. — Donation par M. Antoine Chrestien, curé prieur de Vantouillet, au Collége de Laon, d'une maison qui lui appartenait, sise rue des Bernardines, et d'une rente de 30 livres pour fondation d'un obit en la chapelle dudit collége.

28 *août* 1614. — Transaction entre MM. du collége de

Laon et la veuve Troisvallons, concernant la maison rue des Bernardines, donnée au Collége de Laon par M⁰ Antoine Chrestien, par laquelle transaction ladite veuve consent à la vente de cette maison sur laquelle l'usufruit avait été donné à elle et à son fils.

1ᵉʳ *juillet* 1615. — Constitution, par M. François Chalumeaux à la veuve Troisvallons et à son fils et à MM. du Collége de Laon, de 206 livres 13 sols 1 denier de rente pour le prix de la maison sise rue des Bernardines.

28 *août* 1614. — Copie de procuration et consentement de vendre une maison sise à Paris, rue des Bernardines, saisie à la requête du sieur Dudoit, laquelle maison appartenant quant au fonds au Collége par la donation que le sieur Chrestien lui en avait faite, à la charge de l'usufruit pour ses deux enfants, portant consentement que ledit sieur Dudoit soit payé.

29 *septembre* 1652. — Copie collationnée à l'original de l'extrait des registres de Saint-Sulpice pour servir de titre de possession de la rente d'Antoine Chrestien.

15 *novembre* 1584. — Procuration de Charles Aubert.

13 *mars* 1600. — Nomination à une bourse chapelaine du collége sur la présentation du principal et du procureur.

24 *février* 1611. — Pièces qui servent à prouver que la présentation de la première grande bourse chapelaine appartient aux principal et procureur du Collége de Laon.

8 *juin* 1652. — Transaction de MM. Dubois et Sallé pour la principalité.

5 *juillet* 1652. — Procuration du sieur Louis Dubois pour exécuter le compromis fait entre lui et M⁰ Claude Sallé, pourvu par Mgr l'évêque de Laon de la principalité du Collége de Laon, sur leurs différends au sujet de ladite principalité.

12 *décembre* 1652. — Transaction de MM. Dubois et Sallé au sujet du procès qu'ils eurent ensemble pour la principalité du Collége de Laon.

17 *octobre* 1655. — Démission de M. Landrieu entre les mains du principal de sa bourse de grand chapelain.

17 *octobre* 1674. — Provision d'une bourse du Soufflet vert à Nicolas le Sérurier, du diocèse de Laon.

29 *décembre* 1682. — Acte de caution de M. Lavoine pour l'année 1683.

24 *avril* 1685. — Démission de M. Paucet de sa grande bourse du Collége de Laon.

12 *février* 1687. — Provision d'une grande bourse.

10 *avril* 1587. — Provision de la chapelle du Collége de Laon à Nicolas Ribault, sous-diacre, par l'évêque de Laon.

30 *décembre* 1685. — Copie de procuration.

13 *octobre* 1687. — Procès-verbal de mésintelligence et désordre survenu à l'assemblée des boursiers du Collége, à l'occasion de l'élection du procureur, sur l'instigation d'un sieur André, boursier.

9 *décembre* 1687. — Décision de Jean d'Estrées, évêque et duc de Laon, convoquant l'assemblée des principal, chapelains et grands boursiers du Collége de Laon, pour l'élection d'un procureur, en la présence de M. l'abbé Le Gentil, son commissaire, qui tiendra la main à ce que les statuts soient observés.

10 *décembre* 1687. — Élection et nomination du procureur du collége.

28 *juin* 1686. — Provision de la grande bourse et grande chapelle du Collége de Laon, par Jean d'Estrées, évêque de Laon, au profit de Hyacinthe Rauchet, diacre du Collége de Laon.

12 *octobre* 1688. — Lettre de Jean d'Estrées, portant défense au procureur du Collége d'accorder la gratification fixée par les statuts à M. Louis Garbes, qui s'est

présenté à l'examen de licence sans son autorisation.

23 *mai* 1689. — Démission de M. Rauchet de sa grande bourse et chapelle.

5 *septembre* 1689. — Provision d'une bourse du Soufflet vert.

22 *janvier* 1690. — Consultation établissant que, d'après l'esprit des statuts du Collége, une bourse doit être considérée vacante par cela seul que son titulaire a acquis le titre de docteur.

Janvier 1690. — Suivent plusieurs pièces relatives au différend de Paul Dagneau, pourvu par l'évêque de Laon d'une des bourses théologiennes, et le sieur Lallouette qui refusait de se démettre de ladite bourse, bien qu'ayant acquis le titre de docteur.

1er *avril* 1691. — Provision d'une bourse.

20 *février* 1699. — Concession aux boursiers présents des revenus des absents, pour la présente année.

1701 à 1763. — Suivent les nominations aux différentes bourses du Collége, de 1701 à 1763, ainsi que différents états des boursiers du Collége.

— Pièces d'anciennes procédures au sujet de la rente de 167 livres 10 sols sur le domaine de Crespy en Valois.

1489. — Pour le fait de M. des Mauvas, auquel le sieur Filon se trouva reliquataire de la somme de 5 livres.

1513. — Bail à louage de la maison sise rue Hautefeuille pour dix ans.

1765-1785. — Pièces justificatives de la fondation Cousin.

16 *février* 1536. — Procès-verbal de visitation de la Teste noire.

12 *mai* 1537. — Taxe de dépens.

12 *juin* 1536. — Sentence d'entérinement d'un procès-verbal d'estimation de réparations.

18 *juillet* 1650. — Protection accordée au Collége de Laon.

18 *avril* 1662. —   —   —

17 *septembre* 1692. —   —   —

1606. — État de compte concernant un bâtiment fait pour le Collége.

13 *août* 1607. — Mémoire d'ouvrages de charpenterie faits pour le Collége.

12 *janvier* 1759. — Quittance pour divers travaux faits pour le Collége.

16 *février* 1588. —

12 *octobre* 1655. — Quittance du docteur Tarbé pour soins donnés aux malades du Collége.

21 *janvier* 1624. — Transaction faite avec l'abbé de Juvilly.

26 *avril* 1650. — Quittance pour frais d'enterrement.

18 *mai* 1763. — Reçu du curé de Saint-Nicolas-du-Chardonnet des arrérages de cinq années de la rente due par le Collége de Laon à ladite paroisse, à raison de 8 livres 15 sols par an.

— Suivent différents reçus de sommes dues par le Collége.

TITRES DE PROPRIÉTÉ

12 *janvier* 1359. — Amortissement de la maison sise rue des Deux-Portes.

2 *juillet* 1383. — Vente de la maison de la Teste noire à Philippe Grosneux. Cette maison fut plus tard donnée au Collége.

12 *décembre* 1363. — Pièce relative à la maison rue des Deux-Portes.

27 *avril* 1371. — Sentence du prévost de Paris en faveur des maîtres et écoliers du Collége de Laon, contre la nommée Pernelle, détenteresse d'une maison, clos Bruneau.

1423-1726. — Suit un dossier de baux, cens, pièces relatives à la maison de la Teste noire, rue Saint-Antoine.

1310-1776. — Titres de propriété, baux, déclarations et quittances de cens d'une maison sise à Paris, rue Hautefeuille.

1544-1773. — Baux de la maison du Petit Luxembourg, située rue Judas.

Août 1602. — Contestations contre MM. du chapitre Saint-Marcel pour les maisons de la rue Judas qu'ils prétendent être en leur censure.

1581-1746. — Baux d'une maison de l'Épée de bois, située au coin de la rue Judas et de celle des Carmes.

1521-1555. — Pièces relatives à des rentes constituées et rachetées, sur les maisons de la rue Judas.

15 *juillet* 1555. — Rachat de 24 livres 6 sols de rente constituées au chapitre de Saint-Marcel, pour trois corps de logis.

28 *juin* 1555. — Sentence pour le rachat de 20 sols parisis de rente, dus à la chapelle de Saint-Yves.

7 *décembre* 1515. — Donation au Collége d'une maison sise rue des Carmes.

— Titres et renseignements sur une rente de 400 livres sur une maison située rue Hautefeuille, due par les Chartreux.

30 *novembre* 1333. — Acte pour 15 livres que le Collége de Laon a droit de prendre sur le Collége de Presles.

1833, 1836, 1838. — Copie des titres concernant la rente de 24 livres parisis, due au Collége de Laon par celui de Presles, et amortissement de cette rente.

1642-1769. — Baux de la maison ayant pour enseigne l'image Saint-Marc, située rue des Carmes.

1546-1769. — Baux de la maison ayant pour enseigne le nom de Jésus, située rue des Carmes.

1648-1747. — Rente de 12 livres 18 sols 9 deniers sur le Collége de Beauvais-Dormans.

1636-1768. — Baux et pièces relatives à la maison de

la Navette, rue Judas, achetée par le Collége, en 1658.

1448-1747. — Titres et amortissement de la rente de 15 livres due par le Collége de Presles à celui de Laon.

1339-1342. — Baux, titres de propriété des maisons provenant de la fondation Gérard de Montaigu, qui sont : la maison du Collége; l'hôtel du Lion d'or, rue de la Montagne-Sainte-Geneviève; l'image Saint-Marc et le nom de Jésus, rue des Carmes. — Les maisons du Pilier vert et de la Fleur de lis paraissent avoir été construites sur le terrain du Lion d'or.

1552-1777. — Baux de la maison ayant pour enseigne *les Trois Singes*, rue de la Montagne-Sainte-Geneviève.

1340-1760. — Baux de la maison ayant pour enseigne *la Fleur de lis*, rue de la Montagne-Sainte-Geneviève.

1540-1769. — Baux de la maison ayant pour enseigne *le Pilier vert*, rue de la Montagne-Sainte-Geneviève.

1552-1753. — Maison du Lion d'or. Baux de la partie de ladite maison attenante à la porte d'entrée du Collége.

1607-1771. — Baux de la seconde partie de ladite maison.

1594-1759. — Maison appelée *le Collége*, rue de la Montagne-Sainte-Geneviève. Baux de différentes portions des bâtiments intérieurs de ladite maison, antérieurs à la réunion du Collége de Laon à celui de Louis-le-Grand.

1682-1738. — Même maison. Pièces concernant la reconstruction de la porte cochère et la concession de 6 lignes d'eau.

1384. — Titre original d'une rente sur le domaine.

Avril 1309. — Copie du transport de 70 livres de rente que M. Guy de Laon avait sur le trésor du Roy, à Paris, et de 20 livres de rente qu'il avait sur la prévôté de Laon, sur Crespy en Laonnois.

4 *mars* 1782. — Titre d'une rente de 18 livres 15 sols sur une maison à La Fère.

Titres de propriété (1476-1629) et baux (1629-1769) de la maison du Soufflet-Vert.

1447-1676. — Titres d'une rente de 3 livres 15 sols sur la maison de la Grosse-Tête et dépendances, située à Crespy en Laonnois.

1729-1782. — Pièces relatives à une rente de 150 livres sur la chapelle de Notre-Dame-de-Liesse, à Laon.

— Pièces relatives à la rente de 167 livres 10 sols sur les domaines de Vermandois et de Crespy assignés au Collége par l'acte de sa fondation.

1331-1374. — Titres de propriété de 20 arpents de terre sis au Plessis-Belleville.

1374-1631. — Titres de propriété de 22 arpents, 28 perches 1/4 de terres labourables et prés sis aux terroirs de Dammartin, Longpérier, Outhis, Saint-Marc, et aux environs.

1404-1781. — Baux desdites terres.

— Titres de diverses rentes en grains et argent assises sur divers héritages situés à Dammartin, et déclarations aux terriers des divers seigneurs, dans la censive desquels sont situés les biens du Collége.

— Baux, cens, déclarations et arpentage des 20 arpents de terre sis au Plessis-Belleville.

— Écus et rentes dus à l'abbaye de Sainte-Geneviève et au chapitre de Saint-Benoît sur la maison de la Corne-de-Cerf, rue des Carmes.

— Quittances et rachats des impositions mises sur les maisons pour les boues et lanternes.

Écus dus au chapitre Saint-Marcel sur la maison de l'Épée-de-Bois.

Octant 1764. — Lettres du Roy approuvant la délibération du bureau d'administration du Collége Louis-le-Grand, du 26 juillet 1764, portant qu'à la fin d'octant le Collége de Laon sera réuni au Collége Louis-le-Grand.

16 *janvier* 1770. — Nomination, par le cardinal de Rochechouart, duc-évêque de Laon, de M. Delvincourt, docteur en théologie, pour défendre, au bureau d'administration du Collége Louis-le-Grand, les intérêts du Collége de Laon.

9 *mai* 1778. — Nomination du même aux mêmes fonctions, par Louis-Hector-Honoré-Maxime de Sabran, évêque-duc de Laon.

26 *juillet* 1764. — Délibération portant que les six bourses fondées par le président Cousin continueront d'être réduites à trois et seront réunies au Collége Louis-le-Grand; que ces boursiers seront choisis et nommés au concours par le chancelier de Notre-Dame et de Sainte-Geneviève, et par le principal du Collége de Louis-le-Grand, et que la première desdites bourses qui deviendra vacante après l'avénement et le sacre de M. de Laon sera à sa pleine collation.

CHAPITRE XII

LES ANCIENS COLLÉGES DE PARIS

D'APRÈS LEURS INSCRIPTIONS [1]

Le collége de Bayeux, fondé par Guillaume Bonnet, évêque (1308), pour douze boursiers, était situé rue de la Harpe; dans le tympan de la porte était une pierre de marbre noir portant l'inscription suivante :

Collegium
Baiorense
Fund. anno 1308.

Le collége de Beauvais, fondé en 1365-1370, par messire Jehan de Dormans, évêque et comte de Beauvais, pair et chancelier de France, cardinal-prêtre du titre des Quatre-Saints couronnés; on li-

---

1. *Inscriptions de la France du cinquième au dix-huitième siècle*, recueillies et publiées par M. de Guilhermy, t. 1. Paris, imprimerie nationale, 1873.

sait, sous les armoiries du cardinal fondateur, les inscriptions suivantes gravées à l'extérieur du collége, du côté de la rue Saint-Hilaire[1] :

> Collegiu scholariu de Dormans.
> Olim per reverendū in Christo
> Patrem bone memorie dūm Johan
> De Dormano sīe ecclesie Romane
> Presbyteru cardinalem quondāque
> Episcopu Belvocensem dū ipse
> Viveret fundatū cuius anima
> Requiescat in pace. — Amen.

C'est le Collége des escholiers de Dormans, fondé par, de bonne mémoire, monsieur Jehan de Dormans, luy vivant cardinal prestre du Saint-Siége de Rome et jadis évesque de Beauvais. En repos soit son âme. — Amen.

Le collége de Beauvais, fondé par les frères de Dormans, chanceliers de France, conservait sur des tombeaux les inscriptions relatant les bienfaits de ses fondateurs et de leurs familles, surmontées de leurs statues, conservées au musée de Versailles (n°˙ 297, 298, 1272).

Le collége des Bernardins, fondé en 1244, par Étienne de Lexington, Anglais et abbé de Clairvaux, sur les terrains de l'abbaye Saint-Victor. — On a

---

[1]. Une inscription latine, gravée sur une plaque de cuivre, recueillie dans les ruines, constatait une réparation faite en 1735; cette plaque est déposée au musée de Cluny.

retrouvé dans les fouilles pratiquées pour l'établissement du boulevard Saint-Germain la pierre tombale du moine Jehan de Malet, déposée au musée de Cluny (2660).

Le collége de Cluny a conservé les tombes[1] de plusieurs de ses fondateurs ou religieux déposées au musée de Cluny (1922 *du Catalogue*).

Le collége des Ecossais fut fondé en 1325 par l'évêque de Murray[2], dans l'ancienne rue des Fossés-Saint-Victor. On lit encore sur une porte :

Collége
DES
ESCOSSOIS

Dans l'ancienne chapelle on lit les écussons des évêques de Murray et de l'archevêque de Glascow, avec la devise de ce dernier : *Ferendum vincas*. Des rois, des nobles écossais reposent dans ce collége, étant morts en France.

Le collége d'Harcourt (1280) était situé rue de la Harpe, en face la place de la Sorbonne. Sur une porte aujourd'hui placée dans un vestibule, on lit : *Thomas Fortin, Provisor, donavit.*—Fortin donna

---

1. Dubreuil, *Théâtre des antiquités de Paris*, pages 632, 633, donne la liste des tombes élevées dans le collége de Cluny.

2. Francisque Michel, *Les Écossais en France, les Français en Écosse*

(1677-1678) des sommes importantes pour l'accroissement de ce collége, où l'on pense que par ses soins furent imprimées *les Provinciales* de Blaise Pascal.

Le collége de Laon, fondé en 1313, près du couvent des Carmes de la place Maubert; on y a retrouvé une pièce portant cette inscription :

> L'AN 1624, le 2ᵉ jour de may
> REGNANT LOVIS 13, ROY de Fra
> NCE ET DE NAVARRE ET MES [1]
> SIRE PHILBERT DE BRICHANTE
> AV ESTANT EVEQUE DE LAON,
> MAISTRE JACQUES CAMVS,
> ADVOCAT ÈS CONSEILS
> DU ROY A POSÉ CESTE PIERRE.

Le collége du Cardinal Lemoine fut fondé en 1302, à Paris, rue Saint-Victor, par Jehan Lemoine, du diocèse d'Amiens, docteur en droit canon, auditeur de rote, élevé au cardinalat par le pape Boniface VIII et légat du Saint-Siége en France. On a

---

1. Brichanteau, évêque de Laon de 1620 à 1652.

On lit encore à la Sainte-Chapelle de Paris les inscriptions des tombes de maître Jehan de Pavilly, chanoine de Noyon, médecin de Louis le Hutin, de Philippe le Long (1314-1322), et Guy de Laon, trésorier de la Sainte-Chapelle, mort en 1329, était le chef des chapelains du roi. — Les clefs gravées sur sa tombe indiquent qu'il était chargé de garder les saintes reliques déposées au-dessus de la tribune du sanctuaire, dans une châsse munie de plusieurs serrures.

recueilli dans les ruines de cette maison une plaque de marbre portant ces mots :

Sexta. — Aula Theologica.

Le collége Mazarin, ou des *Quatre-Nations,* à cause des pays de Pignerol, d'Alsace, d'Artois, de Roussillon, annexés par les traités de Munster et des Pyrénées, fut fondé, le 6 mars 1661, par le cardinal Jules Mazarin mourant pour y élever soixante jeunes gentilshommes des provinces ainsi réunies à la France. L'Institut de France a pris possession de ce vaste établissement, dont la destination primitive est rappelée par les deux inscriptions suivantes, encore visibles :

IVL, MAZARIN. S. R. E. CARD. BASILICAM ET GYMNAS.
-F. C. A. M. DCLXI.

Sur la Bibliothèque, au-dessous des armes du cardinal, on lit :

BIBLIOTHECA. A. FUNDATORE. MAZARINEA.

Le monument du cardinal Mazarin, dû au ciseau de Coysevox, fait aujourd'hui partie des sculptures modernes du Louvre (n° 387 — 227 — 232), *Musée de Versailles,* n° 359.

Le collége de Narbonne fut fondé par Bernard de Fargis, évêque de Narbonne, de 1311 à 1341, pour neuf pauvres écoliers de son diocèse, qui étudieraient en théologie. — Sur la façade du collége on lisait :

Collegium Narbonæ
Fundatum anno 1317. Reedificatum anno 1760

Une autre inscription sur cuivre, recueillie au musée de Cluny (n° 3655), porte :

Super hanc Petram ædifice
tur Collegium Narbonæ
Quod in Dei gloriam et Ecclesiæ
Utilitatem exurgat, illam
Ponem sic orat
Illustrissimus Ecclesiæ
Princeps Carolus Antonius
De Laroche Aymon Archiep
Iscopus et Primas Narbonnensis
Regii ordinis sti spiritus
Commendator et ejusdem
Collegii Provisor
Beneficus.
Anno Dni 1750. Die vero
Septembris primo.

Le collége Du Plessis, fondé par Geoffroy du Plessis, protonotaire apostolique, secrétaire du roi Philippe V, fut réuni à la Sorbonne, aux termes du testament du cardinal de Richelieu (1657). Une plaque de plomb, recueillie dans les décombres, est conservée aujourd'hui au musée de la ville de Paris.

Le collége de Séez touchait à celui de Narbonne ; il avait été fondé en 1427, des libéralités de Grégoire Langlois, évêque de Séez, et fut reconstruit trois siècles plus tard, au prix de 100,000 livres, par Charles Alexandre IV, Allemand, évêque du même diocèse. Au-dessus de la porte d'entrée, sur un cartouche de pierre, on lisait cette inscription :

COLLEGIVM
SAGIENSE
Reæd. ann. 1730.

Le collége de Sorbonne, fondé en 1253, par Robert de Sorbon, chanoine de Paris, protégé par saint Louis, fut reconstruit par le cardinal de Richelieu, dont le tombeau, dû à Girardon, est dans l'église. Sur la frise du portique, on lit :

Armandus Ioanes. Card. Dux. Richelius. Sorbonnæ.
Provisor. Ædificavit domum et exaltavit templum.
S. Domino. — MDCXLII.[1]

Écoles de Décrets (quinzième siècle) ; elles furent réparées, dit le P. Dubreuil, aux dépens des docteurs de la faculté de droit canon (1464), de bonnes murailles, la toise ne coustant que seize sols, qui cousteroit maintenant (1612) plus de quatre escus. —

---

[1]. *Inscriptions de la France*, par F. de Guilhermy. — *Ancien diocèse de Paris*, t. I, 1873. — *Piganiol de la Force* (description de Paris), t. V, p. 313.

Une inscription en provenant et qui se trouvait rue Saint-Jean-de-Beauvais, à côté du collége de Dormans, porte ces mots :

> SCOLE. SECUNDE
> FACULTATIS
> DECRETORUM

Cette pierre : hauteur, 0 ^{m} 29, largeur, 0 ^{m} 31, est classée au musée de Cluny, sous le n° 2672.

Maison de Saint-Côme, ou Ecole de Chirurgie. — Les maîtres chirurgiens de Paris formèrent autrefois, sous le patronage de saint Côme et de saint Damien, médecins et martyrs au cinquième siècle, une confrérie dont l'origine remonte à saint Louis; leur école était érigée contre l'église de Saint-Côme, sous les murs du réfectoire du couvent des Cordeliers. Au-dessus de la porte construite de 1691 à 1694, on lit ce distique, relatif à l'école de dessin qui occupe aujourd'hui l'ancien édifice des chirurgiens :

> Erudiare alia pictor, sculptor ve Palostrâ,
> Hæc soli pateant amphitheatra fabro[1].

Sept contreforts du réfectoire des Cordeliers présentent encore des inscriptions des professeurs,

---

[1]. *Théâtre des antiquités de Paris*, édition de 1612, pages 749-752.

des élèves: «Discipuli magistri. — Sub moderamine Sapientis magistri. — 1636. 1640. 1671. 1690. 1693. Mᵉ Gaigniort, 1696 — Mᵉ Frassen, 1699. 1701. — Mᵉ Marion, pour 1704. — De Clinchant, élève, 1704. — Mᵉ Perrin pour 1709. »

L'ancienne École de médecine de Paris eut des commencements plus modestes que l'École de chirurgie. Les médecins tenaient anciennement leurs assemblées soit dans l'église Sainte-Geneviève-des-Ardents, soit à Notre-Dame, près d'un bénitier de pierre placé sous les Tours. — Plus tard, ils se réunirent au chapitre des Mathurins, à la chapelle de Saint-Ives, rue Saint-Jacques. En 1464, les Chartreux leur cédèrent une maison, rue de la Boucherie. — La faculté s'agrandit et, en 1520 - 1569, elle en achetait les maisons des *Trois-Rois* et du *Soufflet*[1] ; en 1519, elle rebâtissait la chapelle et construisait son bureau, puis organisait un Jardin botanique, mais n'avait pu encore, en 1611, commencer le [2] magnifique théâtre anatomique, projeté sur l'emplacement de la maison de l'*Image Sainte Catherine*. — Il reste encore quelques vestiges du séjour des médecins de Paris ; au coin de la rue de la

1. *Curiosités des anciennes justices.* Plon, éditeur, Paris.
2. Le P. Du Breul, *Théâtre des antiquités de Paris*, pages 548-755.

Bûcherie et des Rats (rue de *l'Hôtel-Colbert*), on lit dans l'entablement, sous le fronton :

(1678)
ÆRE D. D. Michaelis Le Masle, Regi à
Sanctioribus consiliis, protonotarii apos-
-tolici præcentoris et canonici Ecclesiæ
Parisiensis, Prioris et Domini Des Roches
M. Antonio Lemoine, Parisino Decano
ANNO MDCLXXVIII
(1744)
Amphitheatrum
Vetustate collapsum ære suo restituerunt medici
Parisienses.
S. S. MDCCXLIV. M⁰ Eliàcol. De Vilars. Decano.

Puis, les deux masses de la Faculté, avec ces mots :

VRBI. ET. ORBI. SALVS.

CHAPITRE XIII

LES BIBLIOTHÈQUES DE PARIS [1]

I

BIBLIOTHÈQUES PUBLIQUES, PROPRIÉTÉS DE L'ÉTAT

Le service des bibliothèques est du ressort du ministère de l'instruction publique et des cultes, direction du personnel et secrétariat général (2me bureau). A ce bureau est confiée la répartition entre les bibliothèques des ouvrages provenant des souscriptions et du dépôt légal.

BIBLIOTHÈQUE NATIONALE
Rue de Richelieu, 58.

Charles V est, en réalité, le premier roi de France qui ait pris des mesures pour que sa *librairie* fût

---

[1]. *Les livres brûlés, les livres sauvés.* Amiens, Glorieux, imprimeur, 1872.

transmise à ses successeurs. En 1373, suivant l'inventaire de Gilles Mallet, elle comprenait 910 volumes placés dans une des tours du Louvre. Négligée après lui, en 1425, le duc de Bedford l'acquit moyennant une faible somme d'argent, et l'on croit qu'il la transporta en Angleterre. La collection actuelle eut pour premier fonds une bibliothèque commencée par Louis XI. Louis XII réunit ces livres à ceux que Charles d'Orléans, son père, avait rassemblés à Blois; et François Ier, en l'année 1544, transporta le tout dans une bibliothèque fondée par lui à Fontainebleau, et qui eut alors 1,890 volumes. En 1595, elle fut transférée à Paris, placée successivement au collége de Clermont, aujourd'hui lycée Louis-le-Grand, au couvent des Cordeliers, et rue de La Harpe; puis, en 1666, rue Vivienne. Colbert l'enrichit par de nombreux achats. En 1684, on y voyait 10,500 manuscrits et environ 40,000 volumes imprimés. En 1721, le Régent la fit installer dans la rue Richelieu, à l'ancien hôtel de Nevers, longtemps habité par Mazarin, où elle est encore aujourd'hui. La bibliothèque du roi formait, dès lors, quatre divisions : manuscrits, imprimés, titres et généalogies, planches gravées et estampes. En 1741, le cabinet des médailles, que l'on rapporta de Versailles, où il avait été installé en 1684, fit une cinquième division. Ces divisions, sauf celle des titres et généalogies, ont été conservées sous le nom de départements par la loi du 22 octobre 1795. La bibliothèque est actuellement régie par un décret, en date du 14 juillet 1858.

C'est dans la principale galerie du premier étage, consacrée à une partie des imprimés, qu'était placée la bibliothèque du cardinal Mazarin : c'est dans cette même galerie que le financier Law établit la banque royale, dont il était l'inventeur.

La magnifique galerie, dite Mazarine, où sont déposés les manuscrits, a conservé les fresques dont le cardinal avait fait décorer son plafond, en 1651, par Romanelli. — On remarque, dans une salle des imprimés, un groupe de bronze représentant une sorte de Parnasse, où sont échelonnés les grands littérateurs et artistes du dix-septième siècle.

Dans une autre salle des imprimés, construite en 1731, sont placés les fameux globes de Coronelli. Dans la partie du même département consacrée aux cartes géographiques, on a exposé un certain nombre de pièces choisies, qui peuvent donner une idée de l'ensemble de la collection; cartes manuscrites du moyen âge, cartes en relief, portraits de voyageurs.

Le département des estampes [1] renferme des gra-

---

1. *Le Cabinet des Estampes*, par M. de La Borde, secrétaire perpétuel de l'Académie des Beaux-Arts.

vures sous verre, magnifiques d'épreuve et d'exécution ; celui des médailles, des monnaies, et enfin des camées précieux, dont la description, donnée dernièrement par M. Chabouillet, conservateur, embrasse plusieurs centaines de pages. Dans le grand escalier, qui prend jour sur la rue Richelieu, est une tapisserie provenant du château de Bayard, don de M. Jubinal ; quelques marches plus haut est une cuve de porphyre, qui a servi, dit-on, au baptême de Clovis ; ailleurs, des autographes précieux, des chefs-d'œuvre de reliure ; ici le zodiaque de Denderah ; là, des inscriptions, des empreintes en plâtre, des vases et autres monuments antiques, parmi lesquels on remarquera un petit édifice apporté de Carnac par M. Prisse, et formant une chambre que l'on a reproduite exactement. Chaque année, le dépôt légal, les acquisitions, les dons enrichissent la bibliothèque.

1° DÉPARTEMENT DES IMPRIMÉS, CARTES ET COLLECTIONS GÉOGRAPHIQUES.

1° *Imprimés.* — Les imprimés formaient autrefois un département spécial, auquel depuis peu d'années a été réuni celui des cartes et collections géographiques. — Ces deux dépôts sont néanmoins toujours isolés de fait. On ne possède encore qu'un relevé approximatif du nombre des volumes qui peuvent exister dans ce département. Il dépasse 1,500,000; un calculateur curieux s'est assuré qu'ils couvrent 28 kilomètres de rayons.

2° *Cartes et Collections géographiques.* — La collection géographique a été créée par ordonnance royale du 30 mars 1828. Peu importante à son origine, elle forme aujourd'hui un ensemble unique en Europe de cartes géographiques de tout genre. — L'usage de l'encre est interdit dans le dépôt.

2° DÉPARTEMENT DES MANUSCRITS.

Les recueils de ce département sont divisés en fonds portant les noms de ceux qui les ont légués ou vendus. 30,000 manuscrits environ, sur 100,000 dont se compose le cabinet, sont relatifs à l'histoire de France. Au point de vue de l'art, la bibliothèque possède des manuscrits, ornés de miniatures d'un prix inestimable. En langues étrangères, elle est particulièrement riche en manuscrits hébreux : viennent ensuite des manuscrits en plus ou moins grand nombre dans toutes les langues connues. On appelle cabinet des titres et généalogies plusieurs milliers de portefeuilles ou boîtes remplies de titres généalogiques très-précieux pour toutes les familles de l'Europe. — Cette collection eut pour origine celle que Gaignières avait formée et qu'il donna au roi en 1711 ; on y joignit en 1717 celui d'Hagier, en 1754 celui de Blondeau, et successivement un grand nombre de cabinets, sans compter les pièces de tout genre et de toute provenance qu'y entassa la Révolution. Des autographes, de belles reliures, et d'autres curiosités sont exposés sous des vitrines, dans la grande salle des manuscrits, dite galerie Mazarine.

3º DÉPARTEMENT DES MÉDAILLES.

François Ier fut le premier roi de France qui eut le goût des médailles ; Henri II, Catherine de Médicis et leurs enfants aimèrent également ce genre de monuments. Charles IX fit classer tout ce qui avait été réuni d'antiquités, leur donna place au Louvre, et chargea un garde de leur conservation. — Dispersées pendant la guerre civile, il n'en restait plus que des débris à l'avénement de Henri IV. Louis XIII les négligea. Louis XIV fit porter au Louvre tout ce qu'il y avait de médailles éparses dans les maisons royales. L'intendant du cabinet ayant été assassiné en 1666, l'année suivante on réunit cette collection à la bibliothèque du roi ; Colbert en fit de beaucoup le plus riche cabinet qu'il y eût en Europe. En 1684, Louis XIV le voulut voir à Versailles. Il ne fut rendu à la bibliothèque et à l'étude que sous

Louis XV (1761). On l'installa dans le lieu qu'il occupe encore aujourd'hui.

Ce département a été plusieurs fois spolié et volé audacieusement ; il contient aujourd'hui plus de 120,000 pièces confiées aux soins de MM. Henri Lavoix et Chabouillet.

4° DÉPARTEMENT DES ESTAMPES [1].

Colbert créa ce cabinet en 1667, avec 125,000 gravures qu'il acheta de l'abbé de Marolles, pour enrichir la bibliothèque du roi. Il s'augmenta successivement de planches que fit graver Louis XIV, pour rappeler les événements remarquables de son règne ; de la magnifique collection Gaignières ; en 1711, des 12,000 portraits formant le recueil de Clément, garde de la bibliothèque ; de la collection d'estampes de Charles de Beringhen, composée de 80,000 pièces (1731), de 80 volumes faisant une suite de portraits rassemblés par le maréchal d'Uxelles (1753), des collections Fontette (1770), et Mariette (1775), etc... Aujourd'hui cet incomparable musée iconographique ne renferme pas moins de 1,300,000 pièces contenues dans près de 11,000 volumes ou portefeuilles.

---

1. Placé sous la direction de M. de Laborde (de l'Institut) et de M. Georges Duplessis.

BIBLIOTHÈQUE MAZARINE

A l'Institut, quai Conti, 21.

Formée, sur l'ordre de Mazarin, par le savant Gabriel Naudé, qui commença sa collection vers 1643, la bibliothèque se trouva bientôt composée de plus de 40,000 volumes. — Le cardinal l'avait rendue publique en 1644. Elle occupait alors plusieurs pièces dans l'hôtel habité par Mazarin, et qui forme aujourd'hui une partie de la Bibliothèque nationale. Par son testament, Mazarin consacra sa bibliothèque à la satisfaction et à la commodité des gens de lettres, et demanda qu'elle leur fût ouverte deux fois par semaine, ce qui ne fut définitivement réalisé qu'en 1688, dans le même monument et les mêmes salles où elle est aujourd'hui placée. A cette époque, la bibliothèque se composait de près de 60,000 volumes. — Elle demeura sous l'administration de la Société de Sorbonne, du 14 avril 1688 au mois de juin 1791, époque où elle devint propriété de l'État. Aujourd'hui elle n'a pas moins de 110,000 volumes, principalement beaux livres du quinzième siècle, anciens ouvrages d'histoire, de médecine, de jurisprudence et de théologie, et 4,000 manuscrits intéressants. Elle possède, en outre, différents objets d'art, parmi lesquels figure un globe terrestre construit par le bénédictin Bergerin, et une collection léguée par M. Petit-Radel, de l'Institut, précédent administrateur. C'est un musée composé de 80 modèles exécutés sous la direction de M. Petit-Radel, et représentant des monuments pélasgiques de l'Italie, de la Grèce et de l'Asie Mineure.

BIBLIOTHÈQUE SAINTE-GENEVIÈVE
Place du Panthéon.

Fondée en 1624 par le cardinal de La Rochefoucauld, abbé commendataire de Sainte-Geneviève, dans des bâtiments de cette abbaye, aujourd'hui livrés au lycée Napoléon, cette bibliothèque s'enrichit successivement des collections de Chanteau et de Lallemand, chanceliers de l'Université, de l'abbé de Flecelles, et, en 1709, du cardinal Charles-Maurice Le Tellier, archevêque de Reims. A la suppression de l'abbaye Sainte-Geneviève, elle devint propriété de l'État, et prit alors et garda, durant l'Empire, le nom de bibliothèque du Panthéon. Les livres transférés provisoirement, en 1843, dans les bâtiments de l'ancien collége de Montaigu, ont été déposés dans les bâtiments actuels, qui ont été inaugurés solennellement en 1850. La salle de lecture des imprimés est la plus vaste des bibliothèques de Paris : elle peut donner place à 420 per-

sonnes assises. — Le rez-de-chaussée est occupé :
1° par un beau et grand vestibule, ouvert un quart
d'heure avant la bibliothèque, et chauffé durant
l'hiver ; 2° par les collections de manuscrits,
d'estampes et de curiosités ; 3° par la théologie
et le dépôt à gauche. — Elle contient 5,000 manuscrits et environ 150,000 imprimés. — On remarque encore une collection unique de portraits du
quinzième siècle, une autre de portraits au pastel
des rois de France, le crâne de Cartouche, le portrait
singulier de la religieuse noire de Moret, le masque
en cire de Henri IV, etc....

BIBLIOTHÈQUE DE L'ARSENAL
Rue de Sully, 1.

Il est peu de collections bibliographiques en Europe qui aient une importance pareille à celle de la
bibliothèque de l'Arsenal, soit par le nombre des
volumes qu'elle renferme, et qui s'élèvent à plus de
230,000, dont 6,000 manuscrits, soit par la beauté
et la rareté des éditions. — Elle doit son origine au
marquis de Voyer de Paulmy, qui avait réuni environ 125,000 volumes, et qui, pour éviter que cette
collection si précieuse pour l'histoire et pour les lettres fût dispersée après sa mort, la vendit au comte
d'Artois, frère de Louis XVI, depuis Charles X. Cette

bibliothèque, qui conserva jusqu'à la révolution de Juillet 1830 son ancien nom, prit à cette époque la dénomination sous laquelle elle est connue aujourd'hui. C'est par erreur qu'on a dit qu'elle occupe les appartements de Sully, qui, entre autres fonctions, remplissait, comme on sait, celle de grand maître de l'artillerie de France, et habitait d'autres bâtiments du grand Arsenal. La partie moderne regarde le quai Morland ; elle a été élevée en 1718, par ordre du Régent, sur les dessins de Boffrand, pour servir de demeure au gouverneur de l'Arsenal.

BIBLIOTHÈQUE DE LA SORBONNE

Aussi ancienne que l'Université de France et réorganisée en 1765, cette bibliothèque fut appelée successivement bibliothèque de l'Université de Paris et du collége Louis-le-Grand, du Prytanée français, de l'Université de France, de l'Académie de Paris, et enfin, récemment, de la Sorbonne, de l'édifice où elle est établie depuis 1825. Bon choix d'ouvrages classiques modernes, livres de sciences, de philosophie, d'histoire. Le nombre de ses volumes s'élève aujourd'hui à 100,000, parmi lesquels il faut comprendre 1,000 manuscrits précieux.

II

BIBLIOTHÈQUES PUBLIQUES, PROPRIÉTÉS DE LA VILLE DE PARIS

BIBLIOTHÈQUE DE L'HOTEL DE VILLE [1]

Elle doit ses premières fondations au legs de M. Moriau, collection de 14,000 imprimés et 2,000 manuscrits, parmi lesquels se trouvait le recueil Godefroy, composé de 500 cartons remplis de lettres originales, de 100 cartons de cartes et estampes, de 500 portefeuilles contenant des pièces fugitives imprimées, et de 20,000 pièces en parchemin (1749); d'autres legs, des achats l'augmentèrent successivement. Elle occupa d'abord un local à l'hôtel Lamoignon, rue Pavée au Marais, 24, puis fut transférée dans la maison professe des Jésuites, aujourd'hui collége Charlemagne. Les livres qui composaient cet utile dépôt prirent, en 1773, le nom de bibliothèque de la commune qu'ils conservèrent jusqu'au moment où ils furent, on ne sait sous quel prétexte, divisés entre diverses bibliothèques de Paris, c'est-à-dire peu de mois après : il n'en reste

---

1. Cette précieuse bibliothèque a été incendiée par la Commune (mai 1871); c'est une perte irréparable pour l'histoire de Paris.

plus un seul dans le nouveau fonds, qui fut commencé sous le Directoire. Avant M. Rolle père, qui succéda au premier bibliothécaire, M. Nicoleau, en 1810, la bibliothèque n'avait que 15,000 volumes; en 1832, elle en comptait 45,000, et elle en possède aujourd'hui plus de 95,000, parmi lesquels une très-belle collection (15,000 volumes) donnée par divers États de l'Union Américaine et près de 200 manuscrits. — Le fonds Godefroy appartient aujourd'hui à la bibliothèque de l'Institut.

Aucune occasion n'est négligée par l'administration pour enrichir cette bibliothèque; les acquisitions ont pour objet exclusif des livres, des plans, des gravures intéressant l'histoire de Paris et de sa banlieue.

BIBLIOTHÈQUE DE BELLEVILLE
(Mairie du xxe arrondissement.)

Formée en 1838, sur la proposition du maire, elle s'enrichit tous les ans de bons ouvrages, fournis par la généreuse bienfaisance des habitants. — M. Roche, adjoint, lui a légué sa bibliothèque en 1848. — N'y sont admis que les souscripteurs volontaires, et les particuliers sur leur demande.

BIBLIOTHÈQUE DES MINISTÈRES

Tous les ministères possèdent une bibliothèque

spéciale, alimentée par des abonnements, par des souscriptions accidentelles, par des dons volontaires.

Les principales bibliothèques de ces administrations sont celles de la marine, du ministère de l'intérieur, du ministère des affaires étrangères, du ministère de l'Algérie et des colonies et du ministère des finances.

BIBLIOTHÈQUE DU LOUVRE

(Au Louvre [1])

C'est la bibliothèque particulière de la couronne. Elle occupait dans les nouveaux bâtiments un magnifique local, orné de peintures par M. Abel de Pujol. — 90,000 volumes, parmi lesquels de belles collections iconographiques, la collection pétrarquasque (800 vol.), un immense recueil de pièces révolutionnaires et de manuscrits intéressants. Elle s'est enrichie dans ces dernières années des bibliothèques de l'intendance de la liste civile, des Tuileries, de l'Élysée, du musée de Motteley. Les membres des grands corps de l'État et les personnes autorisées par le ministre obtiennent seuls communication des livres.

1. Brûlée pendant la Commune (1871).

BIBLIOTHÈQUE DU SÉNAT

(Au Luxembourg.)

40,000 volumes, parmi lesquels on remarque une belle collection de documents politiques, une autre de pièces de théâtre représentées pendant la Révolution, et le recueil du Journal de la Chambre des lords, envoyé au Sénat par la Chambre des lords elle-même et chaque année complète.

Cette bibliothèque a été publique de 1848 à 1852. Dans la bibliothèque est représenté l'Élysée des grands hommes, décrit par le Dante au IVe chant de l'Enfer, composition de M. Eugène Delacroix : les autres peintures du plafond sont de M. Camille Roqueplan.

La bibliothèque est interdite au public.

BIBLIOTHÈQUE DU CORPS LÉGISLATIF

Fondée en 1793. — 65,000 volumes, parmi lesquels les manuscrits autographes des principales œuvres de J.-J. Rousseau.

BIBLIOTHÈQUE DU CONSEIL D'ÉTAT

35,000 volumes[1].

---

[1]. Incendiée pendant la Commune (mai 1871).

BIBLIOTHÈQUE DU DÉPOT DE LA GUERRE

Rue de l'Université, 71.

30,000 volumes dont 10,000 manuscrits.

La demande afin d'être admis à travailler doit être adressée au directeur du dépôt..

BIBLIOTHÈQUE DU DÉPOT DES FORTIFICATIONS

(Au ministère de la guerre.)

20,000 volumes : Annales et histoires militaires de la fortification, — manuscrits sur la fortification, les frontières et les places.

S'adresser par lettre au directeur du dépôt.

BIBLIOTHÈQUE DU DÉPOT DES CARTES ET PLANS DE LA MARINE

(Rue de l'Université, 13.)

28,000 volumes. Voyages et ouvrages relatifs à la marine. — Adresser sa demande au conservateur.

BIBLIOTHÈQUE DU COMITÉ DE L'ARTILLERIE

Place Saint-Thomas-d'Aquin.

21,000 volumes.

BIBLIOTHÈQUE DE L'INSTITUT

(A l'Institut.)

Le premier fonds de cette bibliothèque provient de l'ancienne collection de la Ville, qui contenait 22,000 volumes. Placée dans un local voisin de la bibliothèque Mazarine, elle fut réunie à cette bibliothèque par ordonnance royale du 16 décembre 1819, rapportée en 1821. — Plus de 100,000 volumes, parmi lesquels les manuscrits de Godefroy. Elle est réservée aux membres de l'Institut, mais toutes les personnes présentées par eux sont admises à y travailler.

BIBLIOTHÈQUE DU MUSÉUM D'HISTOIRE NATURELLE

Au Jardin des Plantes, rue Geoffroy-Saint-Hilaire.

Remarquable par ses livres rares et manuscrits sur l'histoire naturelle et sa collection de planches et gravures dites vélins, qui comprend environ 5,000 dessins des meilleurs maîtres, dont 90 volumes in-folio. En tout, 40,000 volumes.

BIBLIOTHÈQUE DU CONSERVATOIRE DES ARTS ET MÉTIERS

Rue Saint-Martin, 292.

Riche en ouvrages technologiques et scientifiques

français et étrangers, qui peuvent éclairer des praticiens dans les diverses branches du travail industriel. En tout, plus de 20,000 volumes.

Cette précieuse collection bibliographique est installée dans le réfectoire de l'ancien prieuré rétabli dans son état primitif de la façon la plus intelligente, avec vitraux, dorure, boiserie, carrelalage, etc...

BIBLIOTHÈQUE DE L'HOTEL DES INVALIDES

Donné le 22 décembre 1800, son premier fonds fut de 20,000 volumes; elle en compte aujourd'hui environ 26,000. Ouverte aux militaires invalides de onze heures du matin à neuf heures du soir.

BIBLIOTHÈQUE DE L'ÉCOLE DES CHARTES

2,000 volumes. Les grandes collections historiques et autres ouvrages d'érudition pour l'usage des élèves. On peut être admis à travailler avec l'autorisation du directeur.

BIBLIOTHÈQUE DU CONSERVATOIRE DE MUSIQUE ET DE DÉCLAMATION

Faubourg Poissonnière, 15.

Cette collection, la plus complète dans sa spécialité, a été fondée en 1794; elle compte aujourd'hui 25,000 volumes de musique. On y trouve toutes les partitions nouvelles, presque toutes celles des anciens maîtres, et un assez bon choix de livres relatifs soit à l'art musical, soit à l'art dramatique. Le dépôt des ouvrages nouveaux et des acquisitions pour lesquelles un crédit spécial est alloué en font un dépôt unique dans son genre. Elle renferme la riche collection d'instruments, réunie par le regretté compositeur Clapisson.

BIBLIOTHÈQUE DE L'ÉCOLE DES PONTS ET CHAUSSÉES

Rue des Saints-Pères, 28.

8,000 volumes.

BIBLIOTHÈQUE DE L'ÉCOLE DES MINES

Rue d'Enfer, 30.

6,000 volumes. Ouvrages spéciaux.

Réservée aux élèves. Néanmoins les personnes qui ont des recherches à faire peuvent être admises sur leur demande.

BIBLIOTHÈQUE DE L'ORDRE DES AVOCATS [1]

(Au Palais.)

Fondée en 1811. Elle compte près de 20,000 vo-

---

1. Incendiée en même temps que le Palais de Justice, pendant la Commune (mai 1871).

lumes, parmi lesquels des manuscrits intéressants d'avocats célèbres et de belles collections.

BIBLIOTHÈQUE DE L'ÉCOLE DE DROIT

10,000 volumes. Ouverte au public tous les jours.

BIBLIOTHÈQUE DE L'ÉCOLE DE MÉDECINE

30,000 volumes environ, relatifs à la médecine, à la chirurgie, etc... Manuscrits d'anciens médecins célèbres. — Archives.

BIBLIOTHÈQUE DE L'ÉCOLE DE PHARMACIE

Ouverte lundi, mercredi, vendredi.

BIBLIOTHÈQUE DE LA PRÉFECTURE DE POLICE

12,000 volumes : la plupart des ouvrages administratifs. On y remarque 41 volumes manuscrits de documents de police, toutes les pièces relatives à la législation de la police et la copie la plus complète qui existe des anciens registres du Châtelet.

BIBLIOTHÈQUE DES PP. JÉSUITES
Rue Lhomond, 18.

80,000 volumes de théologie. Histoire ecclésiastiqué. On peut être admis à travailler, en exposant au bibliothécaire le but de ses recherches.

BIBLIOTHÈQUE NATIONALE POLONAISE
Quai d'Orléans, 6.

Fondée en 1839, cette bibliothèque possède déjà plus de 30,000 volumes. Spécialement ouvrages polonais, manuscrits, estampes, cartes géographiques.

Ouverte tous les jours de midi à quatre heures.

BIBLIOTHÈQUE DES SOCIÉTÉS SAVANTES ET AUTRES

Les plus importantes sont celles de la Société asiatique, — de la Société des Antiquaires de France, — de la Société de Géographie, — de la Société de Chirurgie, — et de la Société d'Agriculture.

BIBLIOTHÈQUE DE LA CHAMBRE DE COMMERCE
Place de la Bourse, 2.

Elle se compose de tous les ouvrages qui intéressent le commerce et l'industrie, sous la classification méthodique d'arts et métiers, commerce intérieur et maritime, navigation, colonies, législation, finances, douanes, économie politique, statistique, voyages, etc... Elle est appelée, ainsi que toutes les bibliothèques spéciales, à rendre de véritables services.

Ouverte tous les jours de onze heures à quatre heures.

———

Les grandes administrations, les maisons d'éducation, les établissements pénitentiaires, hospitaliers et autres, possèdent des bibliothèques, plutôt remarquables par le nombre des volumes que par l'importance des ouvrages ou leur choix.

CHAPITRE XIV

OUVRAGES A CONSULTER

(LIVRES ET MANUSCRITS)

LIVRES :

Coffin. — Des anciennes Universités de France (Paris, 1810).
— Recueil relatif à l'Université de Paris (Bibliothèque de la ville de Paris, Hôtel Carnavalet).
— Priviléges de l'Université de Paris et suppôts d'icelle (Paris, 1629 ; id. 1674).
— Recueil de pièces sur les Colléges de Paris (Bibliothèque de la ville de Paris, Hôtel Carnavalet).
Launoy. — Histoire du Collége de Navarre (1677).
Hauréau (de l'Institut). — Histoire de la Philosophie scholastique à Paris, du neuvième au douzième siècle (1872).
Thurot. — Organisation de l'enseignement dans l'Université de Paris au moyen âge (1850).
Lecuy. — La vie de Jean Gerson (Paris, 1822).
Faugère. — Éloge de Gerson (Paris, 1838).

De Rémusat. — Saint Anselme de Cantorbéry.

Lecoy de la Marche. — La Chaire française au moyen âge.

— Lettres patentes du Roi qui ordonnent que la principalité et la chapellenie du Collége des Bons-Enfants seront et demeurent unies à perpétuité à la congrégation de la mission (Versailles, 22 avril 1773).

— Lettres patentes du Roi concernant les boursiers du Collége de Dormans-Beauvais (Versailles, 14 février 1779).

— Lettres patentes du Roi portant règlement pour le Collége Mazarin (Versailles, 30 mars 1781).

— Lettres Patentes du Roi portant règlement pour le Collége de Navarre, fondé, en 1304, par la reine Jeanne (Versailles, 19 décembre 1707).

— Recueil des priviléges de l'Université de Paris accordés par les Rois, depuis sa fondation jusqu'à Louis XIV (Paris, 1674).

— Statuta sacræ Facultatis Theologiæ Parisiensis (Parisiis, 1715).

— Catalogus magistrorum honorandæ Gallorum Facultatis (Parisiis, 1733, in-12).

Taranne. — De la discipline dans l'ancienne Université de Paris (1856, in-8°).

Freppel. — Histoire de la Sorbonne (Paris, 1862).

Francklin. — Le Collége des Quatre-Nations (Paris, 1862).

— Plaidoyer de l'avocat Dumesnil en la cause de l'Université contre les Jésuites (Paris, 1594).

Charles Richomme. — Histoire de l'Université de Paris (Paris, in-8°).

Halmagrand. — Histoire de l'Université de Paris (1845, in-8°).

Turlot. — Abailard et Héloïse (1822, in-8°).

— Compendium de multiplici Parisiensis Universitatis magnificentià (Parisiis, 1517).

— Acte public de l'obéissance rendue et jurée au roi très-chrestien Henri IV, par les recteurs, docteurs et suppôts de l'Université de Paris (1594).

— Réformation de l'Université de Paris (Paris, 1601).

— Priviléges de l'Université de Paris (Paris, 1629).

— Livre Bleu. — Partie des pièces et actes qui concernent l'estat présent et ancien de l'Université de Paris, M. le Recteur, qui en est et a toujours esté le chef, les trois Facultés de Théologie, de Droit canon et de Médecine, les quatre Nations de France, de Picardie, de Normandie et d'Allemagne, les trois Doyens desdites Facultez et les quatre Procureurs desdites Nations (Paris, imprimé chez Jean Julien, imprimeur et libraire de l'Université). Ce livre, composé (dit Charles Jourdain, Histoire de l'Université de Paris, page 190) par Jacques de Chevreul, fut publié par Pierre Padet.

L'abbé MICHAUD. — Guillaume de Champeaux et les Écoles de Paris au douzième siècle.

NOURRISSON. — Progrès de la pensée humaine depuis Thalès jusqu'à Hégel.

LAURENT. — Histoire de Laon (1645).

REGNIER, sieur de la Planche. — Histoire de l'état de la France, tant de la République que de la religion sous François II, publié par Ed. Mennechet (1837, in-8°).

DEVISMES. — Histoire de Laon (1822).

MARION. — Histoire de la cathédrale de Laon (1842).

DORMAY. — Histoire de Soissons.

L'abbé BRUNOT. — Recueil des lois concernant l'instruction publique (1814).

CHARLES JOURDAIN (de l'Institut). — Histoire de l'Université de Paris et les Chartes qui y appartiennent. — Mémoire sur les commencements de l'économie politique dans les Écoles du moyen âge (Paris, 1874, in-4°).

FÉLIBIEN. — Histoire de Paris.

Vanini. — Ses écrits, sa vie et sa mort, par Victor Cousin.

Edgar Boutaric (des Archives nationales). — Relevé des livres condamnés.

Boulmier. — Étienne Dolet (Aubry, éditeur, 1857).

Francklin. — Recherches sur la bibliothèque publique de Notre-Dame de Paris.

— Curiosités des anciennes Justices, d'après les Manuscrits (Plon, éditeur).

— Forme générale et particulière de la convocation et de la tenue des États-Généraux de France, publiée en 1789, chez Barrois, libraire, par Labourré et Duval, conseillers au Châtelet de Paris.

— La revanche de la France par le travail, contenant l'histoire des corporations françaises d'arts et métiers, par Z. P. Mazaroz (Dentu, éditeur à Paris, 1874).

Levasseur. — Histoire des classes ouvrières en France (Didier éditeur, Paris, quai des Augustins).

OUVRAGES IMPRIMÉS RELATIFS AUX UNIVERSITÉS ET COLLÉGES

Procemium reformatæ Academiæ ad Carolum IX regem, par Ramus; traduit en français, sous le titre : Advertissements sur la réformation de l'Université de Paris au Roy (1562).

Réformation de l'Université (Paris, 1601, in-12, chez Mettayer et l'Huillier).

Le Cayer général des remontrances que l'Université a dressé, etc. (1615, in-12).

Pour les Universitez de France jointes en cause contre les Jésuites (Bibl. de la Sorbonne. H. F. a. u. 19).

Mercure français. 3ᵉ contin. t. III (Paris, 1616).

- Du rang et scéance de l'Université de Paris ès assemblées et cérémonies. Extrait du cérémonial de France et des registres des recteurs (Paris, 1643, in-12. Bibl. de l'Université. H. F. a. u. 14).

Du Boulay. — Factum ou remarques sur l'élection des officiers de l'Université (Paris, 1668).

— Partie des pièces qui concernent l'estat présent et ancien de l'Université de Paris (1653, in-4°).

— Recueil des priviléges de l'Université de Paris (Paris, 1664, in-4°).

Statuts de la Faculté de Médecine en l'Université de Paris, par Maître Denys Puylon (Paris, 1672, in-4°).

Fontanon. — Édits et Ordonnancés des rois de France (1667).

Du Boulay. — Histoire de l'Université (1665 à 1673).

— Recueil des priviléges de l'Université de Paris accordez par les rois, depuis sa fondation jusques à Louis le Grand, XIV° du nom (Paris, 1674).

— Remarques sur la dignité, rang, préséance, autorité et jurisdiction du recteur de l'Université de Paris (1668, in-4°).

Edmond Pourchot. — Mémoire touchant la seigneurie du Pré aux Clercs appartenant à l'Université de Paris (1694).

— Statuts de l'Université pour les Maistres ès arts tenant pensionnaires et faisant répétition (Paris, 1733).

Abrégé substantiel de l'ouvrage de Du Boulay, publié par Crevier : Histoire de l'Université de Paris, depuis son origine jusqu'en 1600 (Paris, 1761, 7 vol. in-12).

Recueil des Lois et Règlements concernant l'instruction publique (Paris, 1814 et années suivantes).

— Du pouvoir de l'État sur l'enseignement d'après l'ancien droit public français, par Troplong.

— Histoire de l'instruction publique en Europe et principalement en France (Paris, 1849-1852, in-4°).

JOURDAIN. — Histoire de l'Université au dix-septième et au dix-huitième siècles (1862, in-folio).

L'Histoire de l'Université, commencée par Edmond Richer, continuée par Du Boulay, est terminée dans l'ouvrage de Charles Jourdain.

MANUSCRITS :

Acta rectoria. — Huit registres sur vélin, de 1519 à 1633, sauf une interruption de 1554 à 1567 (Bibl. nat., suppl. lat., nos 1338 et suivants, nos 1346 et suivants).

RICHER. — De optimo Academiæ statu (Bibl. nat., suppl. lat. 64).

— Historia Academiæ parisiensis. 6 vol. manuscrits, suppl. lat. — Pièces manuscrites. — Arrêts du 10 déc. 1610 et du 9 mai 1712 (Bibl. nat., H. 185 et H. 186).

LISTE D'OUVRAGES RELATIFS AUX UNIVERSITÉS ET COLLÉGES

Histoire littéraire de la France par des religieux bénédictins [1] de Saint-Maur (dom Antoine Rivet). (Paris, 1733-1763. 12 vol. in-4º.)

De vetustissimis Galliarum Academiis, auctore Egassio Bulœo, Jacobi Cahagnesii oratio de Academiarum institutione, Cadomi (1584, in-4º).

De scholis celebrioribus, seu a Carolo Magno, seu post eumdem. Liber Joannis de Launoy (Paris, Martin, 1672, in-8º).

---

1. Bibliothèque du Père Lelong, t. IV, ouvrages relatifs aux Universités de Paris et Colléges de France.

De Scholis Parisiensibus Palatinis, auctore Joanne Mabillon Benedictino.

Essai sur l'état des sciences en France et sur les écoles, par Frader, avocat au Parlement (6 sept. 1757).

Les Muses en France par Le Fèvre (Paris, 1750, in-16).

Arrêt du Conseil, concernant les petites écoles, du 24 novembre 1686.

Arrêt du Conseil d'État du Roi, du 9 mai 1719, qui maintient les Maîtres des petites écoles dans le droit d'enseigner l'écriture, l'orthographe, etc.

La France littéraire, par l'abbé d'Hébrail (Paris, 1769, V° Duchesne, 2 vol. in-8°).

Fondation des Universités et Colléges du Royaume, par Le Fèvre.

Remontrance de la nécessité de rétablir les Universités (Paris, 1615, in-8).

Des Universités et des Colléges, de leurs priviléges et gouvernement (1517).

Compendium de multiplici Parisiensis Universitatis magnificentiâ, abrégé de Robert Goulet, docteur de Sorbonne.

De l'Université de Paris et qu'elle est plus ecclésiastique que séculière, par M° Antoine Loysel, 1586 (Paris, Langelier, 1587).

ESTIENNE PASQUIER. — Recherches de la France (chap. XXIX du liv. III et chap. IV à XII du liv. IX).

Fondation de l'Université de Paris par Charlemagne. Du Boulay (1675).

Plaidoyer d'Antoine Arnaud, avocat au Parlement, pour l'Université de Paris contre les Jésuites (1594).

Plaidoyer de Louis Dollé, avocat au Parlement, pour les curés de la ville de Paris contre les Jésuites en 1594.

Très-humbles remontrances et requête des Jésuites au roi Henri IV, en 1599.

Recueil de pièces pour les Universités de France, sans date (de 1552 à 1624).

Arrêt du Conseil privé, du 27 septembre 1624, pour les Universités de France.

Mémoire présenté au Conseil sur lequel le Roi a ordonné l'établissement de l'instruction gratuite dans les Colléges de la Faculté des Arts. Edme Pourchot (Paris, 1724, Guillaume).

Statuta Academiæ Parisiensis antiquissima (Imprimés au tome IV du Spicilège de D. Luc d'Achery, p. 381).

Arrêts du Parlement de Paris, du 17 mars 1700, du 14 octobre 1700 et de 1703, sur les différends du Collége d'Harcourt à Paris.

Le Collége royal de France, ou institution, establissement et catalogue des lecteurs et professeurs ordinaires du roi (Paris, chez Macé Bouillette, aux Escholes du Roy, devant Saint-Jean de Latran (1644).

Rêve d'un pauvre gâcheux (maître d'études) sur les défauts de l'éducation des pensions de Paris (Paris, 1788, in-8º de 56 pages, s. l. n. d.).

Palmares de l'Université de Paris (de 1747 à 1793), en un beau volume donné à la bibliothèque Carnavalet, par le savant M. Egger (de l'Institut), contenant les noms des lauréats à la distribution solennelle des prix, fondée par Louis Legendre, chanoine et sous-chantre de l'Église de Paris.

Nous y relevons les indications suivantes :

En 1747, Charles-François de Calonne, du Collége Mazarin, obtient le premier prix de version grecque.

En 1748, Alexandre de Calonne de Douai, du Collége Mazarin, obtient le second prix de vers latins.

En 1749, Leriche d'Amiens, du Collége de Navarre, obtient le second accessit de discours français.

En 1750, Claude-Joseph Dorat, de Paris, obtient un accessit de version grecque.

En 1751, Thomas-Louis-Alexandre Mac-Mahon, Irlandais, du Collége de la Sorbonne, obtient un accessit de discours français.

En 1787, Dubois de Courval, de Soissons, du Collége de Navarre, obtient un accessit de version grecque.

La salle des thèses de l'Université d'Orléans, par M. Boucher de Molandon (Orléans, 1872, 1 vol. in-8º).

La fleur des Antiquitez de la noble et triomphante ville et cité de Paris, par Gilles Corrozet (1532), publié par le bibliophile Jacob (Paris, L. Willem, éditeur). Noms des Colléges fondez en la ville de Paris (page 87).

Michel de l'Hospital (1505-1558), par M. le conseiller Dupré-Lasale (Thorin, éditeur, 1875). Le chapitre IX de cet ouvrage contient une intéressante histoire de l'Université de Bourges qui, fondée par Louis XI et protégée par la reine de Navarre, se dégageait des routines du moyen âge, pour refléter les idées nouvelles. — Le mérite de L'Hospital est d'avoir entrevu les progrès que l'étude du droit y pouvait faire, si l'on introduisait les clartés de l'esprit français dans les décisions éparses du Digeste de manière à en faire un véritable corps de Droit national, réforme que la France, agitée et divisée, n'obtint que deux siècles plus tard par le Code Napoléon.

Voyage de Lister à Paris, en 1698, publié par la Société des bibliophiles français (Paris, 1873, in-8º).

Censive de l'Université de Paris, déterminée dans le faubourg Saint-Germain d'après le bornage de Nicolas Gérard, fait, en 1551, par le baron de Molins (1753).

Alfred Francklin. — Étude sur le plan de Paris en 1540 (Paris, 1869; Aubry, éditeur).

Quesnel. — Plan, carte et description nouvelle de la ville, cité, université et faubourgs de Paris (1609).

Delisle (Léopold), de l'Institut. — La Bibliothèque impériale de Paris (1869).

Puylon. — Statuts de la Faculté de Médecine de Paris (1672 ; Paris, 1696, 1751, en latin).

Hazon. — Éloge de la Faculté de Médecine de Paris (1773).

— Notice des hommes les plus célèbres de la Faculté (1110-1750), (Paris, 1778).

Petit-Pied. — Bibliothèque nationale (Fonds Sorbonne, manuscrit 112).

— Pièces pour l'histoire de Paris (Bibl. nat., département des Manuscrits, S. F. 5097).

Recueil de Loisel (Bibl. nat. Manuscrits. Fonds Notre-Dame, T. I. 203).

CHAPITRE XV

PIÈCES JUSTIFICATIVES

I

Il y avait de graves discussions dans l'Université [1], au quatorzième siècle, par l'attention qu'elle donnait à l'astrologie, aux sortiléges, aux envoûtements, par ses obscures et intarissables disputes sur des questions abstruses, par exemple : sur celle de savoir si les personnes de la Trinité sont distinctes, d'une distinction formelle ou de raison ratiocinante ou de raison ratiocinée.

Les docteurs de l'Université se montraient dignes de vivre dans un siècle de superstition et de scolastique ; mais ils lui étaient supérieurs par leurs hardiesses. Sans le savoir, ils ébranlaient la théologie

---

1. Voir l'intéressant travail intitulé *Marcel, prévôt des marchands*, par M. Perrens, inspecteur de l'Université. — *Histoire générale de Paris*. Imprimerie nationale, 1875.

d'Albert le Grand, la cosmologie de Ptolémée, les plus anciennes théories sur la nature et sur le surnaturel, avec Dante, Boccace, Pétrarque, et bien d'autres encore, venus d'Italie, pour s'asseoir sur la paille de la rue du Fouarre, pour faire le négoce ou pour porter les compliments des princes; ils cherchaient dans les systèmes politiques, dans le jeu des institutions, les causes qui faisaient de Florence la première cité de la Péninsule. Des clercs, des lettrés, saint Thomas d'Aquin, l'ange de l'école, Egidius Colonna, précepteur de Philippe le Bel, écrivaient sur le gouvernement des princes des livres lus, admirés, commentés. Puis la discussion descendait de la montagne Sainte-Geneviève, passait la Seine, se répandait dans la cité [1], autour du Palais, et pénétrait jusqu'au foyer de ces familles marchandes, à l'esprit inculte, mais ouvert, qui modifiaient les théories trop absolues du pays latin par les pratiques inspirations de leur bon sens.

II

Au milieu des agitations qui émeuvent Paris au quatorzième siècle, les prélats se rangent, suivant les circonstances et leurs intérêts, du côté de la royauté ou de la noblesse, tandis que dans les rangs inférieurs : clercs, religieux, régents et écoliers de l'Uni-

---

[1]. Voir : Beaune et d'Abraumont, *Les Universités de Franche-Comté*. Gray-Dole, Besançon, 1870, in-8°. — Berriat-Saint-Prix, *Histoire de Cujas*, à la suite de l'*Histoire du Droit romain*.

versité, penchent vers la bourgeoisie, d'où ils sortent, où ils retrouvent leurs pères, leurs frères, leurs amis : ils ne forment en quelque sorte qu'une partie importante du tiers état naissant.

III

Siége d'une Université qui passait pour la première du monde, où l'on accourait de tous les coins de l'Europe, du Parlement qui rendait la justice, de la haute administration, du gouvernement et de la cour, Paris était tout ensemble un centre d'action et un foyer de lumières. On y débattait les questions littéraires ou théologiques, on y décidait les questions contentieuses, on y discutait les grands intérêts de la politique, on y prenait les grandes résolutions dont dépendaient la paix ou la guerre, le malheur ou la prospérité des peuples.

Alors, comme aujourd'hui, Paris[1] était, comme Rome, la ville éternelle, *urbs;* il est des cités qui ont une âme immortelle; on dirait qu'elle se diffuse dans l'univers entier, et qu'elle vibre dans le cœur de tous les hommes. En Grèce, le voyageur est frappé du nombre prodigieux de tombeaux vides, qui trouent les rochers et bordent les routes; où donc sont-ils les morts de tant de tombes? Ils sont dans le genre humain; ils chantent

---

1. Maxime Ducamp, *Paris, ses organes*. Hachette, éditeur, 1875. Pour connaître notre capitale, il faut bien méditer les pages de notre savant et laborieux ami.

avec les poëtes, parlent avec les orateurs, méditent avec les philosophes, ils sont dans l'atelier des sculpteurs et des peintres, ils encouragent les architectes et définissent les règles du beau; l'âme d'Athènes est dans le goût, dans les mœurs, dans la science, dans le langage universels, comme l'âme de la Rome césarienne est dans le droit et dans la jurisprudence, comme l'âme de la Rome catholique est dans la morale. C'est le destin de certaines agglomérations humaines d'où se dégagent des courants pénétrants d'intelligence et de vérité; elles sont impérissables; leur expansion semble indéfinie et se prolonge à travers les temps, malgré leur mort apparente.

IV

L'éloquence politique était encore dans l'enfance; il n'en pouvait être autrement puisque, depuis si peu d'années, le tiers état se voyait appelé à défendre sa cause par la parole, « par le plait », comme disaient les fabliaux. La prédication chrétienne, qui depuis si longtemps s'adressait aux peuples, restait elle-même dans une sorte de barbarie, dont les élus, illustres orateurs, ne savaient s'affranchir; Gerson, un des pères de notre Église nationale, se perdait en des divisions infinies, embarrassait ses plus vives images du fatras le plus bizarre et ne reculait pas devant les allégories les plus forcées, devant les plus déraisonnables inventions : il faisait d'Adam le fondateur de l'Université de Paris, où il le fixait, en le faisant passer par l'Égypte, par Athènes et par Rome.

V

Une *Députation de l'Université*, en février 1358, se rendant auprès du Dauphin, mérite de fixer l'attention, parce qu'elle fait voir de quel côté se rangeaient tous les esprits éclairés. L'Université n'avait point pris parti dans la querelle, elle en était même si éloignée qu'elle avait refusé, comme on l'a vu, de porter le chaperon rouge et personnel. Mais, quand il lui parut bien évident que toute la résistance venait du Dauphin et de ses conseillers, elle résolut d'unir ses efforts à ceux d'Étienne Marcel. Une députation considérable, dont faisaient partie quelques personnes du corps municipal et du clergé diocésain, mais où l'Université l'emportait par le nombre, se rendit au palais de la Cité. Quand on l'eut introduite auprès du prince, le frère Simon de Langres, général des Jacobins (frères mineurs des Cordeliers), prit la parole au nom des autres députés et mit dans son discours cette âpreté de langage, dont les ordres religieux avaient l'habitude.

Cette démarche eut lieu du 27 janvier au 11 février 1358 (page 182 par Perrens Marcel).

VI

Un *Règlement pour l'Université* fut rendu, en mai 1358. Malgré ses ressentiments et sa retraite, le Dauphin ne pensait pas avoir perdu son autorité sur Paris, et il ne renonçait point à y commander. Il y réglait de loin jusqu'aux moindres choses. Ayant appris que des ennemis de l'Université de Paris apportaient pendant la nuit des immondices, dont ils infectaient la rue, la chaire du maître et les bancs des écoliers, pour les empêcher de recueillir « la fleur et la perle de la science », il envoyait l'autorisation de fermer, pendant la nuit, les deux issues de la rue du Fouarre où se faisaient les cours. (Ordonnance de may 1358; tome III, page 237 des *Ordonnances.*)

VII

La *Médiation de l'Université* intervint en mai 1358. Une réconciliation n'était pas impossible entre le prince et la bourgeoisie, il était du moins honorable de l'essayer. Étienne Marcel ne pouvait mieux faire que de prier les chefs de l'Université de tenter la démarche, en son nom. Le duc de Normandie paraissait prendre un vif intérêt aux moindres affaires de ce docte corps. L'Université était toujours restée neutre de fait, sinon d'intention, dans les querelles de la commune de Paris et du pouvoir royal. En cette conjoncture difficile, elle ne refusa point ses bons offices. La députation qu'elle envoya au régent se composait de deux maîtres et du bedeau de chaque nation, que conduisait le recteur lui-même. Au nom de la municipalité de Paris, le recteur pria le duc de Normandie de pardonner à la ville et promit que les Parisiens feraient amende honorable, s'il garantissait la vie sauve à ceux qui avaient pu l'offenser. (Tome IV, page 344 de l'*Histoire de l'Université de Paris*, par Du Boulay.)

VIII

Bref du Pape envoyé à l'Université (15 juillet 1358). Ce pontife adressa le 15 juillet une bulle [1] au recteur et à l'Université de Paris pour les inviter à se joindre à l'archevêque de Lyon, à l'évêque de Paris et au prieur de Saint-Martin-des-Champs, qu'il chargeait de pousser à une réconciliation. (*Anno Dom.* 1358, 15 *die mensis julii.*)

IX

Dès 1560, les États d'Orléans avaient réclamé la création d'écoles, en toutes villes [2] et villages, ainsi que l'obligation, pour les parents, sous peine d'amende, d'y envoyer leur enfants.

Dans l'ancien diocèse de Langres, M. Fayet, cité par M. Levasseur (de l'Institut), constata que sur 1,000

---

1. Cette bulle du pape Innocent est relatée en entier au t. IV de Du Boulay, *Histoire de l'Université*, page 345.
2. *Le dit des rues de Paris* (1300), par Guillot de Paris, édité par Edgar Mareuse. Paris, Librairie générale, 1875.

époux et 1,000 épouses, avaient signé leur acte de mariage : — 457 époux et 200 épouses (de 1701 à 1725); — 630 époux et 278 épouses (de 1731 à 1775) ; — 800 époux et 492 épouses (de 1801 à 1825) ; — 899 époux et 717 épouses de 1826 à 1830.

Dans le projet de Saint-Just, présenté avec bien d'autres (1789-1793), on lit : « Les enfants mâles sont élevés de cinq à seize ans par la patrie ; — ils sont vêtus de toile dans toutes les saisons et ne vivent que de racines ; — ils se couchent sur des nattes, et ne dorment que huit heures [1]. »

La Convention a fondé l'École normale et l'Institut; Napoléon Ier ne fit figurer à son budget de l'École primaire que 5,000 francs, mais il créa l'Université en 1809, et rétablit les Colléges sous le nom de Lycées.

X

1700. — Remontrances à M. le Procureur général de Caen sur les difficultés survenues pour l'exécution, tant de la déclaration du Roi que du Règlement donné par Nos Seigneurs les Présidents et Conseillers du Parlement de Normandie, à l'occasion des inscriptions des étudiants en droit de l'Université de Caen.

Lettre de l'inspecteur des bâtiments de la Commune de Paris, « ordonnant le transport des cercueils « de plomb provenant des églises et couvents sup-

---

1. *Catalogue des livres rares et curieux sur la Révolution.* Paris. 1875. Voisin, libraire, 37, rue Mazarine.

« primés dans le cimetière de la Charité (butte Mont-
« Parnasse), pour la vidange et la fonte desdits cer-
« cueils, afin que le plomb qui recevait les restes or-
« gueilleux d'un culte abhorré, converti en balles,
« renverse les automates, que le despotisme fait mar-
« cher contre nous. — Il est intéressant pour les ob-
« servations de l'histoire naturelle de conserver les
« inscriptions desdits cercueils. »

Établissement des signaux télégraphiques au Mont-Valérien, sur la butte du Roule et sur le pavillon de l'Égalité des Tuileries, signé : Carnot, Cambacérès, Merlin de Douai, Boissy d'Anglas.

17 *mai* 1715. — Ordre signé Bignon, intendant de la généralité de Paris, de donner les instructions nécessaires[1] pour aider le sieur de Lisle, de l'Académie des Sciences, dans l'établissement d'une carte des villes, villages, hameaux de la généralité de Paris[1].

XI

1743. — Défense de vendre aux portes des colléges, notamment aux écoliers, des fruits en échange de leurs livres.

10 *juillet* 1792. — Lettre signée du ministre de l'intérieur, relative à la vente de la bibliothèque des Minimes de Passy.

---

1. *Catalogue des livres rares et curieux sur la Révolution.* Voisin, libraire, 37, rue Mazarine, Paris. (Janvier 1875.)

État des dépenses courantes de l'année 1810 pour le Musée des monuments français, signé par Alexandre Lenoir, Denon et Montalivet.

Décret de la Convention nationale du 18 vendémiaire an III, portant établissement, à] Paris, d'un Conservatoire des arts et métiers; signé pour ampliation : Berthollet.

Devis estimatif des dépenses à faire pour livrer au citoyen Sage l'emplacement nécessaire à l'établissement du musée des Mines, dans l'hôtel des Monnaies, conformément à la décision du Directoire (an VI).

Adresse des citoyens de Versailles au ministre Roland, relative à la conservation des bibliothèques, tableaux, bronzes, se trouvant au château de Versailles; lettres de la commission des arts établie à Versailles, au sujet de l'examen du triage et du transport des effets précieux (sciences et arts) qui pourraient se trouver dans les ci-devant maisons religieuses et chez les émigrés, et déposés d'abord au ci-devant couvent des Augustines de Versailles.

XII

Il nous a paru intéressant de reproduire ici l'exposé des motifs du projet de loi présenté en 1870 sur la liberté de l'enseignement supérieur et la réorganisation des facultés :

EXTRAIT DE L'EXPOSÉ DES MOTIFS DU PROJET DE LOI RELATIF A LA LIBERTÉ DE L'ENSEIGNEMENT SUPÉRIEUR.

« ... En France, avec la constitution actuelle de notre société, il existe deux grandes forces collectives : l'Etat et l'Église; l'un a besoin d'écoles pour assurer, dans l'intérêt général, le progrès de la science; l'autre pour répandre ses croyances et son influence. Si, en face du clergé et des immenses ressources que lui valent sa puissante organisation, le zèle apostolique de ses membres et l'active propagande de ses congrégations, il n'y avait que des citoyens isolés, la lutte, pour ceux-ci, deviendrait bien vite impossible, et la liberté périrait.

« Pour qu'en matière scolaire la liberté véritable existe dans un pays tel que le nôtre, il faut que la force centralisée de l'État fasse équilibre à la puissance disciplinée de l'Église.

« De cette considération résulte l'absolue nécessité de maintenir la grande corporation laïque due au génie de Napoléon Ier, l'Université, à qui il conviendra de donner une autonomie plus grande; de garder ses écoles supérieures, qui ont besoin d'être fortifiées, plutôt que multipliées; son bugdet, enfin, qu'il sera nécessaire d'accroître pour le mettre en état de soutenir, dans l'intérêt de la science pure, une concurrence où plus d'une fois l'on trouvera, soit des passions politiques ou religieuses, soit des préoccupations industrielles, dont l'Etat doit avoir souci pour les combattre par l'exemple d'un enseignement étranger aux intérêts des partis comme à ceux des individus.

« L'Université ne renoncera ni à ses examens, ni à ses concours à ciel ouvert, c'est-à-dire à l'émulation

qui fait sa vie, ni à ses grades, dont le principe est depuis
1789 celui de notre société même : « Au plus digne ! »

« Mais à côté d'elle, tout individu, toute association
pourra ouvrir des cours et fonder des écoles.

« Si la question était réduite à ces termes, elle serait
bien vite tranchée; mais il reste un point délicat et
essentiel, la collation des grades, qui consacrent aux
yeux des familles les études faites et ouvrent à l'élève
certaines carrières.

« On comprend que, dans l'ordre des intérêts matériels, servis par l'industrie ordinaire, l'autorité ne
vienne plus se placer à côté du consommateur, seul
juge compétent, et qu'on ait, en conséquence, supprimé toute « garantie du gouvernement ».

« Doit-il en être de même pour les intérêts d'ordre
moral, qui, ne pouvant être appréciés que par des personnes autorisées, échappent au jugement de la foule?
La France et l'Allemagne, avec des formes différentes,
ont jusqu'à présent dit: Non. L'Amérique répond résolûment: Oui. Et l'Angleterre pense et agit, sauf en un
point, comme l'Amérique. »

Après avoir examiné ces quatre systèmes, M. Duruy
continuait en ces termes :

« En France, l'État, ayant dans l'Université un corps
de professeurs d'une science éprouvée, et d'examinateurs dont l'esprit de justice n'a jamais pu être mis en
doute, doit conserver le droit de dire :

« Dans toutes les carrières libérales où je délègue
« une partie de la puissance publique, dans mes écoles,
« dans mes tribunaux, dans certaines fonctions, dont
« j'investis des savants et où la science est la condition
« nécessaire de la fonction, je n'appellerai que des

« hommes, dont un grade me garantira d'abord la
« capacité.

« Pour tout ce qui est administration pure, où le
« principal et difficile mérite, qui ne peut s'apprendre
« dans les écoles, c'est l'habileté à manier les hommes
« et les choses ; pour les carrières où, tout en ayant
« besoin de beaucoup savoir, on n'applique ce savoir
« qu'à des intérêts privés, liberté de s'instruire où et
« comment l'on voudra. Je n'ai pas à intervenir entre le
« praticien quel qu'il soit et son client, même pour faire
« connaître à celui-ci l'homme le plus en état de pro-
« téger sa santé ou sa fortune. Il me suffit qu'on sache
« que, dans mes écoles, les études sont fortes et les
« garanties sérieuses. Tout le monde peut venir y
« chercher son avocat ou son médecin. »

« Ce régime ne sera pas la liberté comme en Amérique ; mais vous penserez, je n'en doute pas, messieurs, que si la liberté est une question de droit individuel qu'il ne faut pas sacrifier, l'élévation constante et progressive du niveau des études est une question de civilisation, où la France a gagné trop d'honneur pour qu'elle soit disposée à y renoncer.

« Avec le maintien de cette grande institution de l'Université, le progrès des études et la direction nationale de l'enseignement sont assurés ; en même temps les légitimes exigences de l'esprit moderne sont satisfaites par l'établissement de la liberté scolaire.

« En renonçant à un privilège qui la gêne plus qu'il ne lui est utile, l'Université se rendra plus forte, et je ne serais pas étonné que ce fût à elle que les écoles libres vinssent souvent demander ce qu'elle sera, de longtemps peut-être, la seule à pouvoir donner : la sanction des études sérieuses et la garantie la plus certaine de la capacité.

« Le projet de loi pour la liberté de l'enseignement supérieur est tout entier, messieurs, dans cette pensée de maintenir à l'Université la délivrance des grades pour les fonctions que l'autorité publique confère :

« Dans les écoles, au corps enseignant;

« Dans les tribunaux, à la magistrature;

« Dans les services sanitaires et hospitaliers, aux membres du corps médical, qui demandent un titre à l'autorité publique;

« En un mot :

« A l'industrie (c'est-à-dire à l'activité privée) sous toutes ses formes, les plus relevées comme les plus humbles, à celle qui dirige de puissantes usines, à celle qui sauve-garde par ses conseils de grands intérêts, à celle qui conquiert par ses services la confiance des familles, liberté entière de prendre où elle voudra les connaissances dont elle a besoin et d'y mettre la sanction qu'elle jugera devoir lui être le plus utile.

« A l'État, qui ne peut agir comme un individu, à ses risques personnels, et qui doit user des ressources que la communauté lui confie au plus grand avantage de la communauté tout entière, des garanties pour les choix à faire par lui de personnes qu'il investira d'une partie de la puissance publique. Comme l'État n'a pas qualité pour examiner l'instruction générale et l'aptitude aux travaux intellectuels de ceux qu'il veut appeler à certaines fonctions, il confie à un corps institué dans ce but, et préparé par toute la vie de ses membres à bien remplir ce devoir, le soin de délivrer officiellement les garanties dont il a besoin.

« Voilà, ce nous semble, un principe simple et fécond qui respecte tout à la fois les droits des particuliers et ceux de la société; conforme par un côté à nos vieilles traditions, dont on ne saurait conseiller le brusque abandon, il est cependant, par l'autre, en harmonie avec les idées nouvelles, auxquelles il faut faire place dans notre législation. »

. . . .

« ..... Ce principe est toute la loi; mais un article mérite une mention particulière. Il importe qu'aucune erreur ne puisse être commise, et que le public ne soit pas trompé sur la valeur de l'enseignement et de l'origine des diplômes, afin que chacun reste loyalement soumis à la responsabilité qui lui appartient; la liberté est surtout excellente à cette condition-là. Le titre de faculté ou d'école publique et les mots qui désignent les épreuves du baccalauréat, de la licence et du doctorat, sont aussi bien la propriété de l'État que les signes ou marques sont, pour des maisons industrielles, une propriété que la loi protége. En conséquence, l'établissement qui prendrait le titre de Faculté serait fermé par autorité de justice, et une amende de 1,000 à 3,000 fr. sera prononcée contre le directeur qui délivrerait un diplôme portant le titre des diplômes de l'État et contre celui qui en ferait usage. C'est, je le répète, une question de loyauté. »

EXPOSÉ DES MOTIFS DU PROJET DE LOI SUR LA RÉORGANISATION DES FACULTÉS, PRÉSENTÉ LE 14 JUILLET 1870.

« Messieurs les sénateurs, le projet de loi présenté dans la séance du 28 juin 1870 établit le principe de la liberté de l'enseignement supérieur :

« Liberté pour les personnes, pour les matières et les méthodes d'enseignement ;

« Liberté pour les examens, pour les diplômes et par conséquent pour les professions particulières au nom desquelles la loi exige encore des garanties, comme avant 1789 elle exigeait le chef-d'œuvre de tout membre d'une corporation ouvrière.

« Mais cette liberté, l'État doit en jouir aussi bien que les particuliers ou les associations.

« Après avoir proclamé le principe que chacun a le droit de constituer comme il l'entend des écoles d'enseignement supérieur, l'État, qui ne peut renoncer aux siennes, est tenu, non pas de les multiplier pour faire échec à la liberté, mais de les fortifier pour servir la liberté même, en montrant jusqu'où le niveau des hautes études peut et doit s'élever. Or, la meilleure manière de donner aux écoles de l'État leur plus grande valeur scientifique, c'est d'augmenter leurs moyens d'action et d'exciter encore l'activité féconde de leurs membres par l'indépendance qui ajoute au sentiment de la dignité et du devoir, comme par l'union volontaire qui accroît la force.

« Le projet ne parle pas des facultés de théologie, qui, nécessairement placées en dehors de la conception moderne d'un système général d'instruction publique, feront retour au ministère des cultes. Désertées par le clergé lui-même, elles n'ont pas de véritable existence, une seule exceptée, la grande école de Paris, illustre par ses souvenirs, par ses traditions, par le savoir et le courage de ses membres, et dont l'Université ne se séparera qu'avec un respectueux et fraternel regret[1].

---

1. Les cinq Facultés de théologie catholique ne sont pas reconnues par le Saint-Siége, et leurs grades, malgré l'ordonnance du

« Il crée ces facultés des sciences économiques et administratives que l'Allemagne possède depuis longtemps, que nos intérêts réclament, que les hommes les plus autorisés conseillent, et dont Cuvier traçait le plan, il y a plus d'un demi-siècle.

« Il réorganise nos facultés et nos écoles de médecine, autre réforme demandée dès 1811, et déjà tentée trois fois par les assemblées délibérantes.

« Il donne des garanties nouvelles aux professeurs, par la composition des jurys de concours, par le mode de nomination, par de telles difficultés mises au déplacement et à la révocation qu'elles équivalent à une déclaration d'inamovibilité.

« La liberté que le projet précédent a placée en face de l'Université, le projet nouveau la met au sein des facultés, pour y mettre aussi une plus vive émulation.

« Après avoir constitué l'autonomie des facultés, il en fait des personnes civiles et leur crée des ressources qui, indépendantes du budget de l'État, et se renouvelant d'elles-mêmes, permettront aux Facultés de

---

25 décembre 1830, restent inutiles pour les fonctions ecclésiastiques. Aussi n'ont-elles délivré, de 1808 à 1866, en cinquante-sept années, celle de Paris mise à part (231), que 185 diplômes, ou environ 3 par an. Plus du tiers des professeurs n'ont pas le grade nécessaire pour remplir la fonction principale des professeurs des Facultés : la collation des grades. La Faculté de Rouen n'a même qu'un seul professeur titulaire, et on ne peut, par conséquent, y procéder à aucun examen.

Les deux Facultés protestantes sont en même temps des séminaires à internat, qui relèvent déjà du ministère des cultes, et depuis 1811 la Faculté de Montauban n'a fait que 2 licenciés.

Aussi la Constituante de 1848 avait voté en principe la suppression des Facultés théologiques, dont le budget (165,000 fr.) a presque doublé dupuis trente ans.

suivre tous les progrès de la science et de répondre à tous les besoins de l'enseignement.

« Il réunit par un conseil librement élu ces facultés indépendantes en un corps académique qui représentera nos anciennes universités provinciales et deviendra aussi personne civile.

« Il fixe pour les laborieuses fonctions du professorat une limite d'âge; mais il conserve, même au delà de cette limite, leur titre et leur traitement aux professeurs de deux établissements, dont l'un remonte à François Ier, l'autre à Richelieu, et d'où sont sortis tant de travaux qui ont jeté le plus vif éclat sur la science française.

« Afin de donner aux écoles dites préparatoires la vie qui leur manque et quelques-uns des élèves qui encombrent les grandes facultés d'un trop plein inutile ou dangereux, il reconstitue les *écoles publiques* d'enseignement supérieur, fondées par les communes ou les départements, et, en leur assurant des droits, il leur fournit le moyen de prouver qu'elles sont dignes d'en recevoir.

« Pour arrêter la décroissance continue du nombre de nos médecins, il confère de sérieux avantages à l'étudiant sans fortune qui prendra l'engagement de s'établir pour dix années dans une des trente mille communes rurales où ne se trouve pas de praticien à demeure, ou dans une des circonscriptions de l'Assistance médicale qui n'aurait pas de médecin [1].

---

1. Le nombre des praticiens, soit docteurs, soit officiers de santé, était :

En 1847, de 18,099 pour une population de 35,400,486 âmes, soit un praticien pour 1,956 habitants ;

En 1853, de 18,110 pour une population de 36,225,000 âmes ;

« Enfin, selon la tradition du moyen âge et l'exemple des nations étrangères, le projet continue, au sein des études supérieures, le secours que l'État donne, pour les études secondaires, aux fils de ceux qui ont bien servi. Au lycée, les enfants reçoivent ce bienfait sans l'avoir mérité par eux-mêmes, et avant qu'il soit possible de prévoir si leurs dispositions ne le rendront pas inutile ou funeste. Dans les facultés, la bourse pourra être conférée à coup sûr, puisqu'il sera facile de s'assurer que le bénéficiaire en est digne par sa conduite et par son aptitude particulière pour les hautes spéculations de l'esprit[1].

« La centralisation a fait beaucoup pour l'éclat de nos études supérieures; mais la vie, surabondante en de certains points, languit sur d'autres. Voyons si en y portant la liberté comme ont fait nos voisins, dont la rivalité scientifique devient menaçante, nous ne réussirons pas à y ranimer des forces vives que l'administration enveloppe pour les protéger, mais que parfois elle contient, à son insu même, jusqu'à en arrêter l'essor. »

XIII

Le 10 décembre 1874, le ministre de l'instruction et le ministre des finances ont été entendus par la com-

---

En 1857, de 17,555 pour une population de 36,154,398 âmes;
En 1866, de 17,080 pour une population de 38,067,094 âmes; soit un praticien pour 2,228 habitants.

1. L'article 32 de la loi du 11 floréal an X (1ᵉʳ mai 1802) créait 6,400 bourses entretenues par l'État : pour les 4/5 dans les lycées, pour 1/5 dans les écoles d'enseignement supérieur.

mission du budget sur la question de reconstruction de l'École pratique de la Faculté de médecine et de la construction de nouveaux bâtiments pour la Faculté des sciences à Paris. Le ministre de l'instruction publique a déclaré qu'il était tout prêt à présenter un projet. L'état des bâtiments est déplorable, l'installation est insuffisante ; les retards apportés à la solution aggravent cette situation, et le ministre est disposé à profiter des offres faites à ce sujet par la Ville de Paris.

M. le ministre des finances, qui a pris ensuite la parole, s'est maintenu dans les généralités sur la nécessité de ne pas augmenter les dépenses sans créer des ressources correspondantes. MM. Bardoux et Léon Say ont insisté vivement sur ce qu'il fallait sortir des questions générales pour étudier la question spéciale et pratique qui se pose en ce moment. Après des explications fournies par M. Dumesnil et l'engagement pris par le ministre de l'instruction publique de préparer un projet, la commission a clos la discussion et à décidé qu'elle attendrait, pour la reprendre, le dépôt annoncé du projet de loi.

XIV

Nous croyons devoir reproduire ici textuellement les séances de la Chambre des députés dans lesquelles se sont manifestés avec le plus d'éloquence, d'autorité et de force les arguments échangés entre les partisans de la liberté de l'enseignement et ses adversaires, entre Mgr Dupanloup et M. Challemel-Lacour, entre MM. Jules Simon, de Belcastel et Chesnelong[1].

ASSEMBLÉE NATIONALE

PRÉSIDENCE DE MM. BUFFET ET D'AUDIFFRET-PASQUIER

Séances du 4 décembre 1874 et du 15 juin 1875

L'ordre du jour appelle la suite de la première délibération de la proposition de M. le comte Jaubert relative à la liberté de l'enseignement supérieur.

Mgr Dupanloup. — J'ai lu avec toute l'attention qu'il mérite le projet de loi et le rapport qui nous a été présenté par notre savant et honorable collègue M. Laboulaye, et, sauf quelques réserves, je voterai pour ce projet parce qu'il proclame la liberté de l'enseignement supérieur et que cette liberté est nécessaire pour relever notre enseignement, pour réparer ses lacunes et ses défaillances.

Mais tout d'abord je rencontre ici contre nous des préventions et des défiances auxquelles je dois répondre. Il suffit d'avoir entendu M. Paul Bert pour en être convaincu. C'est lui qui avait écrit qu'un parti politique, déguisé sous des dehors religieux, proclamait la liberté de l'enseignement dans l'espoir de substituer son propre monopole à celui de l'Université.

Il me serait facile de retourner l'accusation; mais

---

[1]. Voir en outre les discours prononcés à l'Assemblée nationale de Versailles les 3 et 4 décembre 1874, par MM. Paul Bert, Laboulaye, rapporteur, Beausire et Dupanloup, sur le projet de loi pour l'enseignement supérieur en France.

je laisse là les défiances injurieuses, pour aller droit aux faits. Nous ne demandons qu'une chose, à disputer à nos adversaires le prix de la confiance publique, aider à élever par la concurrence les forces intellectuelles de la France.

Les pères de famille prononceront entre nous, et la France y gagnera. (Applaudissements à droite.) En parlant ainsi, nous sommes fidèles à notre passé. Qui a créé les Universités en France et en Europe? Nous, nous seuls, l'Église. (Très-bien! très-bien! à droite.)

Nos évêques et nos papes, de concert avec nos rois, ont fondé non pas une seule Université, mais vingt-trois, libres, indépendantes les unes des autres, indépendantes du gouvernement, et faisant, avant 89, plus avec les 24 millions dont elles disposaient que nous ne faisons avec notre budget de 39 millions.

Voilà ce qu'a fait l'Église. Elle a mérité l'éloge que lui décernait un ministre de l'instruction publique, M. de Salvandy, lorsqu'il disait : « Pendant de nombreux siècles, le principe chrétien a pourvu et suffi à tout. (Très-bien! très-bien! à droite.)

Aussi ai-je été bien étonné en entendant hier M. Bert nous dire que, sous l'ancien régime, il n'a jamais été question de liberté d'enseignement.

Il nous a parlé aussi de l'Allemagne, et il nous a dit que, dans ce pays, la liberté de l'enseignement était dans les mœurs, sinon dans les faits. C'est précisément ce qui existait en France : la liberté de l'enseignement était dans les faits, dans les mœurs.

Alors, chaque père de famille pouvait choisir pour ses fils et les professeurs et les villes universitaires.

C'est à partir de saint Louis, ce grand roi et grand saint, que les Universités se fondent en France et que le mouvement va toujours en grandissant sous l'inspiration de l'Église. Les professeurs surgissent, les élèves se multiplient, et c'est ainsi que se forment ces vingt-trois Universités, qui ont préparé le dix-septième siècle et qui ont servi de modèles aux Universités étrangères.

Parmi ces Universités, brillait au premier rang celle de Paris, que Charles V avait nommée la fille aînée de nos rois, fille parfois un peu tumultueuse et qui faisait parler d'elle (On rit), mais en définitive, obéissante, studieuse et rangée. Elle comptait quarante-trois colléges florissants ou nations, où accouraient des élèves de tous les pays. Le Dante venait y chercher le grade de docteur.

Orléans avait, dès le sixième siècle, ses grandes écoles, qui sont devenues l'Université de Blois. En 10 ans, on y a compté 13,555 étudiants allemands. Leurs noms sont conservés dans nos archives, et parmi eux ou y trouve celui de Christophe de Bismarck, questeur de la nation germanique et qui eut une querelle célèbre dans notre ville. (Bruits divers.) Il prétendait que les fils du Danemark, malgré la conformité d'origine, devaient appartenir non pas à la nation normande, mais à la nation germanique.

Tout cela a succombé sous les coups de la Convention, dont on faisait hier l'apologie en matière d'enseignement, de la Convention qui immolait Lavoisier, Chénier, après Bailly, qui détrônait l'Académie française, celle des inscriptions et belles-lettres, celle des sciences.

Lavoisier demandait vingt-quatre heures pour achever la solution d'un problème, on lui refusait ces vingt-quatre heures. (Très-bien! très-bien! à droite.) André Chénier disait tristement, en portant la main à son front : « Il y avait pourtant quelque chose là ! » L'infortuné jeune homme ne savait pas que ceux qui le tuaient ne voulaient pas qu'on eût là quelque chose. (Vifs applaudissements à droite. — Bruit à gauche.)

Daunou, Chaptal, Daru, Portalis font tous le même tableau de la situation déplorable où tomba l'instruction publique pendant la période révolutionnaire. Fourcroy, en pleine Convention, le 25 septembre 1794, dénonçait une conspiration contre les progrès de la science. Il ajoutait qu'on cherchait à dominer, en marchant à travers les débris des connaissances humaines.

C'est le même Fourcroy qui s'écriait un jour : « On n'apprend plus à lire et à écrire en France. » Voilà quelle était l'œuvre de ce que vous avez appelé la grande Assemblée.

Je vous ai montré en regard ce qu'avait fait l'Église pour l'enseignement. La religion avait tout créé; la tyrannie et l'impiété ont tout détruit. Le projet actuel est un projet réparateur, et c'est pourquoi nous l'adoptons.

Il n'y a qu'une voix sur la nécessité de relever et de répandre l'enseignement supérieur. L'enseignement supérieur, c'est le savoir humain dans son expression la plus haute; c'est le sommet de l'intelligence humaine.

Cet enseignement, les professeurs qui le donnent sont honorés, j'ai le regret de le dire, chez les nations voisines plus que chez nous; M. de Candolle en Allemagne, et aujourd'hui encore, à Rome, le baron Visconti, préfèrent au titre nobiliaire qu'ils prenaient en France leur titre de professeur.

Le goût de cet enseignement est l'honneur d'un grand peuple, c'est un besoin, une gloire de l'esprit français.

Pour maintenir ce goût, un enseignement supérieur bien organisé est indispensable; sans quoi, à la place des génies qui font des découvertes, vous n'aurez plus que des vulgarisateurs. Au lieu des Christophe Colomb, vous n'aurez plus que les timides navigateurs des côtes. (Très-bien! très-bien! à droite.)

L'instruction elle-même baisserait à tous les degrés. Or, dans une société à tendance démocratique, comme la nôtre, plus la base s'élargit, plus il faut que les sommets ne s'abaissent pas. (Nouvelle approbation.)

Où en sommes-nous, dans l'état actuel de la science, où en sommes-nous de notre ancienne supériorité scientifique et littéraire? Sous le rapport de l'organisation et de la diffusion de l'enseignement supérieur, nous sommes dans un état navrant d'infériorité ; vous en avez entendu hier l'aveu.

Je ne prétends pas rabaisser nos savants professeurs et l'enseignement lui-même, c'est notre organisation qui est inférieure; il y a là une détresse déplorable à laquelle il faut porter remède.

Voyez l'Allemagne, elle possède vingt-quatre Universités, avec de nombreux professeurs et des étudiants innombrables. Vous savez combien les nombreuses Universités d'Angleterre sont florissantes. Près de nous, en Belgique, il y a quatre Universités ; en Espagne, il y en a dix; en Italie, douze; enfin, les États pontificaux, si calomniés, comptaient trois Universités importantes et cinq secondaires. Chez nous, l'Université est monopolisée entre les mains de l'État.

Je crois que le remède que propose M. Paul Bert ne ferait qu'aggraver le mal, car ce n'est pas à la liberté qu'il le demande. Il vous a révélé hier un mal déplorable. Il vous a dit qu'en raison de l'insuffisance matérielle, 3,000 jeunes gens restaient à la porte des cours. C'est là une misère profonde.

L'enseignement primaire est dans un état tout aussi

déplorable à Paris et dans toutes les grandes villes. Il y a deux ans, vous avez entendu M. Jules Simon déplorer le même mal. C'est lui qui a dit qu'en 1872 la France avait dépensé 86,314 francs pour l'instruction supérieure! N'est-ce pas une dérision! et c'est quand vous avez besoin de tous les concours que vous refuseriez celui de vos frères!

Voilà où nous en sommes. Où donc est le remède? Il faut le demander à l'âme, à la liberté, à la concurrence.

Je reconnais et je proclame le dévouement et la science des professeurs de l'Université, j'admets que vous en ayez d'éminents, mais avez-vous des élèves? Non. Ah! c'est pour moi une grande douleur! J'ai passé ma vie à aimer et admirer la France, à aimer la jeunesse studieuse, non pas la séditieuse, et il est cruellement amer, à la fin de ma vie, d'avoir à déplorer cette misère. Oui, il y a une flamme que vous avez éteinte.

Voix à gauche. — Qui?

La Révolution! (Protestations à gauche. — Vifs applaudissements à droite.) Oui, la Révolution, car elle a renversé les académies, les écoles, les chaires, tout enfin. Avant 89, il y avait plus d'humanistes, de savants avec une population de 24 millions qu'il n'y en a aujourd'hui avec 39. La flamme est éteinte, vous ne la rallumerez qu'avec la liberté.

Une voix à gauche. — Et l'Institut?

Vous parlez de l'Institut, mais vous savez bien que c'est l'Empereur qui l'a créé. M. Duruy, un ministre que vous avez aimé, vous a dit que les facultés qui préparaient aux carrières lucratives seules étaient fréquentées. Il y a plusieurs causes à cette désertion des cours, à cet abandon de la haute culture; mais il y en a une qui est généralement reconnue, c'est la centralisation, c'est le monopole.

L'honorable M. Paul Bert réclame, comme moi, la liberté, mais ce n'est pas la même.

M. Paul Bert se défie de celle que je demande, et moi je ne veux pas de celle que demande M. Paul Bert.

Pour lui la liberté d'enseignement consiste à pouvoir enseigner à la jeunesse toutes les opinions, même les plus étranges et les plus osées. J'aime trop la jeunesse, je connais trop ses faiblesses pour vouloir qu'on la livre à un pareil enseignement.

D'ailleurs, M. Paul Bert ne s'est-il pas réfuté lui-même, lorsqu'il a dit très-excellemment que le professeur était le magistrat de la vérité démontrée ? Les opinions étranges, osées, ne sont pas la vérité démontrée évidemment ! (Applaudissements à droite.)

Si je ne me trouve pas du même avis que M. Paul Bert sur ce point, je suis d'accord avec les esprits les plus compétents. M. Dumas a écrit que la liberté de l'enseignement, telle qu'elle était avant 1792, était le seul remède aux maux que nous déplorons. M. Sainte-Claire Deville et bien d'autres ont exprimé la même pensée dans les mêmes termes.

C'est la liberté qui vous donnera l'argent qui vous manque pour vos locaux, vos bibliothèques, vos laboratoires. Car la liberté est une flamme créatrice. Elle vous donnera des élèves, elle vous donnera des professeurs.

Parmi eux, sans doute, il se trouvera des ecclésiastiques ; mais quel malheur sera-ce donc s'ils enseignent bien ? (Très-bien ! très-bien à droite.)

Il s'y trouvera aussi de grands chrétiens comme Ozanam, Biot, Cauchy. Ces noms ne déshonorent pas la science, que je sache. (Très-bien ! très-bien ! à droite.)

Le Père Secchi dans les sciences, le cardinal Maï qui a découvert la *République* inoffensive de Cicéron (Rires à droite), le cardinal Mezzofanti, le grand philologue, et jusqu'à ces pauvres missionnaires du Malabar qui nous ont apporté les premiers éléments du sanscrit, tous ces noms prouveraient, s'il en était besoin, que nos travaux n'ont pas été sans profit pour la civilisation [1].

Non, messieurs, ne rompez pas, renouez plutôt la noble et antique alliance entre la religion et les lettres, entre le génie et la foi. Parmi nos contemporains, je n'en connais pas un seul assez riche, assez fort, assez puissant, pour se passer du secours de ses frères.

Toute division m'attriste profondément, et je voudrais aller à chacun de vous prendre dans son cœur ce qu'il a de bon, en former un faisceau, en former un trésor que Dieu bénirait, et qui, au milieu de nos malheurs, serait encore la résurrection et la fortune de la France. (Applaudissements bruyants et répétés sur un grand nombre de bancs.)

(L'orateur, en descendant de la tribune, reçoit de vives félicitations.)

M. Challemel-Lacour. — Je voterai contre le passage à une seconde délibération sur le projet de loi. Mon devoir est de vous en apporter ici les raisons, devoir

---

[1]. Buonaroti, *sulla instrusione elementare nel regno d'Italia.* 3 vol in-8°. — *Sulli condizioni della publica instruzione nel regno d'Italia.* Milano, 1865. — *L'Instruction du peuple,* par M. de Laveleye. — Hippeau, *l'Instruction publique en Italie.* — En 1855, M. Natoli avait constaté que, dans la Basilicale, 912 habitants sur 1,000 étaient complétement illettrés.

pénible, et dont je sens tout le poids, car je n'ai pas le présomptueux espoir d'entamer des convictions déjà faites.

J'ai le regret, sur cette grave question, de me trouver en désaccord avec des esprits élevés, solides, sincèrement libéraux, et notamment avec mon ami M. Paul Bert.

Le principe de la loi a paru si évident au rapporteur, qu'il ne l'a pas même discuté. Quant à moi, je le dirai franchement, je ne crois pas à la liberté de l'enseignement supérieur, et il est en vérité fort étrange qu'une prétention absolument inconnue à l'ancienne France soit tout à coup passée à l'état d'axiome.

C'est là une transformation bien rapide, et qui mérite d'être étudiée de près, car en parcourant les noms des amants les plus impétueux de cette liberté nouvelle, peut-être verrions-nous ce qu'elle vaut et où elle tend... (Très-bien! très-bien à gauche.) J'admire cette clarté soudaine qui s'est faite, sur un point si grave, dans certains esprits.

Quant à moi, qui longtemps attaché à un établissement d'enseignement supérieur, dans un pays de langue allemande, ai pu comparer la liberté du dehors avec le système français, je reste troublé en constatant combien cette question a d'aspects, combien elle renferme de questions subsidiaires toutes pleines de difficultés.

On a beau dire qu'on réduira le projet de loi aux proportions d'une innovation inoffensive, vous ne pouvez pas vous dissimuler que cette question, en bien ou en mal, intéresse au plus haut point non-seulement l'honneur intellectuel de notre pays, mais encore l'unité morale de la France, la sécurité de notre état civil, et j'ajouterai notre situation à l'extérieur.

A ne consulter que la lettre du projet de loi, on dotera la France d'une liberté nouvelle dont l'usage est offert à tous; mais ce serait un vain enfantillage de feindre ignorer que le seul intérêt en question est celui de l'Église catholique. (Bruit à droite.)

Quand le gouvernement multiplie les lois de suspicion, les mesures de défiances, les suspensions de toutes les libertés et semble se proposer de maintenir les citoyens dans l'isolement, de couper entre eux toutes communications, de les mettre en cellule... (Applaudissements à gauche. — Bruit), personne ne croira que de sitôt il s'établisse des institutions laïques pour user de cette liberté.

La seule association à laquelle cette liberté puisse profiter c'est celle qui est riche, puissante, toujours conquérante et jamais rassasiée, l'Église catholique.

Sans doute, ceux qui la réclament comptent qu'elle permettra de rétablir dans notre pays l'unité morale si profondément troublée et d'arriver à un nouvel âge d'or, peut-être aussi chimérique que l'autre, dans lequel il n'y aurait qu'une foi, qu'un Dieu, qu'un baptême; mais s'ils se trompaient, si cette liberté ne faisait qu'aggraver la désunion, à quel immense péril ne courrait-on pas?

Ce péril, M. le rapporteur n'y a pas attaché grande importance. Je soutiens au contraire que le péril est réel, inévitable, et ce danger suffirait pour me faire rejeter le projet de loi.

Ce qui fait la gravité si haute de l'enseignement supérieur, ce n'est pas seulement qu'il élève le niveau des connaissances humaines et développe l'amour de la science, c'est qu'il contribue plus que toutes autres causes à former l'esprit de ces classes qu'on appelle à tort les classes moyennes, les classes lettrées, qui embrassent tout ce qui monte, tout ce qui s'élève, tout ce qui réussit... (Vifs applaudissements à gauche), et dans lesquelles sont si vives les divisions qui retentissent jusque dans ce monde du travail qui a tant besoin de paix, qui est si affamé de calme et de concorde. (Très-bien! très-bien! à gauche.)

Ces classes moyennes, elles sont ce que les a faites l'enseignement supérieur, et c'est là ce qui me trouble lorsque je considère le projet qui vous est soumis.

J'ai le malheur de ne point partager les espérances que Mgr l'évêque d'Orléans fonde sur la concurrence. Je pense que les Universités nouvelles abaisseront plutôt qu'elles ne relèveront le niveau des études pour la concurrence malsaine qu'elles ne manqueront pas d'établir.

Mais ce n'est pas l'intérêt des sciences qui m'inquiète le plus.

Où donc est le danger? Je vais vous le dire en toute sincérité.

En accueillant dans des établissements spéciaux des esprits préparés, en les soumettant à une discipline savante, en les protégeant contre des doctrines qu'on appelle malsaines, on veut, dans ces universités catholiques, préparer dans ces futurs médecins, avocats, magistrats... des auxiliaires de l'esprit catholique. (Bruit à droite.)

Oui, sortis de là, ces hommes se répandront dans la société, et ils mettront au service de l'Église tous les moyens d'action que leur fourniront leurs professions. Ils ne se contenteront plus d'être des croyants, ils seront des apôtres. (Oui! oui! à droite.)

Votre satisfaction prouve que mes craintes ne sont pas vaines. Votre projet de loi m'épouvante parce que je suis convaincu que plus cette nouvelle milice que vous allez créer mettra d'ardeur à défendre ses doctrines, plus d'autres en mettront également pour défendre des opinions oppposées, et alors qu'aurez-vous fait? Vous aurez entassé des éléments contraires qui finiront un jour par produire des cataclysmes.

Ce projet m'épouvante parce qu'il constitue un danger pour nos libertés civiles et pour la sécurité du gouvernement dans notre pays. Le clergé français proteste bien haut et avec sincérité qu'il ne veut pas toucher à nos libertés civiles, et cependant on fait une guerre infatigable à ces principes.

M. l'évêque d'Orléans a essayé d'immoler devant vous la Convention; dans l'histoire elle se défendra toute seule. (Applaudissements à gauche.) Mais M. l'évêque d'Orléans a été moins hardi que Montalembert, qui, lui, s'en prenait à la Constituante elle-même, dont il attaquait les actes et les orateurs, et qui allait jusqu'à s'en prendre aux principes sur lesquels repose, comme sur des assises immuables, la société française. (Vifs applaudissements à gauche.)

D'ailleurs le *Syllabus* n'est-il pas là?... (Réclamations à droite.) Et ce document n'est-il pas imposé comme la base de l'enseignement catholique? Tous les évêques de France ont dû y adhérer publiquement.

Il n'y a qu'un malheur : c'est que la France, dans sa grande majorité, considère que ce qui est condamné dans le *Syllabus*, ce sont précisément les libertés auxquelles nous sommes attachés et que, j'espère, on ne nous enlèvera pas. (Applaudissements à gauche.)

Eh bien! avec des Universités catholiques, s'il est certain que les sciences, les lettres, la médecine, le droit seront professés avec une rare supériorité, car le clergé catholique, je le reconnais, a le don de l'enseignement, il y a aussi, à côté de ces sciences, des doctrines premières et essentielles qu'on ne peut passer sous silence.

C'est là que sera le danger. Le *Syllabus* sera inculqué à la jeunesse et ces Universités catholiques deviendront des pépinières d'où sortiront des hommes convaincus qu'il faut détruire les principes qui, achetés au prix de tant de sang, sont devenus le fondement même de notre société. (Applaudissements à gauche.)

Il me reste une autre crainte, quand je considère le mouvement qui entraîne la France et l'Europe ; je sais que les catholiques condamnent ce qui se passe en Europe comme une iniquité. Il est certain que ce qui triomphe en ce moment, c'est l'esprit laïque, et que les gouvernements croient devoir se défendre contre les menaces, les envahissements et les rébellions de l'esprit catholique. (Bruit à droite.)

Eh bien, quand la France est affaiblie par tant de désastres, quand elle n'est pas bien sûre d'avoir désarmé toutes les malveillances (Interruptions bruyantes à droite), quand nous sommes forcés de surveiller notre politique, nos actes et nos paroles (Nouvelles interruptions), je demande s'il est sage, en face de l'Europe ironique et irritée, de nous constituer les champions du catholicisme, l'avant-garde d'une restauration catholique. (Nouvelles et vives réclamations.)

On disait autrefois que la France agissait par le rayonnement de ses idées ; et c'est elle, en effet, qui a fait triompher dans le monde les idées de liberté et d'égalité civile, l'idée de l'état laïque. Cet honneur, au risque de vous blesser, je dirai que nous ne l'avons plus ; l'Empire nous l'a enlevé. N'y substituons pas, je le répète, l'honneur dangereux de nous faire l'avant-garde de la restauration catholique. (Applaudissements à gauche. — Bruit à droite.)

Une voix à droite. — On vous répondra!

M. Arago. — M. le ministre répondra. (Rires et applaudissements à gauche.)

M. Challemel-Lacour. — Je n'ai pas à examiner si cette liberté de l'enseignement, dont on a fait tant de bruit, est une liberté réelle. J'ai évité cette métaphysique obscure dans laquelle il n'est pas donné à tout le monde de se reconnaître.

Je n'en avais pas besoin, car alors même que cette liberté serait une liberté réelle, je conclurais encore, de l'état du pays, qu'elle doit être ajournée. (Bruit à droite.) Invoquant un principe que vous invoquez souvent, je dirai que la société a le droit et le devoir de se défendre contre le péril de semer la division, de perdre nos libertés civiles, d'aggraver notre position vis-à-vis de l'étranger.

M. Galloni-d'Istria. — Vous faites appel à M. de Bismarck.

M. Challemel-Lacour. — C'est M. Galloni, bonapartiste, qui a fait cette interruption? (Applaudissements à gauche.)

Il sera temps d'examiner de pareils projets quand le pays sera rassuré sur les dispositions de l'Église catholique, à l'égard des idées et des libertés modernes.

Il en sera temps, lorsque cette Assemblée, née dans une heure d'illusion passionnée (Bruit), et qui s'est crue appelée à une régénération presque miraculeuse de la France, qui s'est imaginée que la France de 89 s'était abîmée dans un effondrement définitif, aura fait place à une autre Assemblée, qui aura le recueillement nécessaire pour étudier ces questions et la liberté d'esprit nécessaire pour les résoudre. (Vifs applaudissements à gauche. — L'orateur, revenu à son banc, reçoit des félicitations.)

M. Laboulaye, rapporteur. — En écoutant le discours passionné que vous venez d'entendre, je pensais involontairement à une parole de Burke, le célèbre orateur anglais, qui résumait sa carrière politique en disant: J'ai toujours défendu la liberté des autres. (Applaudissements.) Telle est en effet la devise des vrais libéraux. (Très-bien ! très-bien ! à droite.)

Demander la liberté pour soi et la refuser aux autres, c'est le propre du despotisme. (Nouvelle et vive approbation.)

Nous avions prévu que ce projet de loi serait l'objet d'une discussion sérieuse, mais non pas qu'il deviendrait le champ clos de la lutte de l'Église et de la libre pensée. Il nous semblait que la liberté profiterait à tout le monde et qu'elle ne ferait ni vainqueurs ni vaincus.

On nous dit que nous travaillons pour l'Église catholique et qu'elle seule tirera parti de la loi... Où est la preuve de cette assertion ? Voici déjà qu'à Paris il se fonde une école de sciences politiques et une école de science religieuse à la tête de laquelle est l'honorable M. de Pressensé.

On dit que nous allons organiser des divisions dans le pays. En vérité, de semblables discours ne sont pas faits pour les calmer. (Très-bien ! très-bien !) Ces divisions, elles existent avec le régime actuel et pour tout remède on nous propose d'y rester.

Nous croyons, au contraire, qu'il faut laisser parler et agir, nous voulons faire l'unité dans la lumière, tandis que vous la faites, vous, dans la nuit, dans la mort. (Vifs applaudissements à droite.)

Croyez-vous donc vraiment que le *Syllabus* mette en péril les conquêtes de la société moderne ? Mais la Belgique a le *Syllabus*, et n'en est pas moins un pays libre.

Dans ce pays, quand les catholiques arrivent au pouvoir, ne sont-ils pas aussi libéraux que les autres ? (Très-bien ! très-bien !)

Vous avez eu un argument malheureux. Vous nous parlez de l'attention de l'Europe qui s'attache avec malveillance sur nous. Vous faites ainsi le procès à qui? Aux vaincus. (Applaudissements à droite.)

Fussions-nous cent fois vaincus, nous avons le droit de protester. C'est en 1813, quand Davout commandait à Berlin, que l'Université de cette ville a été fondée, pour commencer sous le canon même du vainqueur la régénération du pays ! (Très-bien ! très-bien !)

Vous voulez, vous, faire chez nous la compression et le silence. Vous ne pouvez plus vous dire libéraux. (Vifs applaudissements à droite. — Bruit à gauche.)

Vous nous conviez à attendre que le clergé soit réconcilié avec la société moderne. Eh bien ! nous voyons, nous, dans la liberté le meilleur moyen de réconciliation.

Il n'y a qu'une réconciliation possible pour les partis : c'est d'apprendre à se connaître mutuellement par la pratique d'une commune et sincère liberté. (Vifs applaudissements. — La clôture ! la clôture !)

M. Bardoux. — Dans une question aussi grave, il faut que toutes les opinions soient entendues. Toutes ne l'ont pas été encore. Il y a, dans cette Assemblée, des esprits libéraux qui veulent accorder la liberté de l'enseignement sans la collation des grades, et ils ne voteront la deuxième lecture que s'ils peuvent développer leur opinion.

Je demande que la suite de la discussion soit renvoyée à demain. (Mouvements divers.)

XV

ASSEMBLÉE NATIONALE

Séance du 15 juin 1875

M. Gabriel de Belcastel. — Messieurs, je n'ai pas besoin de rappeler à l'Assemblée qu'il s'agit en ce moment de l'amendement de M. Jules Ferry, qui maintient le monopole universitaire. Mgr l'évêque d'Orléans, de cette vigoureuse parole qui est une puissance en armes, a fait justice des prétentions étroites de M. Jules Ferry au sujet de la collation des grades. M. Chesnelong, au nom des comités catholiques, dont il est le digne président, les a vengés des attaques injustes dont ils étaient l'objet. Mais après ces maîtres, il reste encore quelque chose à répondre à M. Jules Ferry, et je vous demande la permission de rappeler en quelques mots les principes qui dominent la matière si grave de l'enseignement et qui donnent la règle des solutions.

Mais, avant tout, l'homme est un être enseigné, il reçoit tout du passé, jusqu'à la puissance de préparer l'avenir. Quand il sortit des mains divines, son premier maître fut le créateur, et Dieu, pour achever son œuvre... (Interruptions à gauche.)

Permettez, messieurs ! j'arriverai plus vite que vous ne pensez.

Dieu, pour achever son œuvre, fit de l'élève un maître à son tour. Comme il conférait à l'homme l'honneur de la paternité, il lui décerna, par une loi corrélative, la charge et la gloire de l'enseignement.

Pour marquer la race humaine d'un cachet d'unité plus noble que celui de la chair, il établit cette règle indestructible et sacrée : La vérité naîtra dans une intelligence par l'opération d'une autre intelligence. Comme s'il eût voulu, en faisant de la science un don fraternel, y renfermer un trésor de plus, et aussi afin que l'homme ne se regardât pas comme la cause première de ses pensées et n'oubliât pas de remonter à son auteur.

Telle est l'origine et la noblesse de l'enseignement. Mais cette puissance, qui en dira le prodige?

Nous sommes tellement une société faite pour l'unité des esprits, qu'à travers les dissentiments qui nous travaillent, la parole ou l'exemple de nos semblables nous impressionnent toujours. Nous sommes accessibles à l'enseignement, pénétrables par l'éducation jusqu'au dernier pli, jusqu'à la tombe, et depuis le berceau; surtout aux heures de la jeunesse, nous sommes faits pour la vérité, c'est-à-dire pour des croyances immuables; et la première doctrine dont l'écho nous parvient, nous la tenons pour le dogme qui ne doit pas changer, et voilà pourquoi, le plus souvent, à travers les assauts de la vie, nous la gardons en nous comme le témoin immortel du maître qui nous l'enseigna.

Voilà pourquoi aussi, entre tous les ministères de ce monde, celui de l'enseignement est le plus responsable, et, j'ose le dire, le plus grand. Cela dit, quel est le ministère institué par Dieu pour l'enseignement de la jeunesse, dans l'ordre naturel? Car je ne parle pas ici de l'ordre surnaturel ou du droit supérieur, où l'Église a le droit de parler à toute créature. Dans l'ordre naturel, il n'en est qu'un : le père de famille, celui qui, en donnant la vie à ses enfants, contracte le double devoir de les nourrir et de pain et de vérité. Soit qu'il délègue cette fonction, soit qu'il l'exerce par lui-même, c'est toujours lui, et le seul devoir de l'État en matière d'enseignement, c'est de sauvegarder les principes d'ordre et de morale, les droits imprescriptibles du père de famille.

En dehors de cette autorité, la seule directement de droit divin, jamais l'État, république ou monarchie, jamais aucune autorité civile n'eut le droit d'enseignement.

Voilà les principes, messieurs. Or, je vous le demande, est-ce de votre côté, est-ce du nôtre que souffle l'esprit de la liberté ? (Rumeurs ironiques à gauche.)

Ces principes posés, que se passe-t-il en France depuis quatre-vingts ans ?

Que M. Jules Ferry me permette de lui faire observer la confusion profonde qui fait le fond de toute sa discussion, dans laquelle il a dit bien des choses, mais dans laquelle il a oublié un mot qui, cependant, est toute la question.

Il a beaucoup parlé de l'État. Eh, messieurs, que l'État, au nom d'un intérêt social, au point de vue professionnel, ait un contrôle, dans une certaine mesure, sur les grades qui donnent droit aux services publics, je n'y contredis pas. Mais il ne s'agit pas de l'État ici ; et c'est là la confusion qu'a faite M. Ferry ; et voici le mot qu'il a oublié, c'est « l'université ». Il ne s'agit pas de l'État, il s'agit du monopole universitaire.

Or, messieurs, voulez-vous savoir ce que c'est que l'université ? Je ne sais vraiment si, à force de vivre sous l'empire des faits accomplis, nous n'avons pas perdu la notion exacte de cette machine redoutable. Donc, après les destructions de 1793, celui qui releva les autels voulut relever les écoles; mais, poussé par le génie despotique et unitaire de la Révolution comme par son propre tempérament, en fait d'écoles il n'en voulut qu'une, et voici ce qu'il fit.

Pour n'être pas taxé d'exagération, vous me permettrez de relire trois articles de la loi qui, en 1808, institua l'université :

« Art. 1er. — L'enseignement public dans tout l'empire est confié à l'université.

« Art. 2. — Aucune école, aucun établissement quelconque d'instruction, ne peut être fondé hors de l'université impériale, sans l'autorisation de son chef.

« Art. 60. — L'université impériale sera régie et gouvernée par un grand maître qui sera nommé et révocable par nous. »

Messieurs, en fait de congrégation, en voilà une qui en vaut bien une autre. Est-ce votre idéal, monsieur Ferry ? Quant à moi, je déclare que ce n'est pas le mien, et je n'ai aucun goût pour l'État qui pétrit les âmes.

Mgr d'Orléans, l'autre jour, avec la haute autorité qui le distingue, a dit : Il faut rendre à César ce qui appartient à César. Je le crois comme lui, mais je crois aussi, et je suis assuré qu'il ne me contredira pas, je crois aussi que l'âme humaine n'appartient pas à César, et le jour où ces lignes furent inscrites dans la loi française, il se consomma une oppression et une usurpation contre les droits de la conscience humaine. Depuis ce jour, l'université, chargée par l'État, vous l'avez vu, de préparer à la société nouvelle les jeunes âmes qui la continueront, exerça dans toutes les classes de la société, dans toutes les sphères de la vie sociale par ses mille rouages, par sa savante organisation, une incalculable pression.

Je n'ai rien à dire de l'instruction primaire, ce n'est pas le lieu; je ne parlerai de l'instruction secondaire que pour dire qu'en 1850 une large brèche a été ouverte, et ni la science, ni la société n'ont eu à s'en plaindre. (Très-bien! à droite. — Rumeurs à gauche.)

Le nombre des élèves a presque doublé. Il y a eu un autre résultat obtenu et qui ne saurait se chiffrer, c'est que l'esprit chrétien a pris place dans nos écoles spéciales et que le respect humain ne la lui dispute plus; c'est un résultat que Voltaire n'avait pas prévu. (Exclamations ironiques à gauche. — Marques d'adhésion à droite.)

Mais, messieurs, dans l'enseignement supérieur le monopole est encore intact : il est certain que du haut de toutes les chaires laïques de droit, de médecine, d'histoire et de philosophie, l'État, l'Université, pour mieux dire, distribue l'aliment de la pensée aux générations nouvelles sous toutes ses formes et à travers tous ses programmes; et cette vaste congrégation, — je ne retire pas le mot, — marche comme un seul homme : l'esprit qui vit en elle descend de l'État et il y remonte par la surveillance et par les examens; et c'est l'État aussi qui est maître des diplômes qui ouvrent les carrières, qui donnent accès aux fonctions et aux dignités, je dirai presque maître de la gloire qui les immortalise... (Oh! oh! sur divers bancs)... si la gloire pouvait s'échapper des mains ministérielles, comme une médaille ou un grand prix. (Rires à gauche.)

Je n'examine pas, je n'ai pas à le faire.

Je n'examine pas dans ce moment-ci si l'université

respecte ou méprise la morale; je n'examine pas si la doctrine de ses chaires est catholique ou athée...

Mais je demande si un pareil ressort doué d'une telle puissance pour entraîner les esprits peut s'appeler la liberté. Et si je voulais emprunter une parole à un adversaire, une parole que déjà peut-être il regrette, je dirais à mon tour : « Voilà l'ennemi ! » Mais non.

Non, messieurs, nous n'avons qu'un ennemi, c'est l'impiété des doctrines et le monopole universitaire.

Voilà pourquoi nous regardons comme une gloire de cette Assemblée de fonder la liberté de l'enseignement supérieur en France, et je demande pour ma part de repousser l'amendement de M. Jules Ferry, parce que, sous une forme insidieuse... (Ah! ah! à gauche) il a encore tout l'esprit du monopole; il a surtout la peur de la vraie liberté. (Très-bien ! sur plusieurs bancs à droite.)

M. le président. — La parole est à M. Laboulaye, qui l'a demandée hier.

M. Laboulaye, rapporteur. Je crois que l'Assemblée est impatiente d'en finir avec les amendements, je ne rentrerai donc pas dans la discussion générale comme on l'a fait depuis deux jours.

La commission, dès le premier moment de sa nomination, a écarté toutes les questions religieuses ou non religieuses. Elle s'est placée sur le terrain de la liberté. C'est au nom de la liberté de conscience, de la liberté de la parole qu'elle a pensé ne pas devoir refuser la liberté d'enseignement, liberté donnée à tous et qui doit profiter à tous. (Très-bien ! très-bien !) C'est sur ce terrain que je veux rester et je ne compte examiner que l'amendement de M. Jules Ferry.

L'honorable M. Jules Ferry nous propose de déclarer que les facultés de l'État auront seules le droit de conférer des grades. Je ne peux pas trouver cet amendement insidieux... (On rit); je le trouve, au contraire, parfaitement clair : c'est le maintien de ce qui existe aujourd'hui.

Pour vous faire accepter le maintien du système actuel, M. Jules Ferry vous a fait un excellent discours. Je ne partage pas ses opinions; mais, assurément, il était difficile de mieux étudier une question, et l'attention que vous avez donnée à ce discours prouve assez quelle était l'importance du sujet et le talent de l'orateur.

Maintenant, où est le point de dissidence entre nous? Il n'est pas du tout sur le droit de l'État. Le droit de l'État a été contesté en dehors de cette Assemblée, mais, au dedans, il a été reconnu par tout le monde, et l'honorable M. de Belcastel vient de déclarer luimême qu'il ne le contestait pas.

Il est bien vrai qu'en dehors de cette Assemblée il s'est trouvé un parti qui veut ramener la France à un état, ou plutôt à un idéal antérieur au seizième siècle...

Mais, Messieurs, on ne peut jamais attaquer ou défendre une loi par les arguments que donnent les partis extrêmes; quoi qu'on fasse, on aura de tous les côtés ceux qu'on a justement nommés des ultras, des gens à qui le droit commun ne suffit pas et qui, sous un nom plus ou moins spécieux, demandent toujours le privilége et la domination.

Ainsi, j'entendais hier M. le ministre de l'instruction publique nous dire que le droit de l'État de conférer le baccalauréat n'était pas contesté. Je ne le conteste pas, quant à moi, et je suis tout prêt à le défendre. Mais je souhaite à M. le ministre d'être un peu mieux traité que moi, pour avoir défendu un pareil système.

Voici ce que je lis dans une Revue de l'enseignement chrétien. Si c'était un journal qui eût fait cette critique, je ne la relèverais pas; les journaux ont la liberté de tout dire...

Ils ont le privilége des enfants, moins l'innocence. (On rit.)

C'est un article signé d'un prêtre que je ne nommerai pas, par respect pour sa robe et pour son nom, mais que je désignerai suffisamment en disant qu'il est, je crois, le fils d'un des hommes respectables qui ont fondé la société de Saint-Vincent-de-Paul.

Voici ce que je lis sur la question du baccalauréat, dans la *Revue de l'enseignement chrétien* du mois d'octobre 1872 :

« Le baccalauréat, c'est la tyrannie sur tout notre enseignement scolaire, c'est le côté cuisant de notre blessure.

« Eh bien ! voici une loi de liberté qui ne change rien, absolument rien, à l'action universitaire sur l'enseignement secondaire.

« Ce n'est pas, d'ailleurs, toute l'astuce de M. Laboulaye. Sans le baccalauréat, les universités libres sont de beaux coursiers auxquels on donne la liberté après leur avoir coupé le jarret, et il le sait bien. Les facultés de l'État ne dédaignent pas, en effet, de faire souvent la totalité de leurs frais au moyen des droits du baccalauréat; ces droits formaient un appoint considérable sur lequel les universités libres avaient le droit légitime de compter pour se fonder; eh bien, ce revenu est tout d'abord confisqué au profit de la grande et redoutable rivale qui s'impose à notre foi depuis soixante ans, et qui demeure organisée pour nous faire la guerre.

« Non-seulement vous élevez par ce tour d'adresse

législative une montagne entre le collége libre et l'université libre, non-seulement vous brisez tous les liens nécessaires entre deux établissements faits l'un pour l'autre, mais encore vous réduisez de toutes façons, par l'ensemble du projet, les nouvelles universités à n'être que les succursales de l'Université de France ; vous obligez ceux qui trouvent que votre statue est mauvaise à n'en produire que des copies dans des conditions inférieures et malheureuses.

« Enfin, vous nous proposez, en même temps, la liberté et la mort, à la façon de ces pirates qui saluaient dérisoirement les citoyens romains prisonniers, au mépris du droit, et les renvoyaient libres au fond de la mer.

« C'est drôle, c'est charivaresque, c'est digne des légèretés écrites par le même auteur pour amuser des coulisses, mais c'est particulièrement déplacé ici, car l'émotion produite au sujet de la liberté de l'enseignement supérieur demandait, de la part d'une opposition qui se respecte, un refus motivé et non une pasquinade. » (Exclamations à gauche.)

Si je cite ceci, messieurs, c'est pour deux raisons : d'abord, parce que cet article, écrit, j'en suis convaincu, par un prêtre respectable, démontre la nécessité de l'enseignement supérieur pour le clergé. (Rires sur divers bancs à gauche.)

Messieurs, je le dis très-sérieusement, car une éducation littéraire plus développée enseignerait le respect des convenances et du bon goût. (Très-bien ! très-bien ! à gauche.)

J'ajoute que je fais cette citation pour bien convaincre l'Assemblée que la commission ne se laisse pas influencer par des pensées... comment dirai-je ?... cléricales. (On rit.)

Nous n'attendons aucune reconnaissance de ces partis extrêmes... Mais nous croyons pouvoir compter sur la juste estime de ces prêtres et de ces évêques raisonnables qui viennent ici demander la liberté pour tous.

Laissons donc de côté ces exagérations, et voyons maintenant ce qu'est ce droit de l'État dont M. Ferry réclame si haut le maintien.

D'abord, qu'est-ce que le grade? Le grade, c'est la preuve qu'on a fait certaines études, c'est une présomption de capacité. Pourquoi demande-t-on un grade? Simplement pour avoir l'accès de certaines fonctions publiques ou de certaines professions.

M. Jules Ferry attribue une seconde qualité au grade conféré par l'État; il suppose que non-seulement il donne l'entrée de certaines carrières, mais que, de plus, c'est un moyen de soutenir et de relever le niveau de l'enseignement.

Sur ce point, je regrette de dire que je suis complétement d'un avis différent. Je crois que ces examens partiels, que ces études coupées, tronquées, qu'imposent ces examens, sont un des grands obstacles au développement de l'esprit humain, et que, dans le pays où on a le bonheur de ne pas être examiné, on peut acquérir une instruction plus solide que celle qui est donnée dans nos facultés. (Réclamations à gauche.) — Où cela? En Amérique et en Angleterre. Je n'ai jamais compris, par exemple, comment on peut interroger un candidat sur un tiers du droit romain, sur un tiers du code civil. Je comprends les examens de fin d'année des écoles de médecine, mais je ne comprends pas ces examens coupés de nos écoles de droit. Et, à ce sujet, M. Jules Ferry me permettra de lui dire deux mots au sujet de l'Amérique;

je parle le plus rarement possible de l'Amérique, mais il voudra bien reconnaître que, cette fois, il a jeté une pierre dans mon jardin. (On rit.)

Sans doute on a eu grand tort, en Amérique, de faire de la médecine une profession absolument libre, ce qui a permis de donner des grades qui n'ont aucune valeur. Mais je ne vois pas que ni l'enseignement ni les études aient souffert en Amérique. Et quand M. Jules Ferry disait qu'il n'y avait là-bas ni grande production littéraire, ni grande production scientifique, ni grande production philosophique, il avait oublié qu'on y rencontre des historiens comme Prescott, Bancroft, Motley; et je ne serais pas embarrassé d'y trouver des jurisconsultes qui seraient partout au premier rang, comme par exemple Story, le commentateur de la constitution.

J'ajoute que, dans un pays qui dépense 400 millions pour l'instruction primaire, il serait bien étonnant qu'on ne fît rien pour l'enseignement supérieur ; il n'y a pas de pays, au contraire, où l'on fasse davantage. Il est bien vrai que la science ne fait que commencer à se développer en Amérique; mais il ne faut pas oublier que c'est un peuple qui est là depuis un siècle à peine, et qu'il lui a fallu d'abord défricher ce pays, créer et accumuler la richesse.

Mais on soulève et on résout en Amérique bien des problèmes auxquels nous ne songeons même pas.

J'en citerai un exemple.

Au moyen âge, quelle a été une des grandes causes, une des causes les plus légitimes de la popularité et de l'influence de l'Église? C'est qu'elle était ouverte à tous, c'est qu'elle prenait le paysan, l'ignorant, qu'elle lui ouvrait une carrière par l'instruction et pouvait l'élever aux plus hautes dignités de l'épiscopat. Pour nous, au contraire, il semble que ce problème n'existe plus aujourd'hui, que, dans notre société actuelle, nous n'ayons rien à faire, et que l'homme pauvre, sans ressources, y soit condamné à travailler de ses bras, même quand il aurait les plus heureuses aptitudes pour s'élever par l'instruction.

Eh bien, en Amérique, le problème est résolu; grâce à la diffusion de l'enseignement primaire, grâce à l'organisation des gymnases, à la facilité d'accès qu'offrent à tous les universités qui sont aujourd'hui partout, il n'y a pas un homme qui, s'il a la moindre disposition, ne puisse parvenir au plus haut degré de la culture sociale. C'est là, messieurs, ce qui nous explique comment nous voyons, en Amérique, des avocats qui ont commencé par être bûcherons, des gens qui sont partis des plus bas fonds de la société et qui arrivent au plus haut degré. J'ajoute que c'est là une institution essentiellement pacifique. Il n'y a pas en Amérique un homme qui puisse se dire : Si j'avais eu de la fortune, si je n'avais pas été desservi par les circonstances, je serais arrivé aussi haut que je l'aurais voulu. Là-bas, il est obligé de se dire : Si je ne suis pas monté plus haut, c'est que je n'ai pas travaillé comme il le fallait. Les Universités poussent dans ce pays comme les champignons; une de ces Universités, la dernière fondée, l'Université Cornell, fondée par M. Cornell, de New-York, qui a fait sa fortune dans l'industrie d'entrepreneur des télégraphes, est composée de telle façon que tout homme qui travaille de ses mains et qui a de l'ambition peut venir y étudier. Et pour qu'on n'ait pas à lui faire l'aumône, et afin de ménager jusqu'à sa fierté, il y a dans l'Université même des ateliers où, en travaillant trois heures par jour, un menuisier, un forgeron, peut gagner sa vie et s'instruire gratuitement.

Voilà ce qui se fait en Amérique, et permettez-moi de dire qu'on y entend peut-être aussi bien que chez nous l'enseignement supérieur.

Ceci dit, j'aborde le fond même de la question. M. Jules Ferry nous dit : C'est à l'État qu'appartient l'enseignement, c'est à l'État qu'appartient le droit de conférer les grades.

Pourquoi ce droit appartient-il à l'État? par la raison fort simple que, jusqu'à présent, l'État a le monopole de l'enseignement. En effet, si l'on veut un peu approfondir l'histoire, on y voit que la collation des grades est le corollaire de l'enseignement ; il paraît naturel que celui qui instruit examine : quand c'est l'Université qui donne l'instruction, c'est l'Université qui donne les grades ; c'est l'État qui les confère, quand c'est l'État qui instruit. Aujourd'hui que l'État accorde la liberté d'enseignement, la conséquence nécessaire, c'est qu'il ne peut pas conserver pour lui seul, ou que du moins il ne peut conserver que dans certaines conditions la collation des grades.

Maintenant peut-on soutenir, comme l'a fait M. Jules Ferry, que l'État abdique son droit de conférer les grades quand il le délègue? Mais cette délégation se fait tous les jours ! Dans les facultés des sciences, par exemple, souvent, quand il n'y a pas de professeur pour présider à l'examen, on fait venir un jeune docteur qui est chargé de le suppléer.

Si demain on créait un jury spécial, ce jury serait une délégation de l'État, et il serait accepté comme tel par tout le monde.

Il n'y a donc pas d'impossibilité à ce que l'État délègue à des facultés libres le droit de conférer des grades. Le tout est dans le degré de la délégation, et c'est une question, non plus de droit, mais d'utilité, que nous aurons à examiner.

M. Ferry a combattu cette délégation par trois arguments :

Vous voulez, a-t-il dit, avoir de l'argent ; vous accusez l'Université de partialité et vous lui reprochez de vous enlever la liberté des méthodes. Et M. Ferry a répondu à ces trois raisons, après avoir déclaré qu'il n'en voyait pas d'autres.

Je dirai à M. Jules Ferry qu'il ne m'a pas convaincu et que je connais une quatrième objection dont il n'a pas parlé.

La première raison, a-t-il dit aux partisans de la collation des grades par les facultés libres, c'est une question d'argent ; vous voulez profiter des examens ; eh bien, l'État vous doit la liberté ; il ne vous doit pas de subvention !

Messieurs, il me semble qu'il y a là une confusion. Il y a deux choses dans l'examen : il y a le droit payé au professeur qui examine et il y a le droit payé à l'État pour la délivrance du diplôme. Personne ne veut prendre la part afférente à l'État.

Ce qu'on demande, c'est que le professeur qui instruit examine, et qu'il soit payé par l'étudiant qu'il examine. C'est là un revenu naturel de nos facultés ; on ne voit pas pourquoi ce ne serait pas un revenu naturel des Facultés libres.

Il ne faut donc pas dire qu'il y a là quelque chose qui n'est pas digne de la science. Car, en définitive, ceux dont on défend la prérogative veulent garder l'argent pour eux. (Très-bien ! à droite.)

J'ajoute qu'il faudrait une bonne fois écarter ces questions, qui ne sont plus de notre siècle, ces questions de dignité de certaines professions qui condamnent les titulaires à mourir de faim. (On rit.)

Ce qui est vrai, c'est que toute peine mérite salaire ; c'est qu'il n'y a aucun intérêt pour la société à maintenir dans une condition inférieure les hommes qui enseignent. Cela d'ailleurs n'existe pas en Angleterre, cela n'existe pas en Allemagne, cela n'existe pas en Amérique : partout, dans ces pays, le professeur a une situation considérable, et on tâche de l'entourer de bien-être. La devise de l'Université de Gœttingue est et sera toujours la vraie. Il faut au professeur l'honneur et l'argent : *honos et præmium*.

Il n'est pas nécessaire de réduire un professeur à mourir de faim pour qu'il soit un homme de mérite ; il faut, au contraire, lui procurer les moyens de vivre et de faire vivre sa famille ; or, aujourd'hui, il faut bien le dire, l'Université paye si mal ses professeurs, qu'en vérité l'enseignement n'est pas pour eux une carrière, mais un sacrifice perpétuel fait à la science et à l'État.

Le second argument, c'est celui de la partialité. M. Jules Ferry a déclaré que personne ne s'était plaint de la partialité des professeurs de Facultés, et, sur ce point, je ne puis que confirmer ce qu'il a dit : comme lui, je suis bien convaincu que, quelle que soit la condition des Facultés, nos professeurs sont des hommes assez honorables pour qu'on puisse compter complétement sur leur impartialité. J'aime à leur rendre cette justice, et tout le monde la leur rendra comme moi.

Mais la question n'est pas là. Il y a entre l'enseignement secondaire et l'enseignement supérieur une différence capitale, qu'il ne faut pas perdre de vue.

Dans le baccalauréat, quel est le juge qui examine ? ce n'est pas celui qui enseigne ; c'est un juge supérieur aux professeurs des élèves qui se présentent devant lui.

Ici, au contraire, il s'agit d'élèves, de professeurs du même degré. Or, je le demande à tous les professeurs de facultés qui sont sur ces bancs : quel est celui d'entre eux qui admettrait qu'un professeur d'une autre Faculté eût le droit d'examiner ses élèves, alors que lui-même serait privé de ce droit d'examen?

Là est la vraie question. C'est là pour moi la quatrième considération ; c'est ce que Mgr Dupanloup appelait, avec raison, une question d'honneur, et ce que j'appelle une question de justice et d'équité.

Est-il juste que des hommes qui sont dans la même situation, qui offrent les mêmes garanties, qui sont également docteurs, qui sont peut-être tous deux agrégés, soient dans des conditions différentes? que l'un enseigne et ne puisse pas examiner, tandis que l'autre aura le droit d'examiner ceux qu'il n'aura pas enseignés? Je ne le crois pas. (Approbation à droite.)

Il y a maintenant la question des méthodes. C'est là une question toute spéciale, qui est surtout faite pour les gens du métier. Je pense cependant que, même pour l'Assemblée, et pour ceux qui ne s'occupent pas de cette matière, elle ne manquera pas d'intérêt.

Il y a bien des façons d'enseigner une science. On peut enseigner le droit, par exemple, comme si le Code civil était une philosophie parfaite, comme s'il n'y avait point à contester les vérités sur lesquelles il repose. On peut l'enseigner article par article, comme une loi qui s'applique tous les jours. On peut l'enseigner historiquement, en montrant d'où viennent toutes ses dispositions.

Quel est l'intérêt de l'État? c'est que les méthodes soient libres, par la raison que les esprits sont différents et que telle méthode qui convient à un esprit ne convient pas à un autre. Et, sur ce point, je vous citerai un exemple bien curieux, un fait qui se passe à notre porte.

L'Université, pour l'enseignement secondaire, exige qu'en se présentant au baccalauréat on ait étudié l'histoire, la littérature, qu'on sache le latin, le grec, la géographie ; en un mot, qu'on ait un ensemble de connaissances. Il s'est trouvé un homme de talent, — je le nommerai, M. Godard, — qui, frappé de la façon dont l'éducation secondaire se donne en Amérique, a fondé, à Paris, une école sur le modèle des écoles américaines. C'est l'école Monge.

Cette école donne le même enseignement que les colléges, mais le donne dans un ordre différent ; et la pensée qui y domine, c'est qu'il faut que, chaque année, en quelque façon, l'enfant ait acquis une somme de connaissances complète et qu'il puisse sortir de l'école sachant quelque chose. Autrement dit, on met au commencement l'orthographe, la géographie, un peu d'histoire, les langues vivantes, que l'enfant apprend par la mémoire ; puis on monte petit à petit ; on ne met le latin, langue difficile à apprendre, qu'à douze ans. Le résultat est des plus remarquables.

Je ne voudrais pas prétendre que cette méthode soit absolument sans défaut ; mais enfin, le résultat est que l'enfant s'intéresse prodigieusement à ces premières études, et peut-être le directeur de cette école a-t-il trouvé la solution du problème qui occupait Montaigne.

Montaigne se demandait pourquoi les enfants étaient si gentils quand ils demeuraient dans la famille, et pourquoi ils devenaient si laids et si sots quand ils étaient au collége. (Sourires.) C'est un de ses grands griefs contre l'éducation de son temps. Il en reste encore quelque chose, et cela tient beaucoup, je crois, à ce qu'en mettant l'enfant au latin de trop bonne heure, on lui impose des études trop fortes pour son petit esprit.

Voilà un homme qui, en changeant les méthodes, obtient un résultat tel, que son école est aujourd'hui dans une prospérité extraordinaire.

C'est la même chose pour le droit.

M. Godard ne délivre pas de diplômes, mais il présente au baccalauréat des élèves qui sont fort instruits. D'ailleurs, ce qu'on vient de dire ne répond pas à ce que je faisais ressortir tout à l'heure. (C'est vrai ! c'est vrai ! — Continuez ! continuez !)

Pourquoi soumettre des professeurs à certaines garanties, à certaines conditions qui ne sont pas imposées à des professeurs qui n'ont sur eux d'autre supériorité que celle d'avoir été choisis par l'État ?

J'irai plus loin. Si vous voulez écrire dans la loi que les professeurs de facultés seront des agrégés de l'État, de l'Université ; si vous voulez faire une grande agrégation, soyez convaincus qu'on ne l'empêchera pas. On ne refuse pas l'égalité ; on acceptera des jurys, tout ce que vous voudrez. Mais ce qu'on a raison de ne pas vouloir, c'est qu'il y ait des conditions inégales ; c'est qu'il y ait une partie de la France ayant des professeurs dans cette situation, tandis qu'une autre partie aurait des professeurs dans une situation différente, quoique ayant la même origine. (Très-bien ! très-bien ! à droite.)

Je n'ai jamais dit que l'État fût un ennemi, monsieur Gambetta ; je n'ai jamais soutenu chose pareille. Quant à vous, vous croyez, — et c'est un peu la pensée de M. Jules Ferry, — que l'État enseignant est détenteur d'une certaine vérité qu'il est bon d'imposer aux autres.

C'est justement là où est la séparation entre nous. Vous dites : Cela va être le triomphe de l'esprit clérical. Je crois que c'est le triomphe de l'esprit purement et simplement ; et ma devise à moi n'est pas la domination de l'État, c'est la devise de Jean de Hutten : « On arrive à la vérité par la liberté. » (Très-bien ! à droite.)

Un autre argument de M. Ferry a été celui-ci : Je ne peux pas contester la délégation, mais je maintiens que l'État ne peut pas déléguer à des personnes qui ne sont pas à lui, sans cahier des charges et à toujours.

Le cahier des charges, nous le faisons ; ou bien faites-le ; dites à quelles conditions vous voulez autoriser les juges libres à concourir avec les autres, comme dans la proposition de M. le ministre, pour avoir la faculté de délivrer des grades. Faites des conditions, je le comprends, mais vous ne pouvez pas repousser ce qu'on vous demande au nom des droits de l'État, car l'État peut toujours déléguer ses pouvoirs.

Vous dites encore que la délégation sera perpétuelle.

Non, elle sera toujours révocable ; c'est écrit dans la loi. Quand l'État délègue le droit de battre monnaie, il fait un marché aux termes duquel il se lie pendant cinq ou six ans seulement. Quand il déléguera le droit de conférer les grades, il est bien clair qu'au premier abus commis, il pourra suspendre ou retirer la délégation.

D'ailleurs, on peut chercher des combinaisons différentes ; mais il faut toujours en arriver à mettre l'égalité et la justice quelque part. Si le système de la commission n'est pas satisfaisant, on en peut chercher un autre ; mais ce que je repousse, et j'en reste là, c'est l'amendement de M. Ferry, parce qu'il réserve à un corps de professeurs, très-estimables sans doute, mais qui ne sont pas les juges des autres professeurs, le droit exclusif de conférer des grades. (Marques d'approbation à droite.)

Je veux la supériorité de l'État, je veux que l'État ait la haute main, que personne ne puisse examiner sans son aveu ; mais je ne veux pas que ce droit d'examiner soit le monopole d'un corps quelconque. C'est là qu'est toute la question ; et c'est pour cela que je prie l'Assemblée de ne pas accepter l'amendement de M. Jules Ferry. (Très-bien ! très-bien ! et applaudissements à droite. — Aux voix ! aux voix !)

M. Jules Simon. — L'Assemblée me permettra de lui dire que j'avais l'intention de ne pas me mêler à cette discussion ; j'avais pensé, l'autre jour, que le discours de M. Jules Ferry, auquel M. Laboulaye vient de rendre hommage, était non-seulement savant et éloquent, mais probant, et je ne voulais pas recommencer une démonstration qu'il avait faite. Mais la discussion s'est prolongée bien longtemps, et comme cette question est une de celles que j'ai beaucoup étudiées, j'ai pensé que c'était presque une obligation pour moi de venir très-simplement vous dire quelle est mon opinion. Je vous demande la permission de le faire avec une sincérité complète. (Très-bien ! à gauche.) Je désire que mes paroles ne blessent aucune conviction, parce qu'il n'y a rien dans ma pensée qui puisse être blessant pour quelque opinion que ce soit ici. S'il m'arrivait d'énoncer une proposition qui, dans sa forme, parût agressive, soyez certains d'avance que la forme seule trahirait ma pensée, et vous verrez aisément que quiconque a une conviction sincère est assuré de mon profond respect. (Très-bien ! — Parlez ! parlez ! à gauche.)

Messieurs, il y a deux choses bien distinctes dans la loi que vous discutez, tellement distinctes que je m'étonne qu'à chaque instant on incline à les confondre : l'une est la liberté de l'enseignement et l'autre la collation des grades. On établit entre ces deux points des relations que mon esprit se refuse à apercevoir.

Quant à la liberté de l'enseignement, je l'ai entendu combattre à cette tribune, et je puis dire, avec l'assentiment de toute l'Assemblée, qu'on l'a combattue avec une rare éloquence. Pour moi, je n'hésite pas un seul instant, et dès qu'on a parlé de donner la liberté de l'enseignement supérieur, j'ai dit à qui a voulu m'entendre : Si elle avait besoin d'être défendue, je serais là.

En effet, il est une raison pour laquelle je serai toujours dévoué à la liberté de l'enseignement supérieur, c'est qu'elle est la liberté. (Très-bien ! très-bien ! à gauche.) Il y en a même une autre, c'est que la science a besoin de la liberté, et que quiconque met une entrave à la pensée humaine et à l'expression de la pensée humaine met une entrave à la science. (Approbation à gauche.)

Mais, messieurs, je l'avoue et je le reconnais, personne n'a contesté la liberté de l'enseignement, excepté au début de la discussion, et il y a eu pour proclamer le principe de cette liberté, chaque fois que nous avons voté, un ensemble qui ressemblait à l'unanimité.

En ce moment, la liberté de l'enseignement est donc proclamée, au moins en seconde lecture, et elle ne court pas de dangers pour la troisième, à moins que vous ne les fassiez naître. Elle est proclamée, dis-je, car quand on a le droit de faire des cours, le droit de fonder des facultés, le droit de fonder des universités et d'y enseigner librement toute doctrine qui n'offense ni la morale publique, ni les lois ; quand personne ne peut ni vous imposer des stages, ni vous imposer une origine, ni même vous imposer des grades, quand personne n'a le droit d'aller rechercher quelle est votre méthode, je demande en vérité si, dans ces conditions, on n'a pas la liberté pleine et entière.

Et quand on vient me dire : « Non, on n'a pas la liberté d'enseigner, quoi que l'on enseigne et que l'on enseigne librement, si on n'a pas, en même temps, la liberté de donner des grades, » je me permets de trouver que c'est une conséquence un peu forcée, et je dis, au contraire, que toutes les fois qu'on peut ouvrir un cours, monter dans une chaire, parler, exprimer sa pensée sous la protection et la surveillance de la loi, on est libre... (Très-bien ! très-bien ! à gauche), ou du moins jusqu'ici je l'avais cru.

Mais à cette liberté vous voulez ajouter le droit de conférer des grades, ce qui est absolument distinct de la liberté. Avant d'examiner si vous pouvez le faire utilement et efficacement, veuillez me permettre de vous demander — ce n'est peut-être qu'un petit côté de la question — si, en ajoutant cette demande à la demande principale, vous ne compromettez pas, dans une certaine mesure, cette liberté qui vous est si chère et qui ne peut vous l'être plus qu'à nous ? Il y a certainement dans cette Assemblée une majorité considérable qui votera la liberté de l'enseignement ; mais je ne sais si, en unissant ensemble, par un lien indissoluble, la liberté d'enseignement et le droit de conférer des grades, vous trouveriez la même majorité. (Assentiment sur plusieurs bancs à gauche.) Je me permets d'en douter et je vous signale ce péril.

Maintenant, je voudrais bien examiner ce que c'est que le droit de conférer des grades.

Pour moi, je crois que ce droit appartient à l'État, et à l'État seul. Notez bien que je ne veux rien exagérer.

L'honorable M. Laboulaye disait tout à l'heure : Oui, c'est l'État qui a le droit de conférer les grades ; mais toutes les fois qu'on a un droit, on peut le déléguer.

Je l'accorde. Certainement on peut déléguer un droit ; l'État est une abstraction ; toutes les fois qu'il donne des grades, c'est un délégué de l'État qui donne ces grades ; et je ne cherche pas ici quel devra être le caractère de ce délégué, et si la délégation sera faite à une université.

Il y a un point, messieurs, — voulez-vous me permettre de le dire ? — qui me préoccupe beaucoup, et je vous étonnerai peut-être quand je vous l'indiquerai. J'ai toute ma vie désiré qu'il y eût dans notre pays des universités fondées ; je suis si peu un partisan de ce que vous appelez le monopole de l'État, que je voudrais qu'il fût possible à l'État de ne pas enseigner ; je crois que c'est une grande difficulté pour l'État d'enseigner, et j'ai le droit de dire que c'est une assez grande difficulté pour un professeur de l'État d'enseigner avec cette qualité.

Messieurs, j'ai été professeur de l'État, je m'en souviens avec une fierté que vous me pardonnerez.

M. le ministre de l'instruction publique. — Fierté très-légitime !

M. Jules Simon. — Il suffit pour l'honneur de ma vie, que je n'aie pas été trop inférieur aux maîtres auxquels j'ai succédé et aux maîtres dont j'ai été le collègue. (Très-bien ! très-bien ! sur divers bancs.)

Eh bien, quelquefois, s'il m'arrivait, en poursuivant mes études, d'apercevoir une doctrine qui parût dangereuse à l'établissement de l'État ou qui fût dangereuse, je sentais que je serais obligé de briser de mes propres mains ma carrière, et je me disais : que n'y a-t-il, à côté de cette université de l'État, une université libre dans laquelle on puisse trouver un asile pour sa pensée, quand elle n'a pas dans l'université de l'État une liberté suffisante? (Très-bien ! très-bien !)

Je suis donc ami des universités fondées ; je les ai désirées, je n'ose pas dire avant ceux qui les demandent aujourd'hui, et pourtant, depuis que mon esprit se connaît, j'ai désiré cet asile pour sa liberté. Je n'admets l'enseignement par l'État que parce que cet enseignement n'est pas donné ailleurs ; mais si je voyais toutes les vérités enseignées dans les facultés fondées, je n'aurais pas besoin que l'État, à son tour, prît la parole.

Quant aux grades, cela est bien différent, c'est le droit particulier de l'État d'ouvrir lui-même les carrières de ses administrations et de garantir à la population la capacité d'un citoyen qui se présente pour gérer la fortune publique ou pour surveiller la santé publique... Mais où est donc l'analogie, je vous le demande, où est la concordance entre l'enseignement et la collation des grades ?

Si l'État ne faisait que conférer les grades sans enseigner, je préférerais cela à l'État enseignant et conférant les grades ; mais, pour ce qui est de conférer les grades, je soutiens que l'État ne peut pas se dessaisir d'une façon perpétuelle et permanente d'un droit qu'il doit garder dans ses mains.

Je sais bien que la proposition que fait la commission n'est pas de donner immédiatement, à l'instant, aux Universités qui n'existent pas encore, que nous ne connaissons pas encore, le droit de conférer les grades. C'est une loi, dit-elle, qui donnera plus tard ce droit.

Mais on n'a pas besoin de prévoir que, quelque jour, on fera une loi pour confier à certaines personnes ou à certains corps la délégation d'un droit qui appartient à l'État. (Approbation sur plusieurs bancs à gauche.)

Il y aura une grande différence, je vous le dis sur-le-champ, entre la situation où vous êtes, — car vous êtes devant l'inconnu, — et la situation où vous seriez un jour si vous aviez, en France, une grande et puissante Université, bien constituée, bien fortifiée au point de vue moral et au point de vue matériel, et ayant derrière elle, — ce qui est peut-être encore meilleur que la fortune, que la valeur des professeurs, que l'excellence de la constitution, — ayant derrière elle un passé incontestable, glorieux; car une histoire, c'est une garantie pour la société. Mais, à l'heure qu'il est, vous, qui n'êtes pas encore, avez-vous une histoire? (Nouvelle approbation sur les mêmes bancs à gauche.) Et, si vous n'avez pas d'histoire, pourquoi venez-vous, dans une loi, établir éventuellement qu'on vous donnera, un jour, par une autre loi, le droit dont l'État a besoin et dont la société veut que l'État reste investi? (Applaudissements à gauche.) La vérité, c'est que vous affaiblissez, dès à présent, l'autorité de l'État et que vous établissez un préjugé en faveur de cette Université inconnue. Pourquoi? Que sera-t-elle? Bien avisé qui pourrait le dire dès à présent; et je vous expliquerai tout à l'heure, puisqu'on a parlé des inquiétudes que l'Université actuelle fait naître, les inquiétudes que font naître en moi les Universités futures. (*Sur plusieurs bancs à gauche* : Oui ! oui ! Parlez ! — Très-bien !) Je m'arrête un instant sur le droit de l'État de conférer les grades.

J'entendais tout à l'heure l'honorable M. Laboulaye nous dire qu'il y a des pays où il n'y a pas de grades, et que ces pays-là ne sont pas inférieurs pour l'instruction aux pays où il y a des grades.

Que l'honorable rapporteur me permette de lui dire

que c'est là une tout autre question. (Assentiment à gauche.)

Si vous voulez discuter la suppression des grades, oh! alors, nous discuterons d'une façon toute différente. Je ne dis pas que je ne sois tout disposé à faire de grandes concessions à une pareille doctrine. Mais voulez-vous conserver les grades ? Si vous voulez les conserver, conservez-les sérieusement et laissez-les intacts. (Approbation sur plusieurs bancs à gauche.) Ne venez pas, dans une même disposition de loi, les affaiblir en même temps que vous les maintenez. (Nouvelle approbation sur les mêmes bancs.)

Faites bien attention ! Si vous abaissez les grades, qu'est-ce que vous faites? Vous livrez la société à elle-même. Vous dites, par exemple, aux malades : Je ne me charge pas de vous indiquer un médecin; choisissez-en un comme il vous plaira. Mais si vous ne faites pas cela, si vous avez quelqu'un qui possède un diplôme, et si, par une disposition de loi, vous punissez quiconque viendra au chevet d'un malade pour le guérir sans être muni de ce diplôme, vous êtes tenus de faire en sorte que ce titre soit très-sérieux, soit une garantie pour la santé publique. (Applaudissements à gauche.)

Qu'est-ce que fait l'État, quand il donne des grades ?

On disait l'autre jour, — l'image est très-heureuse, vous avez ri en l'écoutant, — on disait l'autre jour : Le grade, c'est un poinçon.

Oui, lorsque l'État donne un grade, l'État atteste, l'État certifie, l'État garantit.

Les grades ont deux effets. Le premier, c'est d'ouvrir les carrières publiques. Vous ne contestez pas à l'État le droit de faire lui-même les conditions des carrières publiques, puisque c'est lui qui emploie les fonctionnaires, qui en use, qui est responsable de leurs fautes et de leur incapacité. Sur ce point il n'y a pas de difficulté possible.

Le second, c'est d'ouvrir la carrière judiciaire et la carrière médicale. Pour l'une comme pour l'autre, vous demandez à l'État qui confère les grades de garantir la capacité de ceux qui obtiennent ces grades. C'est un service public qu'il rend. Sans doute il peut déléguer, mais il répond de ses délégués. Il faut donc que, en fait, il soit sûr que la délégation sera bien conduite, honorablement tenue. Eh bien, qu'est-ce que c'est qu'une délégation éventuelle et perpétuelle ? Qu'est-ce que cela ? Est-ce que vous pouvez l'inscrire dans une loi avec sécurité ? Non, vous ne le pouvez pas ! (Approbation à gauche.)

On a parlé de tant de choses qu'il serait difficile que je ne dise pas un mot de chacune, même de choses qui, à mes yeux, n'ont pas grande importance. Il y a, par exemple, la question d'argent dont on a beaucoup parlé. J'en veux dire un mot, un seul mot.

Messieurs, certainement les grades rapportent quelque chose à ceux qui les donnent, mais ce n'est pas énorme. Quand on vous a lu, l'autre jour, des chiffres à la tribune, on a oublié de vous dire qu'ils comprenaient trois choses. Il y a, — M. Laboulaye vous le rappelait tout à l'heure, — il y a les frais d'inscription ; les frais de diplôme ; les frais d'examen.

Les frais d'examen sont très peu de chose, ce n'est pas là ce que je veux discuter ; je veux répondre seulement à ce qu'on a dit relativement aux frais, dont on a exagéré l'importance pour pouvoir dire qu'ils aideraient à faire vivre les facultés libres. Eh bien, quand on dit cela, c'est purement et simplement comme si l'on demandait à l'État une subvention. (Exclamations à droite.) Oui, messieurs, car les frais d'examen sont un impôt. (Dénégations sur plusieurs bancs à droite.)

Ne vous récriez pas, messieurs, je vais vous faire voir que les frais d'examen sont bien réellement un impôt, et je ne vous cacherai pas que cet impôt, je ne l'approuve pas, je voudrais le voir supprimer ; mais enfin il existe. Il est versé au Trésor, et ne passe même pas par les mains du ministre de l'instruction publique. L'État paye tous les traitements, et il est vrai de dire, — Mgr l'évêque d'Orléans le rappelait l'autre jour, et j'ai eu occasion de le dire moi-même, — que les frais d'inscription couvrent en partie, et à notre honte, les frais de l'enseignement supérieur en France. Quand vous aurez pris sur cet impôt une grande partie des ressources qu'il offre, qu'est-ce que vous ferez pour subvenir aux frais de l'enseignement de l'État ? Naturellement, vous voudrez le laisser ce qu'il est, vous ne voudrez pas l'amoindrir ; si vous êtes, comme je le crois, et tout en étant amis de la liberté, amis de la civilisation et de la science, vous aurez souci d'augmenter, au lieu de la diminuer, la dotation de l'intelligence en France, et vous comprendrez que ce que nous donnons à nos facultés, à l'heure qu'il est, est dérisoire. Dans tous les cas, vous n'y pourrez rien soustraire, et, l'impôt venant à disparaître pour une partie, la conséquence est très-simple : M. le ministre de l'instruction publique viendra immédiatement vous demander de remplacer cette somme telle quelle, dans le budget, ou bien il faudrait mettre les professeurs à la porte.

Ce que j'énonce ici, vous allez le voir apparaître sur-le-champ. Personne ne conteste que, quand vous aurez une Université libre, les jeunes gens qui étudieront dans cette Université payeront les frais d'inscription à cette Université ; ils n'iront pas les payer à l'État : c'est l'évidence même. Par conséquent, vous allez être obligés, *ipso facto*, dès à présent, d'augmenter la dotation de l'instruction publique : c'est tout simple. Je peux donc dire que demander le droit de collation des grades pour les Universités libres c'est, en vérité et en réalité, demander pour elles une dotation. (Dénégations à droite.)

L'argument qui vient le plus souvent, que j'ai entendu l'autre jour dans la bouche de Mgr l'évêque d'Orléans, et sur lequel il insistait avec un sentiment plein de noblesse auquel je rends hommage, cet argument consiste à dire que c'est humilier et déshonorer un professeur que de l'obliger à conduire ses élèves à un professeur rival pour recevoir de lui un diplôme.

J'ai été un peu plus surpris, je l'avoue, d'entendre cet argument tout à l'heure dans la bouche de M. Laboulaye. Je ne crois pas à cette humiliation, et je vais tâcher, messieurs, de m'expliquer à ce sujet.

On dit : Mais vous ne nous donnerez pas la liberté d'enseignement si vous ne nous accordez pas le droit de conférer des grades ; car, précisément, quiconque a enseigné a toujours donné des grades.

Il faut s'expliquer à ce sujet.

Autrefois, en effet, les Universités, — et il y en avait beaucoup, — donnaient des grades, et c'est même cet état de choses qui a constitué l'Université, comme vous le savez. Ainsi, le collége des jésuites à Paris donnait un enseignement et il demandait, avec instance, d'être transformé en Université, c'est-à-dire d'avoir le droit de conférer des grades, parce qu'il se trouvait très-humilié de voir des élèves qui avaient suivi ses cours aller demander à l'Université de les recevoir. Et c'est même à cette occasion que fut inventé le certificat d'origine. Mais il faut dire que les grades d'autrefois n'avaient pas le caractère des grades d'au-

21.

jourd'hui ; et si la faculté d'enseigner conférait autrefois des droits, ces droits étaient dans un ordre d'idées et de choses absolument différent de l'ordre d'idées et de choses dans lesquels nous nous trouvons actuellement.

A l'heure qu'il est, vous ne pouvez pas venir dire : Du moment que j'enseigne, j'ai le droit de conférer des grades ; à moins que vous n'ajoutiez que ces grades ne seront conférés qu'à titre d'honneur ou qu'ils ne seront valables que dans vos propres Universités. Mais, s'ils donnent le droit d'entrer dans les Universités rivales, ou dans la magistrature, ou s'ils confèrent encore le droit de guérir, que Molière spécifiait autrefois d'une façon si étrange, — Molière a bien pu jeter le ridicule sur les médecins, nous pouvons le dire en passant, mais la médecine n'en a pas moins fait d'immenses progrès ; — mais, dis-je, s'il s'agit de conférer des droits légaux, officiels, que la loi pénale elle-même garantit ; non, nous ne pouvons pas concéder des droits pareils, et il faut retirer l'argument qu'on a présenté et qui consistait à dire qu'on avait autrefois conféré des grades.

Mais, voyons si cette circonstance que les élèves sortiront d'un cours et iront subir un examen dans un autre cours empêche, en effet, la liberté. J'avoue que je ne le crois pas.

Je connais bien cette théorie : Celui qui est maître des programmes et juge des examens, est maître de la doctrine, est maître de l'enseignement ; je la connais, mais je ne l'admets pas. (Mouvement.)

Je l'admettrais peut-être pour le programme. Oh ! messieurs, je crois que si l'Université a le droit d'imposer un programme à vos universités libres, elles ne seront pas tout à fait libres. Je ne voudrais pas exagérer ma thèse de façon à émettre des propositions insoutenables. Mais, d'abord, on n'imposera pas de programmes. Et, en outre, si on en impose, qui est-ce qui fera ces programmes, je vous prie?

L'honorable M. de Belcastel nous parlait tout à l'heure de l'Université, je l'en remercie. Il a voulu la définir, il l'a définie en trois lignes qu'il a prises, dit-il, dans le décret de 1808 qui a fondé l'université impériale. Mais où est-elle l'université impériale, messieurs? Je dirais presque : Où est-elle l'université? Prenez garde que, quand nous parlons ainsi de l'Université, nous faisons la même confusion que celle que je vois dans beaucoup d'esprits à l'heure qu'il est, quand ils parlent du futur Sénat : ils raisonnent toujours comme si c'était le sénat de l'empire.

Mais l'université de 1808, savez-vous, messieurs, ce que vous en avez fait? — je ne vous le reproche pas — vous lui avez arraché le monopole, en ce qui touche à l'enseignement primaire; vous lui avez arraché le monopole en ce qui touche à l'enseignement secondaire; vous lui avez, il y a quatre jours, arraché le monopole en ce qui touche à l'enseignement supérieur. Il n'y a plus, en définitive, de monopole; il n'en restera plus quoi que ce soit après cette loi. Il n'y a plus d'universités; il y a des professeurs qui enseignent par ordre du ministre de l'instruction publique et sous sa direction. C'est là ce qui constitue, à proprement parler, votre université, qu'il est impossible de comparer, avec une apparence de justice, à l'université de 1808.

Le monopole où est-il? (Rumeurs.) Laissez-moi dire l'ensemble de ma pensée; car, si vous m'interrompiez sur un détail, je crains que vous ne m'interrompiez pas d'une façon juste; ce que je dis est un ensemble.

Il y a donc les programmes; eh bien, si on impose les programmes à celui qui enseigne on lui enlève toute liberté.

Mais si on faisait un programme! et je suis la personne du monde la plus en situation de vous expliquer par qui sont faits les programmes. (Sourires.) — J'ai eu une fois la témérité de vouloir en faire un, et je vais m'en confesser, messieurs, vous allez voir... (Rires.)

Après ce premier attentat contre la tradition, que je serais bien tenté d'appeler la routine, je méditais d'en commettre d'autres. Et, certainement, j'avais commencé quelques réformes, mais, je vous le déclare, en mon âme et conscience, j'allais continuer. (Très-bien ! très-bien ! à gauche.)

Mais, messieurs, qu'est-il arrivé ? On a contesté mon droit, qui n'était pas alors contestable; mais, s'il y avait eu un conseil supérieur de l'instruction publique, je n'aurais pas eu de droit. Je le reconnais, je suis venu le dire à la tribune. Vous avez fait, depuis, le conseil supérieur de l'instruction publique; ses droits sont définis, et parmi ses droits il y a d'abord celui de faire des programmes. Voilà, au ministère de l'instruction publique, un ministre à coup sûr tel que peut le désirer l'université. Personne ne la connaît mieux que lui, personne n'est mieux fait pour l'apprécier; personne n'a pour elle de meilleurs sentiments; personne non plus ne possède à un plus haut degré les qualités qui doivent distinguer les maîtres de la jeunesse. (Très-bien ! très-bien !)

Eh bien, M. le ministre de l'instruction publique ne peut faire aucun programme; il ne peut que demander respectueusement au conseil supérieur de vouloir bien en faire. Et s'il lui arrivait, comme à quelqu'un de ses prédécesseurs, d'empiéter sur ce droit, je craindrais bien qu'il eût de la peine à se défendre des attaques qui partiraient de plus d'un banc de l'Assemblée.

Non, ces programmes dont on vous parle, ce n'est pas le ministre qui les fait. Est-ce l'université? Si vous dites que c'est l'université, vous allez voir que vous jouez sur les mots. C'est vous qui avez fait le conseil supérieur de l'instruction publique : vous savez comment il est constitué. Ce n'est pas un conseil de l'université.

La première fois qu'on a fait un conseil dont celui que nous avons est l'image un peu modifiée, on a fait, à côté et dans son sein, une commission permanente, qui était elle-même un conseil de l'université. Le corps universitaire avait un conseil, et l'instruction publique, en y comprenant le conseil même du corps universitaire, était soumise à quelque chose qui n'était nullement de l'université : c'était le conseil supérieur de l'instruction publique.

Ainsi, ne me parlez pas des programmes; car s'il y a des programmes, c'est le conseil supérieur qui les fait, ce n'est ni l'université, ni l'État.

Maintenant, j'ajoute une chose sur ce qui touche aux programmes. Je suis un peu étonné d'entendre tous ceux qui ont traité la question présenter les cours publics comme des cours où l'on prépare, question par question, à l'examen de la licence ou à l'examen du doctorat. Cela peut se rencontrer dans certaines facultés, je le regrette, et je dois dire que dans les facultés auxquelles j'ai appartenu, cela ne se faisait point.

Vous pouvez, si vous le voulez — et cela ne serait pas indigne d'un législateur — aller à la Sorbonne, ou à l'école de droit, et vous verrez si les cours qui s'y font ont ce caractère d'enseignement terre à terre, si on prend les questions d'un programme, et si on les traite l'une après l'autre, si c'est cela qu'on enseigne, si c'est cela qu'on appelle le haut enseignement de notre pays. Pas du tout, il n'en est rien, heureusement! (Très-bien! très-bien! à gauche.)

Je dis qu'une chose m'inquiète, et je le dis sans penser aux universités que vous allez fonder, je ne m'attaque à aucun parti, entendez-le bien, ni aux universités catholiques, ni aux universités laïques, mais je dis que j'ai une inquiétude; j'entends bien dire : nous allons avoir la force de la rivalité. Il faut savoir comment cette rivalité s'exercera; car il y a trois façons de rivaliser en matière d'enseignement public. On peut rivaliser à qui fera recevoir le plus de gradués; on peut rivaliser à qui attirera le plus grand public dans ses cours; on peut rivaliser à qui fera les élèves les plus solides. Voilà les trois rivalités possibles. Je souhaite du fond du cœur que ce soit la dernière qui se manifeste, parce que, alors, la science prendra son élan; mais j'ai bien peur que, au lieu de nous donner des leçons et des maîtres, vous ne nous apportiez une de ces deux choses : ou des répétiteurs ou des conférenciers. (Très-bien! à gauche.)

Et alors, messieurs, si l'université a le malheur de vous suivre, et si les professeurs tiennent aussi à attirer dans leur auditoire le public mondain, qui vient chercher des impressions au lieu de venir chercher le savoir, si l'on pense aux examens, — et quand j'entendais tant parler de l'utilité des examens pour nourrir les universités, l'idée des répétitions me hantait l'esprit, — l'enseignement supérieur va devenir au contraire un enseignement très-inférieur. (Applaudissements à gauche.) C'est alors que tous les inconvénients des grades m'ont apparu. Non, non, messieurs, ce n'est pas là l'enseignement supérieur, ce n'est pas ainsi qu'il faut préparer la jeunesse française aux carrières libérales; ce n'est pas en prenant un numéro et puis un autre, en fournissant à la mémoire de quoi répondre aux arguties d'un examinateur, qu'on fera l'œuvre utile; c'est en formant l'âme, l'âme et l'esprit d'un jeune homme; quand on l'a transformé ainsi, quand on lui a donné la force intellectuelle, on le livre à l'examinateur, et tant pis pour l'examinateur s'il préfère celui qui n'a fait que remplir et bourrer sa mémoire, à celui qui a formé son jugement et qui, après avoir parcouru toutes nos écoles, peut se présenter à l'examen qu'on peut appeler et qu'on appelle en effet en Allemagne l'examen de maturité, celui où l'on prouve qu'on est un homme. (Nouveaux applaudissements à gauche.)

Je laisse donc la question du programme et je vais parler du juge.

Tout le monde a rendu hommage à l'impartialité du juge, je ne la discute pas. Mais, enfin, on dit : Ce juge c'est l'État ! Ah ! si mon idéal était rempli et si on avait la liberté de recevoir un aussi puissant enseignement ailleurs, de telle façon que l'État pût cesser de prendre la parole, oui, le juge ne serait pas autre que l'État.

Mais, enfin, quoique je ne reconnaisse pas comme exact que l'ancienne université existe, cependant les professeurs forment bien une certaine corporation. Et si l'État n'a d'intérêt que l'intérêt général, cette corporation peut bien avec l'intérêt général avoir un intérêt particulier. Voilà la faiblesse. Je ne suis pas sans réponses et vous allez le voir.

Ma grande réponse, c'est que pour concevoir ainsi les facultés de l'État comme parties intégrantes d'une corporation, il faut se tromper sur la manière dont elles se recrutent. Vous savez comment on recrute les facultés, — je rougirais d'avoir l'air de vous l'apprendre, — ce n'est pas le ministre qui nomme les professeurs de faculté, il les institue; tout au plus choisit-il entre deux candidats qu'on lui présente. Les professeurs des facultés sont nommés d'une de ces deux façons, par le concours, par l'élection. Il n'y a pas d'autre manière.

Quand on crée une chaire, il est admis que le ministre, pour la première fois, nomme directement le professeur. Et je vous dirai même qu'il y a eu un ministre de l'instruction publique, le plus humble de tous (Mouvement), qui a pris un arrêté pour renoncer à cette faculté, et qui a déclaré que, même une chaire nouvellement créée, serait donnée au concours ou à l'élection comme les autres. (Très-bien ! à gauche.)

Voilà l'origine des professeurs de facultés. Est-ce qu'on leur demande un stage ? Car si on leur demandait un stage, vous pourriez dire : Le lien avec les professeurs de lycée est évident; ils en sortent.

Non, on ne leur demande pas de stage : il suffit d'avoir les grades nécessaires; et vous les demandez même pour vos universités : il suffit, avec ces grades, que vous vous présentiez à l'élection; si vous êtes élu, vous serez professeur.

J'avoue en fait que les universités sont presque toutes peuplées de maîtres qui ont passé par l'enseignement secondaire.

Mais pourquoi ? Il dépend de vous de changer cet ordre de choses. Il y a de très-honorables professeurs dans les facultés de l'État, qui sont des prêtres, et qui n'ont jamais appartenu à nos lycées. Parmi les plus illustres professeurs, voilà M. Guizot, par exemple, dont on parle si souvent, — il est tout naturel que sa mémoire revienne dans une discussion pareille. M. Guizot était professeur à la Sorbonne; il l'a été toute sa vie; ç'a été un deuil pour nous quand il a demandé sa retraite; ne plus voir son nom sur l'affiche nous aurait mis au désespoir. On nous a évité ce chagrin, on l'a nommé professeur honoraire, afin que son nom restât près des nôtres, qui, assurément, ne méritaient pas de figurer à côté du sien.

M. Guizot n'a jamais appartenu à l'enseignement secondaire; il est entré dans les Facultés tout simplement, comme vous pouvez y entrer, messieurs. (Hilarité générale.)

Par conséquent, je dis qu'il y a là une situation tout à fait exceptionnelle.

On veut mettre dans la loi que l'État pourra déléguer le droit de conférer les grades [1].

Avouez que la délégation la plus naturelle pour l'État, c'est de faire cette délégation à des hommes qu'il a sous la main et qui dépendent de lui; car, quand l'État délègue le droit de faire des bacheliers, des licenciés, des docteurs, des professeurs de facultés,

---

1. « La patrie nous demande de refaire la femme pour refaire le foyer: le foyer refera des citoyens. » Rien de plus juste. Ce sont les femmes de cœur vide et d'esprit frelaté qui font les hommes prenant la vie comme une spéculation acharnée, et un plaisir sans scrupule. « Les femmes n'ont fait aucun chef-d'œuvre dans aucun genre. Elles n'ont fait ni l'*Iliade*, ni l'*Énéide*, ni la *Jérusalem délivrée*, ni *Phèdre*, ni *Athalie*, ni *Rodogune*, ni *le Misanthrope*, ni *Tartuffe*, ni l'église de Saint-Pierre, ni l'Apollon du Belvédère; elles n'ont inventé ni l'algèbre, ni les télescopes; mais elles ont fait quelque chose de plus grand que tout cela : c'est sur leurs genoux que se forment ce qu'il y a de plus excellent dans le le monde, un honnête homme et une honnête femme (*a*). »

a. Joseph de Maistre.

il sait bien à qui il délègue ce droit. Il le délègue à des hommes qui ne lui appartiennent peut-être que du jour de leur nomination, c'est-à-dire de leur élection, mais qui n'entrent dans le corps des juges que par l'élection ou le concours et non pas par le choix du ministre.

Ils ont donc ce premier caractère de devoir leur situation à l'élection.

Prenez garde que la magistrature, qui est nécessairement respectée, a l'inamovibilité, mais n'a pas l'élection. (Mouvements divers.) Il en résulte que le magistrat inamovible peut être promu par le ministre à une fonction supérieure ; mais le professeur, également inamovible, ne peut pas être promu par le ministre à une fonction supérieure : il ne peut être élevé que par l'élection. C'est une différence considérable. (Très-bien ! très-bien ! à gauche.)

Outre cette garantie de l'élection, de l'inamovibilité et de l'indépendance complète, il y a autre chose. J'ai parlé d'indépendance et je vais parler de surveillance. Oui, messieurs, la plus grande indépendance dans l'Université est encore soumise à la surveillance de l'État, et l'État a des recours même contre ceux qui sont inamovibles. Entre autres choses, l'État peut fermer la bouche à un maître ; il ne lui ôtera pas sa chaire, mais s'il y a un danger public, il lui interdit la parole ; en un mot, l'État a un droit sur l'enseignement, lors même qu'il n'en a pas sur le maître. Savez-vous que cela est beaucoup, et que lui, qui délègue l'autorité, il est bon qu'il ait aussi un moyen d'action sur celui qui exerce un très-grand droit en son propre nom.

Pourquoi est-ce que je vous dis tout cela ? Vous allez le voir sur-le-champ. Je vais vous faire une comparaison.

Ah ! vous êtes venu ici attaquer non-seulement le droit de l'État, mais le droit de l'Université, mais la doctrine de l'Université !

Vous nous avez apporté des citations très-nombreuses dont M. le ministre a très-bien expliqué la valeur ; je n'ai pas à y revenir. Vous faisiez cette démonstration pour établir que vous n'aviez pas une confiance suffisante dans les doctrines de l'Université, par conséquent dans le droit qu'exerce l'État de donner seul des grades.

Savez-vous ce que je réponds ? Je mets d'abord l'Université sous la protection des paroles de son chef. Mais, quant à vous, sous quelle protection vous mettez-vous ? (Très-bien ! très-bien ! à gauche.)

Je déclare — et attendez la fin de mes paroles, je vais les expliquer tout à l'heure — je déclare que vos Universités me sont suspectes. S'agit-il du droit d'enseigner, personne ne m'est suspect, parce que je suis partisan de la liberté de penser dans toute sa latitude, sans restriction quelconque. (Assentiment à gauche. — Légères rumeurs à droite.)

Par conséquent, je désire pour mon pays le droit absolu de penser, d'écrire et d'enseigner. Je n'ai pas peur. (Exclamations sur quelques bancs à droite. — Approbation à gauche.) Je sais que l'on pourra enseigner de très-mauvaises doctrines, je n'en ai pas peur ; je crois que la vérité est la vérité, et qu'il y a en elle un rayonnement tel, qu'elle domine toujours l'erreur. (Applaudissements à gauche.)

Quand on disait ici que la liberté ne profiterait qu'à ceux dont les opinions nous déplaisent, et ne nous profiterait pas à nous, je n'entendais pas ce langage, et je crois, au contraire, que ce sont les doctrines auxquelles appartient ma vie qui profiteront de la liberté de l'enseignement ; ce sont elles qui la réclament depuis tant de siècles, elles qui en ont besoin, elles qui ne peuvent vivre que par ce moyen, et qui vivront et qui triompheront dans l'avenir. (Très-bien ! très-bien ! et applaudissements à gauche.)

Je le répète donc : quand il s'agit d'enseigner, je ne crains rien, je n'ai pas de suspicion ; personne ne m'est suspect. Je vais jusqu'à respecter l'erreur et le droit de l'erreur à se faire entendre ; pourvu que j'aie le droit de répondre, c'est tout ce qu'il me faut. (Très-bien ! très-bien ! à gauche.)

Ceci est bien pour l'enseignement. Mais pour la collation des grades, c'est tout différent. Pour la collation des grades, je veux parfaitement savoir quelles garanties on m'offre.

Vous-mêmes, vous en demandez dans votre loi ; vous allez voir comment.

Quand il s'agit d'enseigner, vous dites : tout le monde enseignera. Mais comme vous voulez que vos Universités donnent des grades, il faut aussitôt que vous donniez des garanties, et Mgr l'évêque d'Orléans vous en citait une l'autre jour. Il disait : Il y aura des bâtiments pour 500,000 fr. ; il y aura une dépense annuelle de 300,000 fr.

Voilà une garantie ! (Rires à gauche.) Eh bien, oui, messieurs, je ne dis pas cela en plaisantant, c'est une garantie.

Il y en a de beaucoup plus grandes, et sur-le-champ je m'en vais m'expliquer.

Il y a des Facultés de divers ordres : des Facultés de droit, des Facultés de médecine, des Facultés des lettres, — qu'on appelle ailleurs de philosophie, — des Facultés des sciences.

Parmi les cours de ces différentes Facultés, il y en a

auxquels on ne peut demander que la science. Je crois qu'à un professeur de mathématiques pures on ne peut demander que la science et l'honorabilité personnelle.

Mais à un professeur de philosophie vous demanderez plus, je suppose ; vous demanderez ces trois choses : être honnête homme, savoir ce qu'il enseigne et enseigner des choses qui donnent à l'État la tranquillité et la sécurité dont il a besoin.

Vous avez relevé quelques thèses qui ont été annulées, comme on vous l'a appris, et qui ont passé, à mon grand étonnement, malgré le contrôle du doyen de la Faculté de médecine qui était, je crois, car je n'ai pas les dates sous les yeux, l'honorable M. Würtz. Or, M. Würtz n'est pas seulement un très-illustre chimiste, c'est aussi un homme très-religieux.

Croyez-vous possible, lorsqu'il passe des milliers de thèses par les mains d'un homme, que quelques-unes ne puissent pas lui échapper, qui contiennent des doctrines condamnables ? Mais l'honorable M Wallon l'a dit avec une autorité qui a dû faire impression sur vous, messieurs, le caractère doctrinal de l'Université est tout à fait ennemi du matérialisme. C'est un fait que nous pouvons regarder comme incontestable, et M. le ministre a ajouté qu'il condamnait ces doctrines matérialistes autant qu'il le pouvait ; vous le saviez à l'avance, messieurs, et, quant à moi, je peux en dire autant, car personne n'ignore que je suis un spiritualiste ardent, que je l'ai toujours été et que je le serai certainement toujours. (Très-bien !)

Mais quelles seront les doctrines enseignées dans les Universités à venir ? C'est ici que se trouve la question entre le clergé et la liberté ; il faut que vous me permettiez, messieurs, d'en dire un mot.

On l'a dit ici plusieurs fois : Oh ! ceux qui, à l'heure qu'il est, demandent si ardemment la liberté, la demandent — n'allez pas vous récrier avant que j'aie fini de m'expliquer — la demandent, quoiqu'ils ne l'aiment pas, parce qu'ils sont convaincus qu'en fait ils en profiteront tout seuls.

Messieurs, pour moi, je ne le dis pas, et je ne le crois pas. Je dois dire que quand des hommes comme Mgr l'évêque d'Orléans et comme l'honorable M. de Belcastel viennent à la tribune et disent : « Ce que nous demandons, ce n'est pas la liberté pour nous; c'est la liberté pour tout le monde », du moment qu'ils le déclarent, sans autre démonstration quelconque, j'en suis profondément et sincèrement convaincu. (Très-bien ! très-bien !)

Mais, après avoir dit cela et avoir rendu hommage à leur sincérité, il faut, messieurs, que vous me permettiez de parler d'une arrière-pensée qui doit être dans les esprits. (Ah ! ah ! à droite.)

Vous vous dites évidemment : Les Universités qui se fonderont, c'est nous qui les aurons fondées ; nous n'empêcherons pas les autres de s'établir; mais enfin, il ne s'en fondera pas. (Dénégations à droite.)

Je ne dis pas que vous disiez cela, mais je dis que beaucoup de personnes le pensent.

Moi, je ne le pense pas et je ne peux pas le penser, je vais vous dire pourquoi.

C'est qu'on est venu me demander tout récemment si je voulais donner mon concours à la fondation d'une Université laïque et y entrer moi-même. (Mouvements divers.)

Je sais bien qu'on n'est pas à la tribune pour dire des anecdotes, mais celle-ci fait partie de la démonstration, si vous voulez bien en comprendre la signification.

J'ai répondu à cette demande : Vous voulez fonder une Université laïque, et vous me demandez de m'en occuper soit comme professeur, — on m'offrait même une plus haute position, — soit comme un de ceux qui concourent avec vous à recueillir les éléments de cette fondation. Alors, apprenez-moi à fond qui vous êtes ?

On m'a répondu : « Qui nous sommes ? D'abord, nous sommes des laïques. » — C'est très-bien. — (On rit.) «Ensuite, nous sommes des libéraux; nous sommes la liberté. » — Je répondis encore : C'est très-bien ; mais de quelle école êtes-vous, car une école est dans la liberté ou contre la liberté; mais la liberté, ce n'est pas une école ? S'il s'agit de construire un édifice et de dire : Voilà un asile matériel que nous donnons contre le vent, et la pluie aux gens qui voudront enseigner des choses quelconques; je m'y prêterai, je trouverai cela très-bien, moi qui veux que tout le monde puisse parler et enseigner, enseigner même l'erreur ; mais cela ne constitue pas une école ni une Université.

Pour être une école ou une Université, il faut avoir une doctrine en commun. Je puis bien enseigner dans cette espèce d'hôtel ouvert à toutes les doctrines, parce que celui qui viendra après moi n'a rien de commun avec moi. Mais enseigner dans une Université ayant un nom, acceptant d'avoir une tradition, donnant, je suppose, des grades, en tout cas parlant en nom collectif, je ne le puis pas, à moins de savoir à côté de qui je suis; est-ce vrai ? (Assentiments sur quelques bancs à droite.)

J'ai fouillé un peu, et je vais vous dire ce que j'ai découvert. Je m'y attendais. Ce n'était pas une Université spiritualiste ; on m'acceptait malgré mes opinions, parce qu'on voulait bien croire que je servirais à quelque chose... (Sourires); mais on m'acceptait, moi ; on n'acceptait pas mes doctrines : c'était une Université positiviste.

Et, en effet, s'il se fonde une Université, ce sera d'abord une Université positiviste. La raison en est très-simple. Il y a une école quelque part où nos doctrines spiritualistes sont enseignées : c'est à la Sorbonne ; mais il n'y a pas, à l'heure qu'il est, une école où les doctrines positivistes soient enseignées avec ensemble, et les positivistes veulent profiter de la liberté pour donner cet enseignement. (Mouvements prolongés en sens divers.)

Ils fonderont une Université, et comme vous êtes sincères et sincèrement libéraux, vous trouverez bon qu'ils la fondent.

Et si cette Université est d'ailleurs dans les conditions d'honorabilité que vous pouvez exiger dans la loi, ce ne sera pas à cause de la doctrine que vous pourrez exclure cette Université du droit de conférer des grades.

Il y aura donc des docteurs qui viendront de là, comme il y a, à l'heure actuelle, des docteurs qui viennent de l'État, comme il y aura, si vous réussissez, des docteurs qui viendront des Universités catholiques.

A l'heure qu'il est, si on me demande de tirer mon diplôme de docteur, on n'a pas besoin de chercher quels sont les maîtres qui m'ont fait passer l'examen.

C'étaient des maîtres, je le dirai, fort divers et dont plusieurs seraient contestés par vous ; c'étaient cependant les plus grands maîtres que nous ayons eus, car mon certificat d'aptitude est signé des noms de Cousin, de Guizot, de Jouffroy, les plus grands noms de la nation ; on n'a pas besoin de connaître ces noms ; il n'y a qu'un nom au bas de mon diplôme, celui du grand-maître de l'Université, le sceau de l'État, et vous savez qui c'est. (Applaudissements à gauche.)

Mais vos futurs docteurs, quand on me parlera de l'un deux, j'aurai besoin de savoir son origine.

Maintenant nous disons bien pour les docteurs en médecine : docteurs de la faculté de Nancy, de la faculté de Paris, de la faculté de Montpellier Il y en a trois, il n'y en a que trois, et ces trois facultés sont dans l'État, garanties par l'État, et l'État en répond tellement, que si on fait une faute dans un examen, il se trouve ici un éminent évêque pour monter à la tribune et pour en demander compte à qui : aux professeur? non! au ministre de l'instruction publique. (Rires approbatifs et applaudissements à gauche).

Mais quand vous aurez fondé vos Universités, Universités positivistes, Universités spiritualistes, si je réussis à en fonder une quelque part, Universités catholiques, et aussi, je l'espère bien, universités protestantes, il faudra savoir ce que valent chacun de ces diplômes; ils ne vaudront peut-être pas tous la même chose dans vos propres opinions et dans vos propres pensées. Non-seulement il faudra savoir qui est-ce qui a délivré le diplôme, l'origine du diplôme, il faudra savoir la date... (Légère rumeur à droite); oui, messieurs, et je fais ici une différence considérable entre les Universités catholiques et les autres, voici pourquoi : en matière de doctrine, je sais aujourd'hui, je crois savoir ce qu'enseignera une Université catholique en 1975 : elle enseignera la doctrine catholique telle que vous pouvez l'étudier aujourd'hui, dans le *Credo*, dans l'encyclique célèbre que vous connaissez, dans le *Syllabus* qui l'accompagne ; voilà la doctrine qu'elle enseignera.

J'ai bien envie de dire à mon honorable collègue

combien il se trompe en faisant une de ces interruptions dont il a un peu l'habitude. (On rit.) Il croit qu'en ce moment peut-être, je viens de dire une parole qui, dans ma pensée, pourrait être considérée comme une offense à la religion.

Je comprends tout ce qu'il y a de grand, non pas tout ce qu'il y a de grand dans le catholicisme; mais une de ses grandeurs parmi tant de grandeurs : c'est précisément l'unité et la fermeté de ses doctrines.

Je suis incapable de le méconnaître, moi qui ai passé ma vie à admirer la profondeur de sa métaphysique et la grandeur de son rôle historique qui, pendant que tout a changé, n'a jamais varié. (Très-bien! très-bien! à droite.)

Croyez-vous que je l'ignore? C'est pour cela que je disais qu'en matière de doctrine, à l'heure qu'il est, moi, État, je pourrais stipuler avec une Université catholique, car je sais d'avance que si un de ses professeurs glissait dans l'hérésie, il serait à l'instant chassé de l'Université en même temps que de l'Église. Et c'est pourquoi je croyais l'honorer en disant que je connais le catholicisme tel qu'il sera en 1975, parce que je sais ce qu'il est aujourd'hui. (Nouvelle approbation à droite.)

Mais, messieurs, c'est aux catholiques eux-mêmes que je m'adresse, aux catholiques qui, à l'heure qu'il est, demandent avec tant de hâte la collation des grades, aux catholiques libéraux, dont j'affirme moi-même le libéralisme, aux catholiques sincères dont je reconnais la sincérité, qui, en demandant ce droit pour eux, le demandent aussi pour les autres, je leur dis : Eh bien, vous n'avez point de sécurité, vous ne pouvez pas ainsi traiter à l'avance; non, vous ne le pouvez pas et vous ne le devez pas en vérité aujourd'hui, car vous allez mettre dans la loi un article qui infirme l'autorité de la loi, l'autorité de toute loi, l'autorité de l'État et l'autorité des professeurs qui donnent les grades, vous allez le mettre sans utilité quelconque pour faire une concession à ceux qui le demandent ; car je n'en vois pas d'autre cause. (Très-bien ! à gauche) Eh bien, ne le mettez pas, n'anticipez pas, réservez-vous, et si, plus tard, comme je le disais en commençant, vous voyez une Université qui ait, non-seulement l'autorité de sa grande doutrine, l'autorité du mérite de ses professeurs, une autorité consacrée par de longues années de succès, une Université qui puisse vous dire : Je ne puis plus faillir ; je ne puis plus manquer à mes engagements ; je vous donne une sécurité complète ; alors, je ne dis pas qu'on ne doive pas accueillir sa demande. Mais, je le répète, réservons l'avenir, ne l'engageons pas à l'avance, ne l'engageons pas témérairement ; ne diminuons pas la force de nos grades, puisque nous les conservons ; faisons en sorte que l'autorité de l'État soit entière ; honorons cette Université si souvent attaquée et si noble au milieu de toutes ces attaques ; honorons l'État dont elle est l'instrument à la fois si utile, si modeste, si laborieux ; donnons à nos gradués la sécurité de leurs grades ; donnons à la société la sécurité que les grades lui apportent.

Voilà, messieurs, ce que j'avais à dire. (Très-bien ! très-bien ! — Bravos à gauche.)

J'ajoute que je crois, en parlant ainsi, donner un conseil, un conseil sage ; je ne le fais pas en homme de parti ; je le fais absolument en homme qui a souci des droits de l'État, de la dignité de nos institutions, de la sécurité des familles ; qui a souci aussi de la liberté, et qui croit qu'en ajoutant ce droit, qui n'est pas la liberté, à la liberté elle-même, vous compromettez la liberté que vous voulez fonder. (Vive approbation et applaudissements répétés à gauche. — L'orateur, en descendant de la tribune, reçoit les vives félicitations d'un grand nombre de ses collègues.)

La parole est à M. Chesnelong.

M. Chesnelong. — Messieurs, il me faut un sentiment bien profond de mon devoir et de la justice de la cause que j'ai à défendre pour que j'ose monter à cette tribune après le discours de l'honorable M. Jules Simon, dans lequel nous avons admiré comme vous, messieurs, un talent de parole si séduisant et si merveilleux; mais je crois qu'il a commis une grave erreur en soutenant que la question de la liberté de l'enseignement supérieur et la question de la collation des grades ne sont pas solidaires.

Je crois, au contraire, que la liberté de l'enseignement supérieur et la collation des grades se touchent, comme le principe et sa conséquence, comme le droit et sa garantie, comme la loi et sa sanction.

Au point où en est venue la discussion et à l'heure où nous sommes, je ne me permettrai pas de longs développements; je veux seulement préciser d'une manière bien positive pour quels motifs nous soutenons un système contraire à celui que M. Jules Simon est venu défendre à cette tribune.

Messieurs, pourquoi demandons-nous la participation des facultés libres à la collation des grades? Nous la demandons d'abord au nom de la justice.

Quel est l'objet et quel sera l'effet de la loi sur la liberté de l'enseignement supérieur? ce sera d'établir une lutte entre l'enseignement officiel et l'enseignement libre, lutte généreuse, pacifique, élevée, je le veux bien, mais lutte dans laquelle, par la force des choses, la nature humaine étant ce qu'elle est, vous verrez se déployer, à côté d'un noble esprit d'émulation, un ardent esprit de rivalité.

Eh bien, messieurs, j'ai le plus grand respect pour les professeurs de l'État. Je ne doute ni de leur science, ni de leur conscience, je ne mets en suspicion ni leurs lumières, ni leur esprit de justice; mais je vous dis qu'il est des situations impossibles, et que vous ne devez pas les mettre dans une de ces situations.

Les professeurs de l'État, l'honorable M. Laboulaye vous le disait, seront, non les adversaires, mais les rivaux directs de l'enseignement libre. Peuvent-ils en être les juges? Voilà la question. Est-ce naturel? est-ce admissible? Les établissements libres se sentiront-ils garantis? Les élèves seront-ils rassurés? Le professeur, placé entre la crainte d'être trop sévère par prévention et le risque d'être trop indulgent par générosité, comme le disait M. Ferry, aura-t-il cette impartialité et ce désintéressement qui conviennent à des juges?

Messieurs, je ne veux pas insister sur ce point délicat; mais je vous confie cette réflexion. Quand il ne s'agit que d'une question de propriété matérielle, un juge qui a des intérêts contraires se récuse toujours. Eh bien, quand il s'agit d'une question de propriété intellectuelle, les conditions de la justice ne changent pas. (Vive approbation à droite.)

Messieurs, nous demandons encore un système équitable de collation des grades au nom de la liberté morale de l'enseignement.

Quel est l'objet de l'enseignement supérieur? Est-ce purement et simplement de donner aux élèves des connaissances techniques? et l'examen se réduit-il à la constatation matérielle de l'acquisition de ces connaissances? Non, ce qui constitue l'âme de l'enseignement supérieur, ce qui fait sa grandeur, son élévation, quelquefois son péril, c'est qu'il touche aux principes, aux doctrines et aux croyances.

Pourquoi donc la liberté de l'enseignement supérieur est-elle si vivement réclamée par les uns et si ardemment combattue par les autres? Pourquoi excite-t-elle les préoccupations non-seulement des savants, mais aussi des familles? Pourquoi éveille-t-elle une émotion si universelle et si vive? C'est qu'il ne s'agit pas seulement d'enseigner plus ou moins bien le droit, les sciences et la médecine; il s'agit pour les pères de famille de savoir dans quel esprit leurs enfants seront élevés. Il s'agit, permettez-moi de le dire, pour les familles chrétiennes, de voir se former, sous la protection de la liberté générale, des Universités où l'âme de leurs enfants pourra être préservée, en même temps que leur intelligence sera fortifiée et agrandie. Voilà le fait. (Très-bien! très-bien! et applaudissements à droite.)

Eh bien, placez les uns en face des autres, d'un côté des examinateurs de l'État, et de l'autre des élèves sortis des Universités libres, et supposez-les, — cela peut arriver, cela arrivera souvent, — animés d'un esprit différent ou même d'un esprit contraire; qu'arrivera-t-il? Le professeur pourra-t-il assez se désintéresser de sa propre pensée pour n'apprécier que l'aptitude de l'élève, abstraction faite de ses opinions; et, en admettant qu'il s'élève à cet héroïsme d'abnégation intellectuelle, l'élève osera-t-il d'avance s'y confier? aura-t-il toute sa liberté devant un antagonisme pressenti?

Il y a plus : cette nécessité d'aboutir à un examen devant des professeurs animés d'un certain esprit déterminé n'aura-t-elle pas pour résultat de réagir sur l'enseignement lui-même et d'en altérer la dignité et la liberté ? Cela est de toute évidence. Sans un examen fait dans l'esprit même de l'enseignement reçu, l'indépendance morale de l'enseignement sera fatalement compromise. (Très-bien ! très-bien ! à droite.)

Nous vous demandons encore, messieurs, un système équitable de collation des grades, au nom de la liberté et du progrès scientifique.

Le rapport de l'honorable M. Laboulaye rappelle cet adage dont parlait aussi à cette tribune l'honorable M. Jules Simon : Qui est le maître de l'examen est le maître de l'enseignement. Cet adage, dans son sens littéral, est peut-être trop rigoureux, je le veux bien ; mais ce qui est incontestable, c'est que qui est le maître de l'examen est le maître des programmes et des méthodes, car c'est à l'examen que les programmes et les méthodes viennent aboutir ; c'est par conséquent à l'examen que les programmes et les méthodes sont subordonnés. (C'est évident ! à droite.)

Eh bien, messieurs, sans la liberté des programmes et des méthodes, et sans un système équitable de collation des grades qui en soit la garantie, redoutez le danger que vous signalait tout à l'heure l'honorable M. Jules Simon ; ne vous attendez à aucune initiative féconde, ne vous attendez à aucun effort puissant ; vous ne verrez pas se former des Universités sérieuses, vivant de leur vie propre, sortant des voies battues, rivalisant efficacement avec l'Université de l'État, lui servant à la fois de stimulant et de frein. Non, vous n'aurez que des Facultés qui seront des succursales des Facultés de l'État, de véritables agences de préparation pour les examens, vous n'aurez pas créé des foyers de vie intellectuelle et d'études approfondies, vous aurez créé tout simplement des ateliers de licence et de doctorat. Oh ! j'en tombe d'accord avec l'honorable M. Jules

Simon, ce n'est pas pour cela que la liberté de l'enseignement supérieur est faite ; et, si elle ne devait aboutir qu'à cela, elle ne vaudrait pas les luttes que nous soutenons pour la conquérir. (Très-bien ! très-bien ! à droite.)

Enfin, messieurs — et vous voyez que je me hâte autant que possible — il y a un quatrième motif qui, à mon sens, serait absolument décisif, et ce quatrième motif c'est que la participation des Facultés à la collation des grades n'est pas seulement la garantie de leur dignité et la sanction de leur liberté, mais elle est aussi la condition de leur existence.

Je ne veux pas revenir sur les ressources qu'on trouve dans la collation des grades. L'honorable M. Jules Ferry a dit que c'était une question de boutique, ce à quoi Mgr l'évêque d'Orléans a répondu, avec autant de raison que de sens, qu'en définitive les Facultés libres ne peuvent pourtant pas vivre de l'air du temps.

Mais je laisse de côté ces détails, et je dis que dans ces conditions les Facultés libres ne pourront pas avoir d'élèves.

Connaissez-vous beaucoup d'étudiants qui fassent de la science pour la science ? Il y en a, mais c'est une infime minorité. La plupart se préoccupent et doivent se préoccuper du but utile à poursuivre, du grade à conquérir, de la carrière à suivre.

Eh bien, quelle situation faites-vous aux Universités libres ? Voici l'Université de l'État qui distribue l'enseignement pour aboutir à l'examen dont il est le juge suprême, et voilà des Universités libres qui devront distribuer l'enseignement pour aboutir à des examens dans lesquels, non-seulement elles n'interviendront pas, mais dans lesquels elles seront à la merci de leur rivale.

Dans cette situation, les élèves iront à la première et déserteront les autres. Il y aura là pour les Universités libres une condition fatale d'infériorité. Non-seulement elles ne pourront pas grandir, prospérer, se développer, mais elles ne pourront pas même vivre, ou si elles vivent, ce sera d'une existence languissante, sans honneur et sans sécurité.

Voilà les quatre raisons pour lesquelles nous demandons la participation, pour les Facultés libres, à la collation des grades. Nous la demandons au nom de la justice, au nom de la liberté morale de l'enseignement, au nom du progrès scientifique, et enfin au nom du sérieux de la loi, qui, permettez-moi de le dire, ferait véritablement une œuvre vaine, si, sous l'apparence d'une liberté illusoire, elle refusait les moyens de vivre à des établissements dont elle aurait autorisé la création. (Très-bien ! très-bien ! et applaudissements à droite.)

Ces quatre motifs, je crois qu'ils subsistent encore avec toute leur force, malgré la brillante argumentation de l'honorable préopinant.

On nous a fait une objection qui s'est reproduite plusieurs fois depuis le commencement du débat ; on nous dit : Prenez garde, la collation des grades, c'est un droit de l'État, c'est une sorte de droit régalien ; ce n'est pas une liberté, c'est une portion de la puissance publique : vous ne pouvez pas y toucher sans commettre une usurpation.

Je suis assurément très-grand partisan des droits de l'État dans une juste mesure, et je ne voudrais pas les diminuer ; mais quand on parle de la collation des grades comme d'un droit de l'État, il faut s'entendre.

Veut-on dire que la collation des grades n'est point

un droit individuel; que c'est un droit social; que la première faculté venue ne peut pas l'exercer sans garantie et sans contrôle; que la loi a le devoir de mettre à l'exercice de ce droit des conditions très-sérieuses pour la garantie de tous les intérêts intellectuels, sociaux et moraux qui s'y rattachent?

Je n'y contredis pas; j'en suis pleinement d'avis.

Mais veut-on dire que l'Université officielle a seule le droit d'examiner; seule le droit de juger l'enseignement; que c'est là un privilége incommunicable; qu'elle doit l'exercer directement, par elle-même, sans délégation et sans partage? Je suis obligé de le confesser : non-seulement je ne puis admettre une théorie aussi exorbitante, mais j'avoue que je ne la comprends pas; car elle impliquerait que la notion de l'État et que la notion de l'Université, telle qu'elle existe actuellement en France, sont deux notions inséparables. Hors de là, le système serait sans application possible.

Eh bien, messieurs, lorsque après la destruction de tous les établissements d'enseignement qui couvraient le sol de notre France, et qui lui avaient assuré cette prééminence intellectuelle dont nous ne devons pas répudier l'héritage, Napoléon conçut l'idée d'élever sur ces ruines une université d'État, et mit dans cette œuvre puissante l'empreinte de son génie unitaire et dominateur, il fit assurément une très-grande chose.

Mais il fit aussi, vous le reconnaîtrez, une chose toute nouvelle, une chose qui n'avait pas existé avant lui, une chose qui n'existait nulle part dans le monde, et qui n'était possible en France que parce que toutes les forces collectives qui pouvaient assurer la vie intellectuelle du pays avaient été brisées et que l'État restait seul debout pour reprendre l'œuvre interrompue. (Très-bien! très-bien! à droite.)

Quand cette Université était seule à enseigner, elle était seule à examiner, seule à juger l'enseignement; cela se comprend. Mais, je vous le demande, le monopole de juger l'enseignement peut-il survivre au monopole de le répartir? et l'Université officielle pourra-t-elle être seule à conférer des grades, lorsque à côté d'elle, en concurrence avec elle, il y aura d'autres Universités qui auront reçu de la loi le droit d'enseigner? (Très-bien! très-bien! à droite.)

L'État, lui, existe partout et toujours; il a un droit permanent, il a des prérogatives essentielles. L'Université, telle qu'elle existe actuellement en France, est un fait unique et exceptionnel. Cependant, on lie l'État à l'Université et on fait un droit de l'État de ce qui n'est que le privilége actuel de l'Université officielle. (C'est cela! c'est cela! à droite.)

Là, messieurs, est la confusion, là est l'erreur.

En France, avant la Révolution, il y avait plusieurs Universités, et toutes distribuaient des grades. Il en est de même aujourd'hui en Angleterre et en Allemagne. Aux États-Unis, comme on l'a dit, la liberté est plus complète encore. En Belgique, les grades sont décernés par un jury mixte. En aucun temps ni nulle part vous ne trouverez quelque chose de semblable au privilége dont l'Université officielle jouit en France depuis quatre-vingts ans. Pouvez-vous élever à la hauteur d'un principe incommutable un privilége spécial qui a été créé par des circonstances exceptionnelles? Ce privilége était la conséquence forcée du monopole de l'enseignement; je ne crains pas de dire qu'il serait la contradiction formelle de la loi de liberté que vous voulez inaugurer. (Très-bien! très-bien! et applaudissements à droite.)

Que conclure de là? C'est que le droit de conférer des grades ne doit pas appartenir exclusivement aux facultés de l'État.

Ce que je reconnais pleinement, c'est que ce droit ne peut pas être livré sans garanties, c'est que la loi doit stipuler des précautions afin que les grades aient une valeur sérieuse.

A cet égard, permettez-moi de m'expliquer sur un amendement que j'ai présenté de concert avec quelques-uns de mes honorables collègues et que nous avons, du reste, l'intention de retirer, — j'économiserai ainsi les moments de l'Assemblée, puisque je n'aurai pas à en parler plus tard, — amendement qui avait pour résultat de donner le droit de collation des grades aux Universités libres sous des conditions très-sérieuses qui, à notre sens, sauvegardaient pleinement les intérêts de la société et de la science.

Est-ce que, par hasard, nous avons présenté un système où manquassent les garanties? Je n'en veux signaler que deux, et elles sont considérables.

Nous ne demandions pas le droit de collation des grades pour les simples facultés; nous ne le demandions que pour les Universités composées de trois facultés ayant autant de grades que les facultés analogues de l'État. C'était là une première garantie très-appréciable, car la fondation d'une pareille Université ne peut pas être une œuvre de spéculation téméraire; il y faut un immense effort, il faut réunir des capitaux considérables. Remarquez, — l'honorable M. Jules Simon en disait un mot tout à l'heure, — remarquez que ces capitaux ne pourraient pas être attirés par l'appât du gain, parce que l'entreprise n'en comporte pas.

Pour les réunir, il faudrait que ces entreprises se personnifiassent dans des hommes recommandables par leur vie, distingués par leur savoir, dans des hommes dont les noms fussent une force, dont la réputation acquise fût une promesse et une espérance. Il y avait donc là une première garantie qui tenait à l'essence même d'une institution fondée sur de si larges bases et dont l'importance ne vous échappera pas.

Nous vous offririons une seconde garantie; nous demandions que le droit de collation des grades n'appartînt à ces Universités qu'après qu'elles auraient prouvé leur vitalité par cinq années d'existence. C'était encore là une garantie très-considérable.

A de pareilles Universités, il ne suffirait pas, pour vivre, de cette vogue passagère qui se fait quelquefois autour de certaines chaires fameuses, vogue où l'étrangeté de la parole et l'audace de la pensée ont souvent plus de part que l'élévation vraie du talent et le sérieux de l'enseignement.

Il leur faudrait la confiance méritée et persévérante des familles. Ce n'est qu'à cette condition qu'elles pourraient avoir des élèves.

Voilà la vraie garantie! La conscience des pères de famille éclairée et en quelque sorte purifiée par leur tendresse; c'est la garantie que Dieu a faite. (Très-bien! très-bien! à droite.) Où elle se trouve, rien n'est en péril; où elle manque, rien ne peut la suppléer. (Applaudissements à droite.)

Tel était, messieurs, notre amendement; et vous voyez bien que ce n'était pas un amendement sans garanties.

Nous ne le répudions pas; nous considérons que c'est là le système le plus vrai, le plus complet, le plus logique; nous avons la confiance que ce sera le système de l'avenir.

Mais il paraît prématuré à quelques-uns de nos amis. Or, nous voulons, avant tout, le succès de la loi; nous voulons, avant tout, ne pas opérer de division dans la majorité, qui, j'en suis sûr, la votera; aussi, messieurs, au nom de tous les signataires de l'amendement comme en mon propre nom, — et je l'ajoute sans crainte d'être désavoué, — au nom des nombreux collègues qui étaient disposés à voter cet amendement, je déclare que nous le retirons pour nous rattacher au système du jury mixte présenté par l'honorable M. Paris, qui nous paraît être un minimum absolument nécessaire. (Ah! ah! — Mouvement à gauche. — Approbation à droite.)

Cela vous étonne, messieurs? (Non! non! à gauche.) Nous ne disons pas : Tout ou rien! et quand nous ne pouvons pas obtenir un résultat complet, nous nous contentons d'un premier pas. (Nouvelle approbation à droite.)

Permettez-moi, messieurs, de vous dire en terminant comment, à mon sens, la question se résume et se pose.

Voulez-vous créer des facultés chétives, souffreteuses, se mouvant dans le cercle de l'enseignement officiel, ne pouvant ni l'élever, ni l'élargir, vouée à cette œuvre médiocre et subordonnée, de préparer à des examens où elles n'interviennent pas, obligées de subir l'action de l'enseignement officiel dans leurs programmes, dans leurs méthodes et jusque dans leur esprit? Si vous voulez cela, votez l'amendement de M. Ferry... (Bruit et interruptions à gauche.)

Messieurs, vous rendez très-difficile la situation d'un homme qui est à cette tribune pour remplir un devoir; ma tâche est déjà lourde, veuillez n'y pas ajouter par des interruptions continuelles. (Parlez! parlez! à droite.)

Mais si, comme je n'en doute pas, l'Assemblée a des visées plus hautes et une ambition plus large ; si elle veut relever l'enseignement supérieur sous l'action d'une concurrence efficace ; si elle veut inaugurer un régime de liberté où la conscience des pères de famille soit à l'aise, où la science ne soit pas asservie à des méthodes inflexibles, où la libre émulation de toutes les activités concoure au rehaussement des études ; si elle aspire à voir se fonder, à côté de l'Université de l'État, qui grandira par la lutte, des Universités rivales qui puissent être, elles aussi, des foyers de progrès intellectuel et moral, je la supplie très-respectueusement d'aller jusqu'au bout de son œuvre, et de compléter, par un système équitable de collation des grades, le principe de la liberté de l'enseignement supérieur qu'elle a déjà proclamé. (Bravos et applaudissements prolongés à droite.

Le scrutin est ouvert.

M. le président. — Voici le résultat du dépouillement du scrutin.

Nombre des votants.	665
Majorité absolue.	333
Pour l'adoption.	306
Contre	359

L'Assemblée nationale n'a pas adopté le premier paragraphe de l'amendement de M. Ferry.

Je vais donner lecture de la seconde partie...

Plusieurs membres. Elle tombe par suite du rejet de la première.

M. Jules Ferry. — Je retire la seconde partie de mon amendement.

La loi sur l'enseignement supérieur, dont nous avons résumé les débats si importants, et dont nous donnons ci-après le texte, a été votée le 12 juillet 1875.

Le nombre des votants était de 582, la majorité absolue de 292.

    Pour l'adoption. . . 316.
    Contre. . . . . . 266.

M. Jules Dufaure, ministre de la justice, a voté pour l'amendement de M. Jules Ferry; M. Wallon, ministre de l'instruction publique, et les autres membres du cabinet ont voté contre, c'est-à-dire qu'ils ont voté contre le monopole universitaire, jusqu'ici toujours revendiqué et exercé, par l'État, sous différents régimes.

Loi relative à la liberté de l'enseignement supérieur [1].

L'Assemblée nationale a adopté la loi dont la teneur suit :

TITRE PREMIER

DES COURS ET DES ÉTABLISSEMENTS LIBRES D'ENSEIGNEMENT SUPÉRIEUR

Art. 1er. — L'enseignement supérieur est libre.

Art. 2. — Tout Français âgé de vingt-cinq ans, n'ayant

---

[1]. *Commentaire de la loi relative à la liberté de l'enseignement supérieur*, par Bard, avocat (Marescq, éditeur, 1875).

encouru aucune des incapacités prévues par l'article 8 de la présente loi; les associations formées légalement dans un dessein d'enseignement supérieur, pourront ouvrir librement des cours et des établissements d'enseignement supérieur aux seules conditions prescrites par les articles suivants.

Toutefois, pour l'enseignement de la médecine et de la pharmacie, il faudra justifier, en outre, des conditions requises pour l'exercice des professions de médecin ou de pharmacien.

Les cours isolés dont la publicité ne sera pas restreinte aux auditeurs régulièrement inscrits resteront soumis aux prescriptions des lois sur les réunions publiques.

Un règlement d'administration publique déterminera les formes et les délais des inscriptions exigées par le paragraphe précédent.

Art. 3. — L'ouverture de chaque cours devra être précédée d'une déclaration signée par l'auteur de ce cours.

Cette déclaration indiquera les noms, qualités et domicile du déclarant, le local où seront faits les cours, et l'objet ou les divers objets de l'enseignement qui y sera donné.

Elle sera remise au recteur dans les départements où est établi le chef-lieu de l'académie, et à l'inspecteur d'académie dans les autres départements. Il en sera donné immédiatement récépissé.

L'ouverture du cours ne pourra avoir lieu que dix jours francs après la délivrance du récépissé.

Toute modification aux points qui auront fait l'objet de la déclaration primitive devra être portée à la connaissance des autorités désignées dans le paragraphe précédent. Il ne pourra être donné suite aux modifications projetées que cinq jours après la délivrance du récépissé.

Art. 4. — Les établissements libres d'enseignement supérieur devront être administrés par trois personnes au moins.

La déclaration prescrite par l'article 3 de la présente loi devra être signée par les administrateurs ci-dessus désignés; elle indiquera leurs noms, qualités et domiciles, le siége et les statuts de l'établissement, ainsi que les autres énonciations mentionnées dans ledit article 3.

En cas de décès ou de retraite de l'un des administrateurs, il devra être procédé à son remplacement dans le délai de six mois.

Avis en sera donné au recteur ou à l'inspecteur d'académie.

La liste des professeurs et le programme des cours seront communiqués chaque année aux autorités désignées dans le paragraphe précédent.

Indépendamment des cours proprement dits, il pourra être fait dans lesdits établissements des conférences spéciales sans qu'il soit besoin d'autorisation préalable.

Les autres formalités prescrites par l'article 3 de la présente loi sont applicables à l'ouverture et à l'administration des établissements libres.

Art. 5. — Les établissements d'enseignement supérieur, ouverts conformément à l'article précédent et comprenant au moins le même nombre de professeurs pourvus du grade de docteur que les facultés de l'État qui comptent le moins de chaires, pourront prendre le nom de faculté libre des lettres, des sciences, de droit, de médecine, etc., s'ils appartiennent à des particuliers ou à des associations.

Quand ils réuniront trois facultés, ils pourront prendre le nom d'universités libres.

Art. 6. — Pour les facultés des lettres, des sciences et de droit, la déclaration signée par les administrateurs devra porter que lesdites facultés ont des salles de cours, de conférences et de travail suffisantes pour cent étudiants au moins, et une bibliothèque spéciale.

Pour une faculté des sciences, il devra être établi, en outre, qu'elle possède des laboratoires de physique et de chimie, des cabinets de physique et d'histoire naturelle en rapport avec les besoins de l'enseignement supérieur.

S'il s'agit d'une faculté de médecine, d'une faculté mixte de médecine et de pharmacie, ou d'une école de médecine ou de pharmacie, la déclaration signée par les administrateurs devra établir :

Que ladite faculté ou école dispose, dans un hôpital fondé par elle ou mis à sa disposition par l'assistance publique, de 120 lits au moins habituellement occupés pour les trois enseignements cliniques principaux : médical, chirurgical, obstétrical ;

Qu'elle est pourvue : 1° de salles de dissection munies de ce qui est nécessaire aux exercices anatomiques des élèves; 2° des laboratoires nécessaires aux études de chimie, de physique et de physiologie ; 3° de collections d'étude pour l'anatomie normale et pathologique, d'un cabinet de physique, d'une collection de matière médicale, d'une collection d'instruments et appareils de chirurgie ;

Qu'elle met à la disposition des élèves un jardin de plantes médicinales et une bibliothèque spéciale.

S'il s'agit d'une école spéciale de pharmacie, les

administrateurs de cet établissement devront déclarer qu'il possède des laboratoires de physique, de chimie, de pharmacie et d'histoire naturelle, les collections nécessaires à l'enseignement de la pharmacie, un jardin de plantes médicinales et une bibliothèque spéciale.

Art. 7. — Les cours ou établissements libres d'enseignement supérieur seront toujours ouverts et accessibles aux délégués du ministre de l'instruction publique.

La surveillance ne pourra porter sur l'enseignement que pour vérifier s'il n'est pas contraire à la morale, à la Constitution et aux lois.

Art. 8. — Sont incapables d'ouvrir un cours et de remplir les fonctions d'administrateur ou de professeur dans un établissement libre d'enseignement supérieur :

1° Les individus qui ne jouissent pas de leurs droits civils ;

2° Ceux qui ont subi une condamnation pour crime ou pour un délit contraire à la probité ou aux mœurs ;

3° Ceux qui, par suite de jugement, se trouveront privés de tout ou partie des droits civils, civiques et de famille, indiqués dans les n°s 1, 2, 3, 5, 6, 7 et 8 de l'article 42 du code pénal ;

4° Ceux contre lesquels l'incapacité aura été prononcée en vertu de l'article 16 de la présente loi.

Art. 9. — Les étrangers pourront être autorisés à ouvrir des cours ou à diriger des établissements libres d'enseignement supérieur dans les conditions prescrites par l'article 78 de la loi du 15 mars 1850.

TITRE II

DES ASSOCIATIONS FORMÉES DANS UN DESSEIN D'ENSEIGNEMENT SUPÉRIEUR

Art. 10. — L'article 291 du code pénal n'est pas applicable aux associations formées pour créer et entretenir des cours ou établissements d'enseignement supérieur dans les conditions déterminées par la présente loi.

Il devra être fait une déclaration indiquant les noms, professions et domiciles des fondateurs et administrateurs desdites associations, le lieu de leurs réunions et les statuts qui doivent les régir.

Cette déclaration devra être faite, savoir : 1° au recteur ou à l'inspecteur d'académie, qui la transmettra au recteur ; 2° dans le département de la Seine, au préfet de police, et, dans les autres départements, au préfet ; 3° au procureur général de la cour du ressort, en son parquet, ou au parquet du procureur de la République.

La liste complète des associés, avec indication de leur domicile, devra se trouver au siége de l'association et être communiquée au parquet à toute réquisition du procureur général.

Art. 11. — Les établissements d'enseignement supérieur fondés, ou les associations formées en vertu de la présente loi, pourront, sur leur demande, être déclarés établissements d'utilité publique, dans les formes voulues par la loi, après avis du conseil supérieur de l'instruction publique.

Une fois reconnus, ils pourront acquérir et contracter à titre onéreux; ils pourront également recevoir des dons et des legs dans les conditions prévues par la loi.

La déclaration d'utilité publique ne pourra être révoquée que par une loi.

ART. 12. — En cas d'extinction d'un établissement d'enseignement supérieur reconnu, soit par l'expiration de la société, soit par la révocation de la déclaration d'utilité publique, les biens acquis par donation entre-vifs et par disposition à cause de mort feront retour aux donateurs et aux successeurs des donateurs et testateurs, dans l'ordre réglé par la loi, et à défaut de successeurs, à l'État.

Les biens acquis à titre onéreux feront également retour à l'État, si les statuts ne contiennent à cet égard aucune disposition.

Il sera fait emploi de ces biens pour les besoins de l'enseignement supérieur par décrets rendus en conseil d'État, après avis du conseil supérieur de l'instruction publique.

TITRE III

DE LA COLLATION DES GRADES

ART. 13. — Les élèves des Facultés libres pourront se présenter, pour l'obtention des grades, devant les Facultés de l'État, en justifiant qu'ils ont pris, dans la Faculté dont ils ont suivi les cours, le nombre d'inscriptions voulu par les règlements. Les élèves des Universités libres pourront se présenter, s'ils le préfèrent, devant un jury spécial formé dans les conditions déterminées par l'article 14.

Toutefois, le candidat ajourné devant une Faculté de l'État ne pourra se présenter ensuite devant le jury spécial, et réciproquement, sans en avoir obtenu l'autorisation du ministre de l'instruction publique. L'infraction à cette disposition entraînerait la nullité du diplôme ou du certificat obtenu.

Le baccalauréat ès lettres et le baccalauréat ès sciences resteront exclusivement conférés par les Facultés de l'État.

Art. 14. — Le jury spécial sera formé de professeurs ou agrégés des Facultés de l'État et de professeurs des Universités libres, pourvus du diplôme de docteur. Ils seront désignés, pour chaque session, par le ministre de l'instruction publique et, si le nombre des membres de la commission d'examen est pair, ils seront pris en nombre égal dans les Facultés de l'État et dans l'Université libre à laquelle appartiendront les candidats à examiner. Dans le cas où le nombre est impair, la majorité sera du côté des membres de l'enseignement public.

La présidence, pour chaque commission, appartiendra à un membre de l'enseignement public.

Le lieu et les époques des sessions d'examen seront fixés chaque année, par un arrêté du ministre, après avis du conseil supérieur de l'instruction publique.

Art. 15. — Les élèves des Universités libres seront soumis aux mêmes règles que ceux des Facultés de l'État, notamment en ce qui concerne les conditions préalables d'âge, de grades, d'inscriptions, de stage dans les hôpitaux, le nombre des épreuves à subir devant le jury spécial pour l'obtention de chaque grade, les délais obligatoires entre chaque grade et les droits à percevoir.

Un règlement délibéré en conseil supérieur de l'instruction publique déterminera les conditions auxquelles un étudiant pourra passer d'une Faculté dans une autre.

TITRE IV

DES PÉNALITÉS

ART. 16. — Toute infraction aux articles 3, 4, 5, 6, 8, et 10 de la présente loi sera punie d'une amende qui ne pourra excéder mille francs. (1,000 fr.)

Sont passibles de cette peine :

1° L'auteur du cours dans le cas prévu par l'article 3 ;

2° Les administrateurs, ou, à défaut d'administrateurs régulièrement constitués, les organisateurs dans les cas prévus par les articles 4, 6 et 10 ;

3° Tout professeur qui aura enseigné malgré la défense de l'article 8.

ART. 17. — En cas d'infraction aux prescriptions des articles 3, 4, 5, 6 ou 10, les tribunaux pourront prononcer la suspension du cours ou de l'établissement pour un temps qui ne devra pas excéder trois mois.

En cas d'infraction aux dispositions de l'article 8, ils prononceront la fermeture du cours et pourront prononcer celle de l'établissement.

Il en sera de même, lorsqu'une seconde infraction aux prescriptions des articles 3, 4, 5, 6 ou 10 sera commise dans le courant de l'année qui suivra la première condamnation. Dans ce cas, le délinquant pourra être frappé pour un temps n'excédant pas cinq ans de l'incapacité édictée par l'article 8.

ART. 18. — Tout jugement prononçant la suspension ou la fermeture d'un cours sera exécutoire par provision, nonobstant appel ou opposition.

Art. 19. — Tout refus de se soumettre à la surveillance, telle qu'elle est prescrite par l'article 7, sera puni d'une amende de mille à trois mille francs (1,000 à 3,000 fr.) et, en cas de récidive, de trois mille à six mille francs (3,000 à 6,000 fr.).

Si la récidive a lieu dans le courant de l'année qui suit la première condamnation, le jugement pourra ordonner la fermeture du cours ou de l'établissement.

Tous les administrateurs de l'établissement seront civilement et solidairement responsables du payement des amendes prononcées contre l'un ou plusieurs d'entre eux.

Art. 20. — Lorsque les déclarations faites conformément aux articles 3 et 4 indiqueront comme professeur une personne frappée d'incapacité ou contiendront la mention d'un sujet contraire à l'ordre public ou à la morale publique et religieuse, le procureur de la République pourra former opposition dans les dix jours.

L'opposition sera notifiée à la personne qui aura fait la déclaration.

La demande en main-levée pourra être formée devant le tribunal civil, soit par déclaration écrite au bas de la notification, soit par acte séparé, adressé au procureur de la République.

Elle sera portée à la plus prochaine audience.

En cas de pourvoi en cassation, le recours sera formé dans la quinzaine de la notification de l'arrêt, par déclaration au greffe de la cour ; il sera notifié dans la huitaine, soit à la partie, soit au procureur général, suivant le cas, le tout à peine de déchéance.

Le recours formé par le procureur général sera suspensif.

L'affaire sera portée directement devant la chambre civile de la cour de cassation.

Le cours ne pourra être ouvert avant la mainlevée de l'opposition, à peine d'une amende de seize francs à cinq cents francs (16 fr. à 500 fr.), laquelle pourra être portée au double en cas de récidive dans l'année qui suivra la première condamnation.

Si le cours est ouvert dans un établissement, les administrateurs seront civilement et solidairement responsables des amendes prononcées en vertu du présent article.

Art. 21. — En cas de condamnation pour délit commis dans un cours, les tribunaux pourront prononcer la fermeture du cours.

La poursuite entraînera la suspension provisoire du cours ; l'affaire sera portée à la plus prochaine audience.

Art. 22. — Indépendamment des pénalités ci-dessus édictées, tout professeur pourra, sur la plainte du préfet ou du recteur, être traduit devant le conseil départemental de l'instruction publique pour cause d'inconduite notoire, ou lorsque son enseignement sera contraire à la morale et aux lois, ou pour désordre grave occasionné ou toléré par lui dans son cours. Il pourra, à raison de ces faits, être soumis à la réprimande avec ou sans publicité ; l'enseignement pourra même lui être interdit à temps ou à toujours, sans préjudice des peines encourues pour crimes ou délits.

Le conseil départemental devra être convoqué dans les huit jours à partir de la plainte.

Appel de la décision rendue pourra toujours être

porté devant le conseil supérieur, dans les quinze jours à partir de la notification de cette décision.

L'appel ne sera pas suspensif.

Art. 23. — L'article 463 du code pénal pourra être appliqué aux infractions prévues par la présente loi.

DISPOSITION TRANSITOIRE

Art. 24. — Le Gouvernement présentera, dans le délai d'un an, un projet de loi ayant pour objet d'introduire dans l'enseignement supérieur de l'État les améliorations reconnues nécessaires.

Art. 25. — Sont abrogés les lois et décrets antérieurs en ce qu'ils ont de contraire à la présente loi.

Délibéré en séances publiques à Versailles, les cinq décembre mil huit cent soixante-quatorze, dix-sept juin et douze juillet mil huit cent soixante-quinze.

Loi relative au traitement des instituteurs et institutrices primaires.

L'Assemblée nationale a adopté la loi dont la teneur suit :

Art. 1er. — Les traitements minima des instituteurs et institutrices publics sont fixés de la manière suivante :

Instituteurs titulaires divisés en quatre classes :

4e classe	900
3e classe	1.000
2e classe	1.100
1er classe	1.200

Institutrices titulaires divisées en trois classes :

3ᵉ classe	700
2ᵉ classe	800
1ʳᵉ classe	900
Instituteurs adjoints chargés d'une école de hameau (classe unique)...........	800
Instituteurs adjoints attachés à l'école principale (classe unique)..............	700
Institutrices adjointes chargées d'une école de hameau (classe unique)..........	650
Institutrices adjointes attachées à l'école principale (classe unique).........	600

Art. 2. — L'instituteur ou l'institutrice qui débute comme titulaire appartient à la dernière classe.

La promotion à une classe supérieure est de droit après cinq ans passés dans la classe immédiatement inférieure, et ne peut avoir lieu avant l'expiration de cette période.

Art. 3. — L'obtention du brevet complet élève de cent francs (100 fr.), pour les instituteurs et les institutrices de tout ordre, les traitements minima auxquels ils ont droit d'après leur classe.

Le même avantage est accordé, mais seulement pour l'année courante, aux instituteurs et institutrices non pourvus du brevet complet, placés dans le premier huitième de la liste de mérite qui sera dressée, chaque année, par le conseil départemental.

L'allocation annuelle sera réduite à cinquante francs (50 fr.) pour ceux qui figureront dans le second huitième.

Art. 4. — Les instituteurs et institutrices qui auront obtenu la médaille d'argent dans les conditions fixées par l'arrêté du 24 août 1858 auront droit à une allocation supplémentaire et annuelle de cent francs (100 fr.) tant qu'ils seront en activité.

Art. 5. — Une indemnité annuelle, variant de cinquante francs à cent cinquante francs (50 fr. à 150 fr.), pourra être attachée à la résidence des instituteurs et institutrices de tout ordre dans les circonscriptions scolaires où des circonstances exceptionnelles la rendraient nécessaire.

Des tableaux sont à cet effet dressés tous les cinq ans, par le conseil départemental, et arrêtés, après avis du conseil général et du recteur de l'académie, par décrets en la forme des règlements d'administration publique.

Art. 6. — Les associations religieuses vouées à l'enseignement et reconnues par l'État continueront à être admises à fournir, à des conditions convenues, des maîtres aux communes où elles seront appelées.

A défaut de conventions particulières, toutes les dispositions des articles précédents sont applicables aux instituteurs et institutrices communaux appartenant auxdites associations.

Art. 7. — Il est pourvu au surcroît de dépenses résultant de la présente loi, au moyen des ressources énumérées dans les articles 40 de la loi du 1850, et 14 de la loi du 10 avril 1867, augmentées d'un quatrième centime communal et d'un quatrième centime départemental, additionnels au principal des quatre contributions directes.

Art. 8. — Les ressources d'origines diverses affectées au service de l'instruction primaire continueront à être inscrites au budget communal.

Les traitements seront mandatés par le préfet et acquittés suivant le mode établi en matière de cotisations municipales.

Ils seront payés mensuellement et par douzièmes, sur le vu d'un état dressé par l'inspecteur d'académie.

DISPOSITIONS TRANSITOIRES

Art. 9. — Les instituteurs et institutrices de tous ordres parviendront, par augmentations successives, aux traitements ci-dessus fixés dans un délai qui n'excédera pas quatre années.

Les instituteurs, institutrices titulaires et instituteurs adjoints dont les traitements minima actuels sont de 500, 600, 700 et 800 fr., recevront, la première année, une allocation complémentaire qui élèvera de cent francs (100 fr.) ces traitements minima.

Le traitement minimum des institutrices adjointes sera porté, la première année, de quatre cent cinquante francs à cinq cents francs (450 à 500 fr.)

Pour chacune des trois années suivantes un décret déterminera les diverses catégories d'instituteurs et d'institutrices de tout ordre qui, dans les limites fixées par la présente loi, devront obtenir une nouvelle augmentation de traitement. Il fixera en outre le chiffre de cette augmentation.

Délibéré en séance publique à Versailles, le 19 juillet 1875.

XVI

Voici, à la date du 14 août 1875, les principales mesures qui ont été arrêtées par le ministre de l'instruction publique et des cultes, après avis du conseil supérieur de l'instruction publique, pour fortifier l'agrégation près les Facultés de l'État.

Désormais, les agrégés près les divers ordres de Facultés et les Écoles supérieures de pharmacie seront divisés en deux classes; les agrégés en activité pour un temps déterminé, lesquels auront seuls droit à un traitement, et les agrégés libres dont les fonctions sont expirées.

Cependant le ministre pourra, par un arrêté spécial, maintenir un agrégé dans son titre ou dans ses fonctions après l'expiration de son temps légal d'exercice, ou même le rappeler temporairement à l'activité, si les besoins du service l'exigent.

Nul ne pourra ête admis à concourir pour l'agrégation des Facultés s'il n'est Français ou naturalisé Français, âgé de vingt-cinq ans accomplis et pourvu d'un diplôme de docteur correspondant à l'ordre d'agrégation pour lequel il se présente. Des dispenses d'âge pourront être néanmoins accordées par le ministre, qui déterminera les époques et le siége des concours.

Les juges des concours d'agrégation seront désignés par le ministre, parmi les membres du conseil supérieur de l'instruction publique, les inspecteurs généraux de l'enseignement supérieur, les professeurs et agrégés des Facultés ou des Écoles supérieures de pharmacie et parmi les membres de l'Institut, les professeurs du Collége de France et du Muséum d'histoire naturelle. Pour l'agrégation des Facultés de droit, les juges pourront être choisis, en outre, parmi les Conseillers d'État et parmi les magistrats des cours souveraines, pour l'agrégation des Facultés de Médecine, parmi les membres de l'Académie de médecine, et, pour l'agrégation des Facultés des sciences, parmi les ingénieurs et inspecteurs en chef des ponts et chaussées et des mines, parmi les officiers généraux appartenant à l'artillerie ou au génie maritime ou militaire.

Le nombre des juges, pour chaque concours, sera de sept au moins et de neuf au plus, y compris le président.

Les agrégés participeront aux examens suivant les besoins du service et dirigeront, sous l'autorité du doyen, les conférences instituées par l'art. 5 du décret du 22 août 1854. Le ministre pourra les autoriser, sur l'avis du doyen et le rapport du recteur, à ouvrir des cours complémentaires dans le local de la Faculté dont ils feront partie.

Les agrégés seront membres de la Faculté à laquelle ils seront attachés, ils prendront rang immédiatement après les professeurs. Ils pourront être appelés aux délibérations de la Faculté avec voix consultative. Tout agrégé qui, à l'époque fixée, ne se sera pas rendu au poste auquel il aura été appelé perdra son titre d'agrégé et les droits qui y seront attachés.

Dans les Facultés de droit, le nombre des agrégés en exercice ne pourra, dans chaque Faculté, excéder la moitié du nombre des professeurs titulaires. La durée des fonctions des agrégés en exercice dans les Facultés de cet ordre est fixée à 10 ans. Ils seront renouvelés par moitié tous les 5 ans. Les épreuves préparatoires consisteront dans l'appréciation des services et des travaux antérieurs des candidats, dans une composition sur une question de droit français, dans une leçon orale de trois quarts d'heure au plus, faite après quatre heures de préparation libre, sur un sujet de droit romain. Sept heures seront accordées pour la composition, qui sera imprimée et distribuée par les soins de chaque candidat.

Les épreuves définitives consisteront en une composition écrite en latin sur une question de droit romain, en deux leçons orales et en deux argumentations. Les deux leçons orales seront faites après vingt-quatre heures de préparation libre. Les deux argumentations porteront, l'une sur un titre du Digeste, l'autre sur une matière de droit civil français. Six jours francs seront accordés pour leur préparation.

Dans les Facultés de Médecine, les agrégés institués après le concours feront un stage de trois ans avant d'entrer en activité de service. Les agrégés stagiaires n'auront pas de traitement fixe, mais pourront être chargés de conférences, et recevront, dans ce cas, à titre d'indemnité éventuelle, le tiers du produit de ces conférences.

XVII

Depuis la promulgation de la nouvelle loi sur l'enseignement supérieur, M. Colmet d'Aage, doyen de la Faculté de droit de Paris, a pris occasion de la distribution des prix, pour s'exprimer sur les critiques adressées aux études dirigées par l'État. Il a parlé en termes graves, mesurés, comme le comportait son caractère, comme le voulait sa fonction, comme le réclamait le jeune auditoire devant lequel il s'est exprimé ainsi :

Messieurs,

L'Assemblée nationale a voté récemment une loi sur la liberté de l'enseignement supérieur. Il serait prématuré d'exprimer dès à présent une opinion sur ses effets et sur ses conséquences. Sera-t-elle une œuvre de paix et de conciliation, comme l'ont soutenu ses partisans? Amènera-t-elle, comme l'ont prédit ses adversaires, un état de guerre et d'hostilité, en séparant en deux camps la jeunesse studieuse? L'avenir réalisera-t-il les craintes qu'elle soulève d'un côté ou les espérances qu'elle fait naître d'un autre? Ces questions ne peuvent aujourd'hui recevoir aucune réponse. Ce n'est pas au moment où l'arbre est planté que l'on peut juger de ses fruits.

Mais dans les discussions passionnées qui ont précédé le vote de la loi, des voix éloquentes ont formulé contre nous des accusations que nous croyons injustes et auxquelles nous devons répondre. Ces attaques n'étaient peut-être pas dirigées directement contre la Faculté de droit de Paris; mais nous nous sentons atteints par les traits lancés contre l'enseignement de l'État, contre les Facultés qui les donnent, contre l'Université à laquelle nous appartenons. Sans doute, nous avons eu dans ces débats des défenseurs habiles et autorisés; mais, même après la plus brillante plaidoirie de l'avocat, l'accusé a toujours le droit d'ajouter à sa défense.

Le premier reproche qu'on nous a adressé a été formulé en ces termes :

« Le monopole universitaire est un obstacle au progrès de la science. Le monopole tue l'enseignement. Il mène la France à l'ignorance absolue. »

Messieurs, on cède en ce moment à un entraînement qui paraît irrésistible, en proclamant la liberté de l'enseignement supérieur. La France veut tenter une épreuve qui n'a pas réussi partout. Nous verrons quel succès l'avenir lui réserve dans notre pays. Mais, pour porter les derniers coups à l'Université de France, était-il nécessaire de la calomnier?

Quand cette grande institution a été créée, en 1808, on ne saurait nier que le monopole qui lui était accordé ait été, à cette époque, un grand bienfait pour le pays. La concentration de l'enseignement dans la main de l'État, sous la direction d'un grand maître de l'Université, a permis de relever les études, singulièrement abaissées, de rétablir la discipline, de donner une heureuse impulsion au développement intellectuel.

L'enseignement de cette Université est-il resté stationnaire? Est-il vrai qu'elle ait été un obstacle à tout progrès? qu'elle mène fatalement à l'ignorance? La médecine, les sciences, les lettres sauront se défendre de ces imputations. Je ne veux examiner ces reproches qu'en ce qui concerne la science du droit, et spécialement la Faculté de droit de Paris.

Cette Faculté avait ouvert ses cours en 1805. En 1808, comme en 1805, elle comptait cinq chaires, une de droit romain, trois de Code civil et une de procédure civile et de législation criminelle.

Le personnel de la Faculté se composait de cinq professeurs titulaires et de quatre suppléants, qui n'étaient chargés d'aucun cours, mais devaient remplacer les professeurs en cas d'absence ou d'empêchement.

Aujourd'hui la Faculté compte dix-neuf chaires. L'enseignement du droit romain, ce fondement nécessaire des bonnes études juridiques, a été étendu à deux années pour la licence; il est donné par quatre professeurs. Un agrégé fait, en outre, pour les aspirants au doctorat, une conférence sur les Pandectes. Le nombre des chaires de Code civil a été porté à six. Deux professeurs enseignent le Droit criminel; et la Procédure civile, faisant l'objet exclusif d'un cours, a pu recevoir plus de développement. Nos programmes se sont successivement accrus de chaires de Droit commercial, de Droit administratif, d'histoire du Droit, de Droit des gens, de Législation générale comparée, d'Économie politique, de Droit coutumier.

Dix agrégés remplacent les quatre suppléants de l'organisation primitive. Quatre sont chargés de cours complémentaires, dont l'un est consacré à la Législation industrielle.

Tous nos agrégés font, en outre, des conférences où les étudiants trouvent un utile auxiliaire pour la préparation de leurs examens. Ils y sont questionnés, encouragés à raisonner, à développer eux-mêmes leurs idées. Ces conférences, que nous ne saurions trop recommander, sont très-suivies par les aspirants au doctorat, mais ne paraissent pas encore assez connues et appréciées par les jeunes gens qui se préparent aux examens du baccalauréat et de la licence.

Sait-on comment se recrute tout ce personnel enseignant? Les plus anciens d'entre nous ont été nommés suppléants et professeurs au concours. Aujourd'hui, les professeurs sont nommés sur la présentation de la Faculté et du Conseil académique. Mais on n'entre dans l'agrégation que par un concours dont les juges sont des professeurs et des membres de la Cour de cassation. Les agrégés une fois nommés sont attachés aux diverses facultés de droit des départements. Quelques-uns conçoivent la louable ambition de devenir agrégés à Paris, et plus tard professeurs titulaires. Jusqu'à ce qu'ils aient atteint ce but, leur vie est un concours perpétuel. Quand ils demanderont à être présentés pour une chaire vacante, leurs succès dans les cours et les conférences, leurs publications constitueront, en effet, les titres qui pourront les faire préférer les uns aux autres, ou à des professeurs d'autres facultés.

On ignore en dehors de cette école à quel labeur incessant se livrent ces jeunes agrégés, et on s'étonne même ici des travaux qu'ils peuvent accomplir. Chargés de cours et de conférences, qui exigent autant de préparation que les cours, occupés pendant des journées entières par le service des examens, ils trouvent encore le temps, les uns de publier d'importants ouvrages qui les placent au rang des maîtres, les autres de composer des mémoires que couronne l'Académie des sciences morales et politiques. Et quand ce zèle, ces travaux, ces succès leur ont fait obtenir une chaire, croit-on que le professeur titulaire n'ait plus qu'à se reposer? Non, messieurs, nos professeurs, pendant toute leur carrière, se tiennent au courant de tout ce qu'on dit, de tout ce qu'on imprime, de tout ce qu'on juge sur la matière de leur enseignement; et quand, après des études approfondies, ils ont acquis une autorité incontestée, ils publient eux-mêmes les résultats de leurs recherches et de leurs méditations. Nos professeurs, nos agrégés, depuis quelques années, apportent en outre un utile concours à la société de Législation comparée, qui est appelée à rendre d'importants services à la science du droit.

Eh! quoi, messieurs, tout ce mouvement intellectuel, tous ces travaux seraient stériles! ils n'auraient amené aucun progrès! Non, il n'est pas possible que tant de zèle, tant de labeur accumulé, tant d'efforts intelligents aient été dépensés en pure perte.

Les faits sont là pour prouver le contraire. La découverte de textes importants a renouvelé et agrandi l'enseignement du droit romain. Les recherches sur les sources du droit, sur son histoire ont fait surgir des ouvrages remarquables par leur érudition.

Dans l'application de nos lois, la pratique a soulevé mille questions délicates, difficiles, sur lesquelles la jurisprudence et la doctrine ont eu à se prononcer. Sommes-nous donc restés étrangers à ce mouvement? Non-seulement nous nous y sommes associés, mais nous avons concouru par nos leçons, par nos livres, à ce développement de la science juridique. Nos ouvrages sont cités avec autorité devant les Tribunaux; nos consultations sont recherchées par les plaideurs. Je vois qu'on appelle nos professeurs dans les commissions qui préparent la confection ou la révision des lois. Trois professeurs de droit, dont l'un est sorti de nos rangs, siègent aujourd'hui à la Cour de cassation. J'ai eu l'honneur, cet hiver, de représenter la Faculté aux fêtes du trois centième anniversaire de la fondation de l'Université de Leyde. Là, j'ai été mis en rapport avec des professeurs de droit de toutes les Universités de l'Europe, et j'ai constaté que nos noms, que nos livres étaient aussi connus, aussi appréciés à l'étranger qu'en France.

Quant à nos cours, quelle est leur valeur? quel est le mérite de nos professeurs? Ce n'est pas à nous à le dire. J'en appelle à tant de savants magistrats, d'avocats illustres, de membres éminents du Conseil d'État, de la Cour des comptes, d'administrateurs qui ont été les élèves de cette école, et qui, j'en recueille tous les jours de précieux témoignages, reconnaissent l'utilité des études qu'ils y ont faites.

Mais ces cours, on les juge souvent sans les connaître. Un ancien ministre de l'instruction publique, qui n'est pas d'ailleurs un professeur de droit, disait dans la discussion de la loi qui vient d'être votée :

« Je suis un peu étonné d'entendre tous ceux qui ont traité la question, présenter les cours publics comme des cours où l'on prépare, question par question, à l'examen de la licence ou à l'examen du doctorat.

« Vous pouvez, si vous le voulez — et cela ne serait pas indigne d'un législateur — aller à la Sorbonne ou à l'École de Droit; et vous verrez si les cours qui s'y font ont ce caractère d'enseignement terre à terre; si on y prend les questions d'un programme et si on les traite l'une après l'autre, si c'est cela qu'on appelle le haut enseignement de notre pays. Pas du tout, il n'en est rien heureusement! »

Maintenant, messieurs, à qui notre enseignement est-il destiné? Au premier trimestre de cette année, deux mille trois cent quatre-vingt-neuf étudiants se sont inscrits sur nos registres. Il y a bien des Universités qui ne comptent pas autant d'élèves dans toutes leurs Facultés réunies; et je ne crois pas qu'il existe au monde un établissement où le chiffre des étudiants en droit soit aussi élevé.

Dans ce nombre, nous comptons cette année cent quarante-neuf étrangers. J'ai hésité à vous fatiguer de l'énumération de leurs diverses nationalités; mais j'ai pensé que ce détail offrait un certain intérêt. Nous avons pour élèves cent cinq Roumains, huit Turcs, six Russes, un Polonais, quatre Grecs, un Sicilien, deux Espagnols, dont un de l'île de Cuba, trois Belges, deux Anglais, cinq des possessions anglaises, savoir : deux de l'île Maurice, un du Canada, un de l'île de la Trinité, un de l'Australie. Un élève nous est venu de la Poméranie, un de la Prusse rhénane. L'Égypte nous a envoyé deux étudiants, le Japon un. Un autre nous vient des États-Unis d'Amérique, un de la Colombie, un de la Nouvelle-Grenade, un de la République de l'Équateur, un du Brésil, et, enfin, un de l'Uruguay. Il faut ajouter à ce nombre huit à dix jeunes gens qui viennent tous les ans du Luxembourg ou de la Belgique, qui ne se font pas inscrire, mais demandent, à la fin de l'année scolaire, des attestations aux professeurs dont ils ont écouté les leçons. Les étudiants étrangers ne sont pas les moins laborieux de nos élèves. Cette année, trois Roumains, deux Turcs, un Russe, un Grec ont obtenu le grade de docteurs.

Ces jeunes gens sont fiers des diplômes qu'ils ont mérités. Viendraient-ils donc de si loin chercher un enseignement qui ne les mènerait qu'à l'ignorance!

Un Anglais, qui vient d'obtenir un diplôme d'un ordre moins élevé, nous a envoyé, en souvenir des études qu'il a faites dans cette école, une somme de 1,000 francs qui sera donnée comme prix l'année prochaine, à l'auteur du meilleur mémoire sur l'arbitrage international.

Tous les étudiants inscrits sont-ils assidus aux cours ? Non, sans doute; on a renoncé aux appels, aux certificats d'assiduité, à ces anciens moyens de coërcition. Et cependant jamais les cours n'ont été plus suivis qu'ils ne le sont aujourd'hui. Ceux qui y viennent librement y sont attirés par le désir de s'instruire et par le talent du professeur.

Entrez dans nos amphithéâtres; vous y verrez les assistants écouter le professeur avec recueillement et prendre tous des notes.

Cet enseignement produit-il des résultats appréciables ? On peut donner une preuve incontestable des progrès qu'il a réalisés. Que l'on compare les thèses de doctorat de nos jours avec celles d'autrefois. Aujourd'hui les thèses de nos docteurs sont souvent des volumes. Elles dénotent toujours un travail considérable; elles forment quelquefois des monographies d'une valeur réelle; quelques-unes enfin, œuvres remarquables, méritent les honneurs de la publicité, et, revues, augmentées par leurs auteurs, prennent place dans la bibliothèque des jurisconsultes.

Le monopole universitaire, a-t-on dit encore, amène un asservissement des esprits. L'État impose aux professeurs des méthodes et des doctrines. Nous ne connaissons pas, nous n'avons jamais connu ces entraves. Sauf les limites fixées par les programmes des examens, le professeur se meut comme il l'entend dans le cercle de son enseignement. Le choix des méthodes, l'indépendance des opinions sont absolues. Il n'est pas rare, dans les questions controversées, d'entendre, en passant d'un cours à un autre, des solutions opposées. Quand deux professeurs sont chargés d'enseigner les mêmes matières, chacun a sa méthode, ses doctrines entre lesquelles les élèves peuvent choisir. Cette concurrence excite le zèle des maîtres; les étudiants, suivant la nature de leur esprit, sont attirés vers l'un ou l'autre cours, et ces rivalités profitent à l'enseignement.

Est-ce à dire, messieurs, que je considère nos Facultés comme ayant atteint la perfection idéale? Hélas! il y a encore bien des lacunes; on réclame encore bien des améliorations. Mais l'Université a-t-elle apporté le moindre obstacle à la réalisation des vœux des Facultés? Non, ce sont, au contraire, les ministres de l'instruction publique qui ont jeté le cri d'alarme. M. Duruy, le premier, et tous ses successeurs, après lui, ont signalé les imperfections des laboratoires scientifiques, la déplorable installation matérielle de certaines Facultés; et, en ce qui nous concerne, la désastreuse exiguïté de notre bibliothèque, l'insuffisance de nos amphithéâtres, la nécessité de compléter nos programmes par de nouvelles créations de chaires. Si tant de légitimes réclamations n'ont pas été accueillies, il ne faut l'attribuer qu'à la rigueur des commissions du budget et à l'indifférence des Assemblées parlementaires.

Une seconde accusation bien grave a été portée contre nous. « Il ne s'agit pas seulement, » a dit un orateur dans la discussion de la loi, « il ne s'agit pas seulement d'enseigner plus ou moins bien le droit, les sciences, la médecine, il s'agit, pour les pères de famille, de savoir dans quel esprit leurs enfants seront élevés. Il s'agit pour les familles chrétiennes de voir se former, sous la protection de la liberté générale, des Universités où l'âme de leurs enfants pourra être préservée, en même temps que leur intelligence sera fortifiée et agrandie. »

Des voix plus passionnées ont qualifié l'enseignement de l'État d'athée et de matérialiste, d'enseignement pestilentiel.

Messieurs, ceux qui se sont exprimés ainsi ne nous connaissent pas. Mais l'enseignement du droit est essentiellement spiritualiste. Il est basé sur la morale ; et personne, dans cette Faculté, n'a admis la chimère de la morale indépendante. Nous nous sommes formés en lisant les ouvrages des Domat, des Pothier, qui n'étaient assurément ni des athées, ni des matérialistes. Nous appartenons à l'école des jurisconsultes et des philosophes qui examine les lois promulguées par les législateurs humains pour les déclarer justes ou injustes en les comparant à l'idée première d'un bien moral indépendant des lois. En un mot, nous reconnaissons un droit supérieur et antérieur aux lois humaines.

Ah ! messieurs, quand je songe à tant de professeurs de cette Faculté dont j'ai été ou dont je suis depuis quarante-quatre ans le disciple ou le collègue ; quand je me rappelle leur vie si laborieuse, leurs doctrines si pures, leurs convictions religieuses si vraies, je suis aussi surpris qu'indigné en voyant qu'on les présente aux familles comme des corrupteurs de la jeunesse ! Nous n'avons guère, dans nos cours, à faire montre de nos sentiments religieux. Mais, quelles que soient les croyances de chaque professeur, je n'ai jamais entendu dire, non, jamais ! que les consciences de nos auditeurs aient pu être troublées par les doctrines qui leur étaient enseignées ici. Sans doute un certain nombre d'étudiants cessent, après quelque temps, de se montrer aux cours ; mais ils cèdent ordinairement, en désertant l'École, à des entraînements bien plus capables de leur faire oublier leur foi religieuse et de compromettre le salut de leur âme.

J'ai, depuis bien des années, suivi avec intérêt dans leur carrière les enfants de mes maîtres et de mes collègues, et je crois pouvoir affirmer qu'il n'existe à

Paris aucun corps, aucune compagnie dont les membres puissent, plus que nous, se féliciter de voir leurs fils marcher dans la voie du bien, du travail et de l'honneur. Si nos leçons, nos conseils et nos exemples maintiennent nos fils dans les idées et les sentiments de l'éducation chrétienne qu'ils ont reçue, comment ces conseils et ces leçons pervertiraient-ils les enfants des autres !

Messieurs, pour répondre à d'injustes accusations, j'ai montré ce que nous sommes. Nous n'avons rien à changer à la nature et à l'esprit de notre enseignement. Nous continuerons à apprendre à la jeunesse le respect des lois et les règles du juste et de l'injuste. Nous leur apprendrons leurs droits et leurs devoirs au sein de cette société et de cette patrie dans lesquelles la Providence les a placés. Nous leur apprendrons enfin à appliquer ces éternels principes du droit : *Honestè vivere, neminem lædere, jus suum cuique tribuere.*

XVIII

M. Victor Duruy, ancien ministre de l'instruction publique sous l'Empire, vient d'adresser à M. Laboulaye, député à l'Assemblée nationale, la lettre suivante :

Paris, le 5 décembre 1874.

Monsieur et très-honoré confrère,

A la séance d'hier, vous avez dit : « Pendant toute la durée de l'empire, on a fait peu de chose pour l'enseignément supérieur. » Cette affirmation venant de vous, Monsieur, membre de l'Institut, administrateur du Collége de France, a lieu de surprendre, et l'autorité même qu'ont vos paroles m'oblige d'y répondre.

Vous connaissez les efforts faits personnellement par l'Empereur pour développer les hautes études, par la fondation de grands prix à l'Institut et par l'envoi de missions, souvent aux frais de sa cassette particulière, sur tous les points du globe où pouvaient être recueillis des matériaux utiles à la science. Quant à l'enseignement proprement dit, le gouvernement impérial avait pris à cœur de répondre aux besoins que les gouvernements antérieurs n'avaient pu satisfaire, en mettant notre ancien système d'instruction en rapport avec les nécessités d'une société nouvelle. Nul ne songe à contester l'énergique impulsion donnée par lui à l'instruction primaire, et l'organisation de l'enseignement spécial, si indispensable à notre commerce et à notre industrie, est son ouvrage. Mais il entendait mettre de l'ordre dans cette reconstruction de tout notre édifice scolaire; il ne voulait toucher à l'enseignement supérieur qu'après avoir solidement établi la base et les assises intermédiaires, interrogé, par des enquêtes minutieuses, l'expérience des nations étrangères, et arrêté dans son ensemble le plan de réformation. Ce fut l'œuvre laborieuse, qui jamais n'avait été entreprise, des trois statistiques de l'enseignement primaire, secondaire et supérieur; la dernière fut publiée en 1868; on y trouve la justification des réformes dont le ministre d'alors exposa la nécessité dans le rapport mis en tête de ce volume.

En consultant ces documents, vous pourrez vous assurer, Monsieur, que le gouvernement était au courant des défauts organiques de notre enseignement supérieur et de tout ce qui lui manquait matériellement pour prospérer. Vous voudrez bien reconnaître que ce qu'il savait, il n'hésitait pas à le dire tout haut, pour se donner, dans l'intérêt de la réforme, l'appui de l'opinion publique; et je puis vous assurer qu'il avait le ferme propos d'y porter remède. La moitié de la guérison n'est-elle pas dans la connaissance certaine du mal?

A ce moment tout était donc prêt pour le renouvellement de notre enseignement supérieur. Les projets étaient arrêtés, les crédits mêmes, indispensables pour le matériel et le personnel nouveaux, avaient été assurés par de formels engagements du gouvernement et de la commission du budget, lorsque survinrent nos désastres et la révolution.

Cependant, avant de tomber, l'Empire avait eu le temps d'inaugurer une nouvelle et féconde méthode d'enseignement supérieur, en créant l'École pratique des hautes études, qui donne déjà des professeurs à nos Facultés, même à des Académies étrangères, et qui, justifiant la confiance mise en elle par l'Assemblée nationale, a récemment reçu le seul diplôme d'honneur délivré, en ces matières, par le jury international de l'Exposition viennoise. Il avait construit des laboratoires d'enseignement et de recherches que les allocations promises allaient permettre de multiplier. Il avait fondé l'Observatoire météorologique de Montsouris et deux Facultés, à Douai et à Nancy; créé, pour des sciences nouvelles, des chaires ou des cours complémentaires, même au Collège de France; ouvert partout des conférences, dont quelques-unes eurent un grand éclat; institué au Muséum, grâce au dévouement de ses professeurs, une École supérieure d'agronomie, réorganisé l'École des langues orientales vivantes, de manière à lui rendre son ancienne supériorité sur les écoles rivales de l'étranger, et à permettre d'attendre d'elle les services que Colbert lui avait demandés pour notre commerce et notre diplomatie. En six années, le budget du ministère de l'instruction publique s'était accru d'un tiers.

Dans le même temps, une sorte d'Université libre, installée près de la Sorbonne, ouvrait, pour les sciences les plus difficiles, des cours dont quelques-uns n'existaient même pas dans les Universités les plus complètes de nos voisins, et un décret envoyé au conseil d'État allait créer l'enseignement des sciences économiques et administratives dans nos onze Facultés de droit. Deux autres projets de loi avaient été présentés au Sénat par un de ses membres, avec l'espoir assuré de l'appui du gouvernement et de la Chambre haute, pour établir la liberté de l'enseignement supérieur et réorganiser les Facultés de l'État : deux questions qui doivent être résolues en même temps. C'eût été l'achèvement de l'œuvre entreprise. Ce sont là des actes, non des paroles : *res, non verba.*

Lorsqu'il s'agissait de renouveler tout le système d'instruction d'un grand pays, qui en était resté aux anciens usages, il fallait de l'ordre, de la prudence et du temps. Le temps qui a été donné à l'empire a été bien employé au profit des deux ordres d'instruction primaire et secondaire ; mais vous voyez, monsieur, que la réforme de l'enseignement supérieur était elle-même fort avancée et ne demandait plus qu'un vote législatif pour être accomplie.

Enfin, vous n'ignorez pas qu'un dernier et magnifique encouragement devait être donné au 15 août 1870 à tous les hommes de science : l'empereur, devançant la mesure si patriotiquement votée dans sa session dernière par l'Assemblée nationale en faveur de

M. Pasteur, appelait au Sénat, à côté d'hommes tels que MM. Dumas, Claude Bernard et Elie de Beaumont, ceux qui honoraient et servaient le pays par tant d'éclatants succès dans l'étude désintéressée des sciences.

Aussi lorsqu'il pourra être porté sur ces questions un jugement impartial, je crois qu'il est un gouvernement à qui l'on rendrait l'honneur d'avoir fait plus que les autres en faveur de l'instruction générale du pays, ce sera celui que vous accusez de n'avoir rien fait.

Recevez, Monsieur et très-honoré confrère, l'assurance de ma considération la plus distinguée.

V. Duruy.

XIX

Aujourd'hui (1875), Paris renferme les lycées et colléges dont les noms suivent : lycée Louis-le-Grand, rue Saint-Jacques, 123, et le lycée annexe de Vanves, lycée Henri IV ou Napoléon, rue Clovis, 23 ; lycée Saint-Louis ou d'Harcourt, boulevard Saint-Michel, 40 ; lycée Charlemagne, rue Saint-Antoine, 120 ; le lycée Bonaparte ou Condorcet ou Fontanes, rue Lamartine, 65 ; le collége Rollin, rue des Postes, 42 ; le lycée Stanislas, rue Notre-Dame-des-Champs, 24 ; Écoles professionnelles pour le commerce ; École centrale ; école Turgot ; école Chaptal ; école Monge ;

École du Commerce; les établissements britanniques pour les séminaristes anglais; Fondation anglaise, rue de Sèvres, 31; Fondation écossaise, 31, rue de Sèvres; Fondation irlandaise, 5, rue des Irlandais[1].

Le nombre des élèves recevant l'enseignement primaire à Paris est environ de 82,000 à Paris, de 40,502 dans l'arrondissement de Saint-Denis, et de 30,000 dans l'arrondissement de Sceaux. Les deux tiers des enfants fréquentent les écoles laïques et un tiers les écoles congréganistes. Les garçons sont en nombre moins élevé que les filles. Des salles d'asile, des crèches, admirablement tenues par des religieuses, reçoivent les enfants en bas âge, enfin des cours publics et gratuits sont ouverts le soir et le dimanche par des associations savantes.

D'après les prévisions établies par M. Gréard, de l'Institut, le savant, actif et vigilant inspecteur général de l'enseignement primaire à Paris, voici quelle sera, pour 1877, la population réelle dans les asiles et les écoles de Paris :

---

[1]. Nous devons signaler les grands établissements scientifiques : l'Observatoire, le bureau des Longitudes, le Collége de France, la Sorbonne, la Faculté de droit, la Faculté de médecine, la Faculté de théologie, le Conservatoire des Arts-et-Métiers, le Muséum d'histoire naturelle, l'École Polytechnique, l'École normale, l'École des Beaux-Arts, le Conservatoire de musique et de déclamation, l'École d'état-major, l'École de pharmacie, l'École de médecine militaire du Val-de-Grâce, l'École des Chartes, l'École des mines, l'École des langues orientales, l'École d'accouchements, etc., etc.

Salles d'asile.	23,000 enfants.
Écoles de garçons.	48,840 élèves.
Écoles de filles	45,100 élèves.
Total. . . .	116,940 enfants.

Or, la statistique de 1871 démontre que le nombre des enfants, à Paris, en âge de fréquenter les écoles, est de 197,000, c'est donc encore 80,000 enfants à caser, et nécessitant, à cet effet, une dépense dépassant dix millions.

STATISTIQUE (1875)

DÉPARTEMENT DE LA SEINE. — INSTRUCTION PRIMAIRE

I. *Nombre des écoles...*
- Écoles publiq. 430
- — libres. 1357
- — de garç. 561
- — de filles. 1226
- Écoles laïques 1444
- — congrég. 343

Total des écoles... | 1787

II. *Nombre des élèves.*
- Dans les écoles publiques. 127,066
- Dans les écoles libres... 88,295
- Garçons.. 97,111
- Filles... 118,250
- Dans les écoles laïques... 142,520
- Dans les écoles congrégan. 72,841

Total des élèves.. | 215,361

III. *Nombre des élèves gratuits, payants...*
- Dans les écoles publiques.........
  - gratuits. 125,779
  - payants. 1,297
- Dans les écoles libres............
  - gratuits. 17,577
  - payants. 70,708

215,361

IV. *Pensionnats primaires.......*
- De garçons.. 58
- De filles..... 252
- Internes.. 11,969
- Externes.. 24,021

Total général : 35,990

V. *Salles d'asile......*
- Publiques.... 166
- Libres...... 41
- Laïques...... 138
- Congréganistes 69

Total général : 207

VI. *Garçons admis dans les salles d'asile......*
- Dans les salles publiques.. 18,767
- Dans les salles libres..... 1,586

Total général..... | 20,353

VII. *Filles admises dans les salles d'asile........* { Dans les salles publiques.. 16,413 / Dans les salles libres.... 1,474 } Total général.... | 817,87

VIII. *Classes d'adultes* { Pour hommes. 161 / — femmes. 104 } { Élèves hommes 24,210 / — femmes 8,230 } Total général : 32,440

IX. *Classes et réunions du dimanche...* { Classes pour garçons........ 8 / — pour filles. 12 } Élèves.... 650 / { Réunions pour garçons........ 19 / — pour filles. 35 } Élèves.... 4,746

X. *Nombre des écoles protestantes..* { Écoles publiques. 16 / — libres.... 91 }

Nombre des élèves appartenant aux écoles non catholiques. { Élèves protestants 7250 / Élèves israélites.. 1738 }

XI. *Personnel des établissements publics* { Instituteurs communaux... 219 / — adjoints. 653 / Institutrices communales... 211 / Maît. adjointes. 630 / Direct. d'asiles. 167 / Sous-directrices. 172 } Total général.... | 2,062

XII. *Personnel des établissements libres.* { Instituteurs. 342 / Sous-maîtres 571 / Institutrices. 1015 / S.-maîtress. 1945 / Direct. d'asiles 37 / Sous-directr. 14 } Total général.... | 3,924

PIÈCES JUSTIFICATIVES.

XIII. *Personnel des instituteurs et des institutrices.*
- Instituteurs publics: mariés 158, célibatair. 140, veufs 12
- Institutrices publiques: mariées 94, célibataires 167, veuves 13
- Instituteurs libres: mariés 252, célibatair. 71, veufs 16
- Institutrices libres: mariées 337, célibataires 603, veuves 60
- Instituteurs publics pourvus d'un brevet: élément. 205, supérieur 20
- Institutrices publiques pourvues d'un brevet: 2º ordre 176, 1er — 21
- Instituteurs libres pourvus d'un brevet: élément. 196, supérieur 17
- Institutrices libres pourvues d'un brevet: 2e ordre 462, 1er — 153
- Instituteurs sortis d'une école normale: publics 49, libres 29

XIV. *Enseignement du dessin.*
- Écoles de garçons (Cours): 75
- Classes d'adultes (hommes): 34
- Écoles subventionn. (homm.): 6
- Écoles centrales (jeunes filles): 20
- Écoles subventionn. (femm.): 19
- Total général des élèves: 11,225

XV. *Enseignement du chant.*
- Professeurs: 52
- Suppléants: 6
- Cours pour hommes: 133
- — femmes: 131
- — adultes: 28
- Élèves garçons: 7218
- — filles: 6058
- — adultes: 1046

XVI. *Écoles municipales supérieures.*
- École Turgot. Externes 1003, répétiteurs 14, professeurs 35
- — Colbert. — 472, — 9, — 18
- — Lavoisier. — 320, — 5, — 17
- — d'Auteuil. — 106, — 3, — 13

XVII. *Collège municipal.* Chaptal.
- Élèves: Internes 580, Demi-pens. 297, Externes 326
- Professeurs généraux 26, — spéciaux 54, Maîtres d'études 36

27

On a calculé que le nombre des étudiants de Paris est en chiffres ronds de 8,000. La Faculté de droit en compte 2,300 ; la Faculté de médecine, 5,000 ; et l'École de Pharmacie, 700. On peut ajouter à ces chiffres les 1,500 élèves des écoles polytechnique, centrale, normale supérieure, des mines, des ponts et chaussées et des beaux-arts, ce qui donne un total de 10,000 étudiants.

Le budget de l'instruction publique pour le seul état de New-Yorck [1] (Amérique) dépasse vingt-huit millions. A Genève, ce chapitre est bien plus élevé que chez d'autres grandes nations de l'Europe.

En 1875, les professeurs de la Faculté de médecine de Paris [2] ont tenu : 127 jours d'examen à l'école, 365 matinées cliniques à l'hôpital, 54 leçons à l'amphithéâtre, 50 séances de commission et enfin un concours, qui a duré quatre mois avec quatre séances par semaine. Quel labeur et quelle triomphante réponse à opposer à ceux qui attaquèrent les vaillants professeurs des Facultés de l'État, et qui se réjouissent en disant que l'Université de France a vécu !

1. Aux États-Unis, il y a deux célèbres Universités : l'une à Saint-Louis (Cincinnati), et l'autre à San-Francisco (Californie) ; en Angleterre, Londres possède *Catholic University s'tony hurst* ; en Autriche, il y a l'Université renommée de Lintz.
2. La Faculté de médecine de Paris, où les professeurs éminents attirent les étudiants de toutes les parties du globe, verse, par

XX

Nous recommandons aux étudiants de nos Facultés les renseignements suivants empruntés aux mœurs scolaires de l'Angleterre.

Nous laissons de côté ce qui a trait aux questions économiques des Universités de Cambridge et d'Oxford, et, nous contentant d'indiquer que la vie de l'étudiant devient commune et murée dans l'établissement qu'il a choisi pour faire ses études, nous citerons ce curieux passage du règlement universitaire, qui donnera à réfléchir à nos tapageurs du quartier latin :

Le matin, l'étudiant doit assister à l'office religieux ; mais il n'est pas forcé de se lever avant l'heure à laquelle cet office a lieu, c'est-à-dire huit heures. La plupart se jettent à bas du lit aux coups de la cloche qui sonne matines, et, passant leur grande robe, descendent à la hâte. Deux *pointeurs*, placés à l'entrée de la chapelle, marquent les présents sur une liste et signalent l'absence des autres. Le déjeuner suit immédiatement le service religieux. Chacun le prend dans sa

---

année, au ministre des finances, trois cent mille francs de bénéfice net, tous frais payés, et on lui marchande l'allocation d'instruments et l'établissement de laboratoires, d'amphithéâtres.

chambre, sinon dans la chambre d'un ami ou même en ville.

Les leçons ne commencent qu'à dix heures. L'étudiant est tenu de suivre deux cours par jour, et ces cours ont toujours lieu entre dix heures et deux heures de l'après-midi.

Après ces cinq heures de leçons, la journée de l'étudiant peut être considérée comme terminée. Il n'a plus qu'à repasser soit dans l'après-midi, soit pendant la soirée, l'enseignement du matin. Tout son temps lui appartient jusqu'à l'heure où l'on ferme les portes du collége, jusqu'à neuf heures du soir, avec obligation, il est vrai, de rentrer pour assister, à six heures, au dîner, dans le grand réfectoire commun.

Les étudiants studieux finissent leur soirée aux bibliothèques, au cercle, au cabinet de lecture ou à la salle de discussion. Cette dernière institution est particulière à l'Angleterre, où nous la trouvons pratiquée, non-seulement dans les deux Universités dont nous parlons, mais encore dans les écoles secondaires.

A neuf heures se ferme la grande porte dans les différents colléges. La voix grave du beffroi sonne la retraite. Après le dernier coup, nul interne ne peut plus sortir. Ceux qui ont laissé passer l'heure peuvent encore rentrer ; mais ils sont signalés aux autorités universitaires et condamnés à une amende.

En dépit de cette vie si réglementée [1], comme ne manqueront pas de le dire nos futurs docteurs ou licenciés, la jeunesse des Facultés anglaises

---

1. Albert Duruy. — *Revue des deux Mondes* (Février 1870).

ne s'en porte pas plus mal, ses études ne sont que plus sérieuses et préparent des hommes pour l'avenir.

XXI

Les étudiants de l'académie de Caen ont rédigé une Adresse à MM. Jules Ferry et Jules Simon, ainsi qu'aux 306 députés qui ont voté l'amendement à l'art. 13 du projet de loi sur la liberté de l'enseignement supérieur, présenté par M. Jules Ferry.

Les étudiants des autres centres universitaires de France sont invités à suivre l'exemple donné par leurs condisciples de Caen.

Voici le texte de cette adresse :

« MESSIEURS,

« Nous vous remercions du concours que vous avez prêté à la cause de l'instruction publique. Vous avez soutenu que l'État seul avait le droit de conférer les grades, et qu'il était utile, juste et sage de lui réserver ce droit, sauvegrde de la dignité de la science. L'État en a toujours usé avec discrétion et justice; le lui conserver, ce serait éviter tout conflit et toute suspicion. A l'État seul, qui n'est pas un parti, mais qui les réunit et doit les respecter tous, l'autorité, le droit de sanction. Que chacun pense et enseigne à son gré, que la lumière se fasse, mais que les grades qui donnent accès aux fonctions publiques et livrent une partie des intérêts sociaux ne soient conférés que par la connaissance publique. Nous espérons que la lutte n'est pas terminée, et qu'à la troisième lecture vous combattrez encore pour la défense de ces principes. »

L'opinion qui précède n'a pas prévalu devant l'Assemblée, et désormais la collation des grades sera prononcée par des commissions mixtes, système qui, en Belgique, n'a pas donné de résultats satisfaisants, le niveau des études s'est abaissé.

Le *Journal officiel* publie une série de décrets instituant de nouvelles chaires dans les Facultés de province (octobre 1875).

La chaire de procédure civile et législation criminelle qui existe actuellement, dans les facultés de droit d'Aix, Bordeaux, Caen, Dijon, Douai, Grenoble, Poitiers et Rennes prendra à l'avenir le titre de chaire de procédures civiles.

Il est créé dans lesdites facultés une chaire spéciale de droit criminel.

Il est créé à la faculté de droit de Douai une deuxième chaire de droit romain.

Enfin il est créé une chaire de zoologie à la faculté des sciences de Marseille.

C'est un premier pas fait dans la voie des améliorations à introduire dans l'Université et annoncées depuis le vote de la loi sur l'enseignement libre.

Il convient d'ajouter encore la création d'une chaire de botanique et zoologie à la Faculté de Clermont-Ferrand ; d'une chaire de mécanique rationnelle et appliquée à la même faculté ;

Des mêmes chaires à la Faculté de Poitiers,

D'une chaire de mécanique rationnelle et appliquée à la faculté des sciences de Caen.

Les Cours de l'École libre de Droit qui vient d'être fondée à Nantes commenceront le 15 novembre. Cette école, dit une sorte de prospectus publié ce matin par les journaux de Nantes, n'est destinée à faire concurrence à aucun établissement d'enseignement supérieur. Si on y rencontre les mêmes cours que dans les facultés, c'est qu'il a fallu donner satisfaction aux étudiants qui, à raison des circonstances particulières, sont dispensés de l'assiduité aux cours des facultés où ils sont inscrits. L'école de Nantes essaiera de remplacer leurs professeurs sans prétendre priver les facultés des inscriptions, encore moins conférer les grades les plus modestes.

On sait que des réunions des archevêques et évêques qui ont adhéré au projet de fondation de l'Université catholique de Paris ont lieu depuis quelques jours dans cette ville. A la séance du 25 octobre, on a donné lecture d'un bref du Pape sur la constitution des Universités catholiques. Trois évêques seulement, MM. Mabile, Dupanloup et Dours, étaient absents ; ils étaient représentés par leurs grands vicaires. Le choix du recteur de l'Université de Paris doit être décidé aujourd'hui 26. Ce sera un ecclésiastique, conformément aux statuts. Les travaux d'aménagement des anciens bâtiments de l'École des Carmes sont poussés avec activité. L'ouverture des cours des diverses facultés est fixée au 5 décembre.

XXII

LE CONSEIL MUNICIPAL DE PARIS ET L'ENSEIGNEMENT LAÏQUE

(Octobre 1875)

Le conseil municipal de Paris s'est réuni le 14 octobre sous la présidence de M. Clémenceau, vice-président. La plus grande partie de la séance a été consacrée à la lecture d'un rapport sur les dépenses de l'enseignement primaire. Il résulte des chiffres produits par M. Haraut que 90,685 enfants fréquentent aujourd'hui les écoles de la ville. Les élèves des écoles laïques sont au nombre d'environ 48,000, et ceux des écoles congréganistes, de 12,000. On comptait, en 1872, 341 écoles communales à Paris, il en existe aujourd'hui 382. La dépense de l'instruction primaire qui s'élevait, en 1869, à 6,240,651 fr., atteint aujourd'hui 9,700,000 fr. environ.

Abordant la question du choix des maîtres, le rapporteur s'exprime ainsi :

« Serviteurs scrupuleux de la loi, tant que le principe de laïcité n'y sera pas introduit, le conseil municipal ne portera pas dans le budget des conflits inutiles ; mais, contenant une majorité décidée en faveur de ce principe et assurée de représenter la majorité des citoyens qui l'ont nommé, il ne cessera d'émettre le vœu et de le renouveler jusqu'à ce qu'il soit réalisé, que l'enseignement public soit indépendant de toute considération de culte religieux, persuadé que dans une société régie par une constitution civile, le gouvernement ou l'administration sont incompétents dans toute question de dogme et de doctrine et que la liberté invoquée des pères de famille n'est au contraire qu'un prétexte en opposition avec le principe de la liberté de conscience. Comment, en effet, l'État ou la commune pourraient-ils avoir le droit de choisir entre les diverses religions ou les diverses doctrines celle à qui doivent être accordées une protection officielle et un aide dont les autres seront privées ? Nous continuerons à affirmer que le devoir des gouvernants et des administrateurs est d'assurer à chaque enfant, par l'instruction, le développement de ses facultés et de ses forces intellectuelles, mais en laissant tout ce qui rentre dans le domaine des croyances au temple et à la famille, leurs gardiens naturels.

Au point de vue du travail qui est attribué aux maîtres, nous trouvons que, pour les écoles de garçons, par exemple, il y a, pour 82 écoles, 392 instituteurs laïques, ce qui fait 4, 8 instituteurs par école. Chez les frères, pour 54 écoles, il y a 354 instituteurs, ce qui fait 6, 2 instituteurs par école, d'où il résulte que le travail attribué aux laïques et celui qui est attribué aux frères est comme 3 à 2.

Au point de vue de l'influence que les maîtres peuvent prendre sur les familles et qui contribue aux succès de l'école, nous citerons, entre autres choses, le régime suivi dans la distribution des fournitures scolaires et les récompenses aux élèves. Les laïques reçoivent les livres de l'administration et, sévèrement soumis à des règles d'une stricte économie, ne peuvent donner aux élèves que ce qu'on les a chargés de distribuer. Les frères, en vertu de précédents traités, ont entre les mains des livres que l'institut de leur congrégation a seul le droit de leur fournir ; ils les vendent quand ils veulent, aux élèves, et les sommes recueillies dans cette vente sont employées à donner des récompenses plus nombreuses et plus répétées, dont les enfants sont avides et qui flattent l'orgueil des familles.

XXIII

UN PROGRAMME DE FACULTÉ LIBRE

La Faculté de droit d'Angers se présente au public avec un programme arrêté, et qui ouvre ainsi le débat sur les réformes que la liberté de l'enseignement supérieur peut amener, soit dans les études mêmes, soit dans la discipline.

Le règlement de la Faculté libre de droit qui va s'ouvrir à Angers ne touche qu'aux questions de discipline et aucun programme d'études n'y est encore annexé.

Les innovations qu'il comporte sont nombreuses. Assurer plus efficacement l'assiduité des élèves aux cours, ainsi que le maintien de la discipline intérieure : voilà ce dont s'occupe d'abord le règlement de la Faculté d'Angers. Mais il y joint un certain nombre de mesures de surveillance à l'extérieur, qui sont une véritable innovation sur le régime très-libre des Universités de l'État.

Quant aux moyens destinés à garantir l'assiduité aux cours et à assurer l'efficacité de l'enseignement, ils consistent : dans la défense de sortir avant la fin de la leçon, dans les questions que chaque professeur peut adresser séance tenante à ses élèves, dans des épreuves écrites trimestrielles, dans un concours annuel entre les élèves de la même année, et aussi dans l'obligation de justifier de son assiduité aux cours du trimestre écoulé avant la prise d'une nouvelle inscription. Il n'en est pas ainsi, comme on sait, dans les Facultés de l'État, l'examen de fin d'année, examen exclusivement oral, sauf à la fin de la troisième année, étant l'unique épreuve à laquelle les élèves soient soumis.

Dans les Universités de l'État, la liberté est le principe : chaque élève étudie à sa guise, et tout ce qu'on lui demande, c'est de faire preuve de science suffisante quand il se présente aux examens. A Angers, il en sera tout autrement ; et l'on y continuera en quelque sorte le régime et l'enseignement secondaire : les interrogations, les devoirs écrits, les concours.

Pour assurer la discipline, le règlement d'Angers n'admet aux cours que les élèves inscrits et munis de leur carte. Quant aux étrangers, ils ne peuvent assister à ce cours qu'avec l'autorisation du professeur.

Les innovations de la Faculté de droit d'Angers sont encore plus réelles en ce qui concerne la discipline à l'extérieur. L'étudiant doit non-seulement faire connaître à la Faculté l'endroit où il loge, mais encore le nom et la profession des personnes chez lesquelles il loge ; et ces personnes doivent s'engager à tenir la main à ce qu'il soit rentré chaque soir à 10 heures. Enfin, la croyance catholique étant une des conditions d'admission à la nouvelle faculté d'Angers, les étudiants ont le devoir d'assister les dimanches et fêtes aux offices religieux de la paroisse, et de suivre les conférences religieuses qui auront lieu à certaines époques de l'année. De plus, à côté de l'externat, un régime pourra être établi sur la demande des familles [1].

XXIV

PROJETS DE LOI SUR L'ENSEIGNEMENT

L'Assemblée nationale se trouve donc saisie, pour sa rentrée (novembre 1875), des projets suivants sur l'instruction publique :

Projet sur l'instruction primaire et sur la retraite de divers fonctionnaires de l'enseignement primaire. —Propositions de M. Delpit, relatives à la nomination des instituteurs communaux et à la surveillance des écoles primaires ; de M. Émile Beaussire, concernant l'instruction primaire ; de M. Édouard Charton, sur l'institution de conférences publiques ; de M. Georges, relative à l'instruction primaire obligatoire.

La commission qui a examiné ces divers projets est présidée par Mgr Dupanloup, et le rapport a été déposé par M. Ernoul, en juillet 1872.

---

1. On attribue au général Lafayette la phrase suivante : Nous préparons le retour des jours néfastes en donnant à nos enfants une instruction sans foi, une vie sans espérances, une mort sans Dieu.

XXV

Le conseil municipal de Paris vient d'être saisi de l'amendement suivant au projet de budget de la ville de Paris pour 1876 :

Les soussignés ont l'honneur de proposer au conseil l'inscription, au budget des dépenses ordinaires de la ville de Paris, d'un crédit de 200,000 fr., à titre de subvention aux principaux établissements d'instruction supérieure de Paris dépendant de l'Université de France, savoir : la Faculté de droit, la Faculté de médecine, l'École de pharmacie.

Peu de mots justifieront cette proposition.

La récente loi sur l'instruction supérieure a créé pour l'enseignement scientifique proprement dit une situation périlleuse. Sans méconnaître le principe de la liberté, on peut croire que, grâce à la protection séculaire accordée par l'État à l'Église, grâce à la compression qu'il a exercée, de tout temps aussi, sur l'initiative individuelle et sur les entreprises laïques, certaines associations religieuses seront à peu près seules, d'ici à plusieurs années, en mesure d'ouvrir des écoles supérieures en regard et en concurrence de celles de l'État. Ces écoles, qui distribueront à huis clos un enseignement suffisamment caractérisé par la qualification de catholique, seront, on n'en peut douter, largement dotées au point de vue matériel. Au contraire, la parcimonie du législateur français en matière d'enseignement supérieur a placé nos établissements universitaires dans une situation déplorable à ce point de vue. Le mérite éminent du personnel enseignant parvient à leur conserver un rang élevé. Mais ne convient-il pas de venir en aide aux glorieux efforts des maîtres et de remédier à l'insuffisance des instruments d'enseignement dont ils disposent ?

Les représentants de la ville de Paris ne peuvent hésiter à le penser.

Paris est le centre et le foyer principal de notre enseignement supérieur. A l'intérêt national, à la nécessité de sauvegarder les principes de la société civile se joint ici un intérêt municipal de premier ordre : il s'agit de maintenir et d'élever la renommée scientifique de notre cité.

Pour bien faire, ce ne sont pas des centaines de mille francs, ce sont des millions qu'il faudrait allouer à nos grands établissements d'instruction supérieure. Mais la situation financière de la ville de Paris, quoique en voie d'amélioration notable, nous condamne à mesurer nos dons. Au surplus, le conseil général pourra et devra être saisi d'une proposition analogue à celle qui est faite au conseil municipal, et le département sera ainsi appelé à compléter dans une certaine étendue ce que la ville seule n'aura pu faire.

La proposition actuelle limite à trois le nombre des établissements à subventionner : les Facultés de droit et de médecine, l'École de pharmacie. Indiquons sommairement les besoins urgents de ces établissements. Hâtons-nous de dire que l'énumération sera loin d'être complète ; mais ajoutons que les conseils administratifs des écoles elles-mêmes, composés des professeurs, seuls compétents pour cet objet, devraient, selon nous, si la proposition est acceptée, être appelés à déterminer les applications de détail et le mode d'emploi des subventions votées.

A la Faculté de droit, il n'existe pas, à vrai dire, de bibliothèque ; un amphithéâtre nouveau, des salles de conférence ou d'étude, sont nécessaires. De certaines lacunes de l'enseignement peuvent être signalées. Pour n'en indiquer qu'une seule, les soussignés croiraient utile la création d'une chaire consacrée à l'enseignement spécial du droit municipal moderne. La ville de Paris tirerait de cette création un double profit : celui d'abord qui résulte toujours de l'extension des matières enseignées, et, de plus, celui que procurerait à tant d'intéressés, administrateurs et administrés, la connaissance de cette partie si négligée de notre droit public.

La Faculté de médecine réclame également de nombreuses améliorations au point de vue du matériel et au point de vue du personnel. Il n'y a pas lieu d'aborder ici la question de l'École pratique, qui doit faire l'objet de délibérations particulières ; mais, en dehors de cette question, reste la nécessité de créer de nouveaux locaux d'études, amphithéâtres et laboratoires, munis des accessoires indispensables. Quant au personnel, il y a lieu d'instituer et de doter convenablement des cours complémentaires portant sur certaines parties spéciales de la science médicale et aussi d'agrandir la situation des chefs de travaux pratiques de toutes sortes.

L'École de pharmacie est l'établissement qui, si la Ville prétendait accomplir l'œuvre de l'État, aurait peut-être droit aux secours les plus considérables ; ses bâtiments tombent en ruine. Mais Paris ne peut ni ne doit exonérer l'État de l'obligation rigoureuse que cette situation lui impose : la reconstruction de l'École reste entièrement à sa charge. La subvention de la Ville s'appliquera donc à d'autres besoins : d'abord au matériel spécial des laboratoires, ensuite à l'accroissement du personnel et à certaines augmentations de traitements. Depuis un quart de siècle, le nombre des élèves a triplé, tandis que celui des professeurs est resté le même. Les agrégés et les préparateurs ne reçoivent que des indemnités dérisoires, qui ne leur permettent de consacrer qu'un laps de temps limité à des travaux qui exigeraient une plus longue assiduité.

En résumé, le dénûment de nos écoles supérieures est un fait incontestable. N'est-ce pas là presque une honte? Nous n'hésitons pas à prononcer ce mot.

Tels sont les motifs qui viennent à l'appui de l'amendement.

Le crédit de 200,000 fr. formerait un article placé en tête du chapitre 10 ; il pourrait être réparti comme il suit : à la Faculté de droit, 50,000 fr. ; à la Faculté de médecine, 100,000 fr. ; à l'École de pharmacie, 50,000 fr.

Signé : F. HÉROLD, A. MÉTIVIER, GERMER-BAILLIÈRE, CASTAGNARY, CH. MURAT, BRALERET, LOUIS COMBES, CH. LOISEAU, H. LENEVEUX, CH. LAUTH.

XXVI

Dans notre France, où il importe de resserrer, par l'autorité et l'affection, ces sûrs liens, le principe de la famille, nous devons ouvrir à nouveau le compte des souvenirs, des conseils et des devoirs ; dans ces *livres de Raison*[1], comme on les appelait dans le Midi, et que nos ancêtres ont légués à la postérité[2]. D'abord, et à côté de l'état civil, comme nous dirions, bien tenu à sa date (naissances, mariages, décès), on lit les conseils du père à ses enfants, le récit de ses actions et aussi les faits notables advenus dans le pays.

La seconde partie est consacrée à la question pécuniaire ; c'est, en quelque façon, le bilan de la maison.

C'est une chose avantageuse aux enfants, lisons-nous dans un de ces livres, celui d'un sieur Jean-Étienne Gautier, d'Avignon, lorsqu'après le décès de leur père ils trouvent des mémoires par le moyen desquels ils puissent s'instruire de l'estat de leurs affaires..... Et comme on doit plutôt travailler à la conservation de l'honneur des familles que des biens qu'elles possèdent, puisque le premier leur doit estre infiniment plus cher que le dernier, je commencerai par une petite généalogie de la nostre... qui est connue dans cette ville pour une des plus honnêtes et des plus anciennes.

Cela s'écrivait de 1634 à 1704.

---

[1]. *Les familles et la société en France avant la Révolution*, par de Ribbe. Albanel, éditeur. — En Angleterre et en Amérique, le chef de la famille écrit encore ces mentions en tête de la Bible, transmise de père en fils.

[2]. *Les métiers de Paris.* Leroux, éditeur, 28, rue Bonaparte, Paris.

Taschez, dit un autre père de famille, M. Mongé, qui, dans son *livre* (1687) à lui, traite de la religion, de la conduite à tenir dans les affaires, des devoirs sociaux, taschez de prendre un peu de temps pour lire les bons livres et escrire, dans votre mémorial... toutes les affaires qu'avez faites dans la journée.

Sur un autre nous trouvons, à la suite de la mention d'un mariage, dès le lendemain de sa célébration :

Dieu veuille que ce soit pour longues années, et que la bénédiction du Ciel descende sur nous.

Joseph-Louis Abel d'Aix écrit le lendemain de la naissance de son fils :

Je demande à Dieu de me conserver cet enfant... Nous ferons, sa mère et moi, tout notre possible pour l'élever chrétiennement, et tâcherons de lui donner toute l'éducation qui sera en notre pouvoir pour en faire un bon chrétien et un parfait honnête homme. Fasse le ciel que nos prières ne soient pas infructueuses, et qu'il soit heureux ici-bas et dans la bienheureuse éternité.

Et le sieur Pagès, drapier à Amiens, n'est-il pas admirable aussi ?

Dieu, dit-il, a béni mon mariage avec Jeanne de Rouvray, ma femme, fille de Pierre de Rouvray, marchand épicier de cette ville... par la naissance de huit enfants, sçavoir d'un garçon et de sept filles, jusqu'à ce jour 20ᵉ de janvier 1701...

Et cet autre qui, relatant la mort de son fils, dit simplement ceci :

Le bon Dieu est le maître, il donne les enfants, il les oste et il sçait pourquoi.

Les fils de cette époque bienheureuse sont bien dignes, eux aussi, d'être cités; c'était alors, en effet, que l'on pouvait, sans crainte de raillerie, écrire que :

Nous devons tenir nos pères comme des dieux en terre, qui ne nous sont pas seulement donnez pour nous moyenner la vie, mais pour la béatifier par une bonne nourriture et sage institution.

Que nous sommes loin encore de l'heure où un père, Nicolas Pasquier, pouvait écrire à sa fille nouvellement mariée :

Supportez tout de votre mari... surtout ne faites et ne remuez rien dehors ni dedans la maison que par son advis... je veux dire que quand il recognoistra cette humble obéissance, il ne fera plus rien que ce que vous désirerez et vous abandonnera la libre disposition de votre mesnage... Feue vostre mère et moy demeurasmes ensemble, vivant de la façon, aussi n'eusmes-nous jamais une parole plus haute que l'autre... Surtout, rendez votre vie, vos mœurs et conditions conformes à celle de vostre mary, et n'ayez propre et péculière passion et action que pour luy, qu'à ce qui le touche, soit en son entretien, soit en ses mœurs, soit en sa conversation, donnant ordre que vos façons de faire ne luy soient dures, fascheuses, ny ennuyeuses, ains plaisantes, agréables et accordantes à tout ce qu'il voudra.

Les mariages pauvres sont seuls prolifiques. Dans les quartiers de Belleville et de Montmartre, cent mariages donnent lieu à 300 naissances, tandis que, dans le IX° arrondissement, cent unions ne donnent que 134 enfants. Les nations puissantes sont celles qui ont beaucoup d'enfants. En Angleterre, on compte moins que chez nous : aujourd'hui, le comte Fitz-William a treize enfants ; le duc d'Argyll, douze ; lord Denmann, quinze. Autrefois, chez nous, Gaston de Beaulieu de Ruzé (1610), mort à l'âge de cent trois ans, avait fait à Catherine de Raynaud trente-deux enfants, dont vingt garçons, dont quatorze furent soldats. Imitons Gaston de Beaulieu.

CHAPITRE XVI

CONCLUSION

Nous avons visité, parcouru et relevé précisément à l'heure fatale où elle va disparaître sous la violence des uns, sous l'indifférence des autres, les annales oubliées de l'ancienne Université de Paris, interrogeant, pour en profiter, les luttes, les victoires remportées dans le passé par la pensée française.

A elle appartient l'avenir, à elle sont réservées les consolations espérées et silencieusement attendues [1]. C'est par l'étude seule bien persévérante, par la discipline, que notre patrie, un instant abattue et cruellement mutilée, pourra un jour se relever.

Il faut, quoiqu'il en coûte à notre génie national, adopter la tactique prudente et froide de l'ennemi. « Nous autres Français n'avions accoutumé (comme « disait Bonnivet à l'intrépide François Ier, devant

---

1. Michel Chevalier, *Des nouveaux impôts*. 1874.

« Pavie) de faire la guerre par artifices militaires, « mais à belles enseignes découvertes. Nos Rois « portaient la victoire avec eux, comme notre petit « roi Charles VIII au Taro, notre roi Louis XII à « Agnadel, et notre Roi qui est ici, à Marignan. »

Sans doute, il faut d'abord, comme on l'a si sagement conseillé [1], sans recourir à de nouvelles lois, car l'arsenal du passé en regorge, sans songer à l'élévation de nouveaux tarifs d'impôts [2], presser le ressort de l'augmentation de la richesse en notre France, toujours si féconde. Les moyens qui conduiront le plus sûrement à ce but sont tout indiqués. Au premier rang se placent le rétablissement, le raffermissement de l'ordre public, ensuite une liberté plus grande accordée au travail, par la révision des règlements de chaque profession et du commerce international, *affranchissement des matières premières, de l'outillage, des machines*, la multiplica-

---

1.   *Quid leges sine moribus*
     Vano proficiunt ?...

(HORACE, Ode XXVI.)

2. 10 décembre 1366. Le roi Charles V, pour se procurer les moyens de remédier aux maux qui pesaient sur le peuple et de résister à ses ennemis, établit un nouvel impôt de trente francs d'or par chaque muid de sel vendu dans le Royaume.—Dès 1679, un arrêt du conseil d'État exemptait de tous droits le sel livré aux hospices de Paris. — Dans sa session de 1874, l'Assemblée nationale a rejeté l'impôt sur le sel, proposé par le gouvernement, et laissé par suite le budget en déficit de vingt-cinq millions.

tion, le perfectionnement des moyens de communication, *routes, canaux, chemins de fer, tramways, poste, télégraphe, ports.* Développement des institutions de crédit, *banques, caisse d'épargne.* Enfin, pour couronner cet édifice de notre régénération, l'enseignement à tous les degrés, sous la surveillance de l'autorité publique; une éducation large, austère[1], cultivant largement les esprits, rendant tous les individus plus aptes au gouvernement d'eux-mêmes[2] et à la pratique féconde de toutes les professions agricoles, libérales, manufacturières et commerciales. Si notre nation inscrit ce programme[3] sur son étendard, on peut lui dire avec confiance : *Hoc signo vinces.*

1. *Prima peregrinos obscœna pecunia mores*
   Intulit et turpi fregerunt sæcula luxu
   Divitiæ molles...
   (Juvénal, Satire XI.)

2. *Unde habeas quærit nemo, sed oportet habere.*
   (Ennius.)

3. « N'attendons pas. Il est tard pour délibérer des affaires publiques, c'est faire comme ces imprudents malades, qui attendent d'envoyer quérir le médecin, quand ils sont hors d'état de guérir. »
   (Guillaume du Vair.)

TABLE ANALYTIQUE

DES MATIÈRES

Préface... III

Introduction. — Les lettres et l'enseignement en France.. xi

CHAPITRE PREMIER.

Fondation de l'Université de Paris, 1. — Les quatre Nations, 2. — Établissement des Universités en France, 2. — Organisation de l'Université par Napoléon Ier, 3. — Les étudiants habitent la rive gauche de la Seine, 3, 4. — Écoles de Paris au douzième siècle, 5. — Ouverture de Cours et de Colléges, 6, 7, 8. — Influence de l'Université, 9. — Siége des Facultés, 10. — Mœurs des étudiants, 11. — Leurs révoltes, 12. — Les lupanars, 13. — Les libraires de Paris, 13. — Les marchands d'habits, 14. — Habillement des écoliers, 15. — Leur mobilier, 16. — La Faculté de droit ou de décret, 17. — Priviléges de l'Université, 18, 19.

CHAPITRE II.

Universités rivales de Paris, 21. — Messagers de l'Université, 23. — Abailard et Ramus, 24. — Désignation des écoliers, 25. — Lieux de leurs ébats, 25. — Leurs études, 26. — Le Collége Louis-le-Grand, 27.

CHAPITRE III.

Luther apprécie l'Université de Paris, 30. — Émeute des écoliers en 1548, 32.

CHAPITRE IV.

Personnel des Nations et Facultés, 33. — Division des Nations, en tribus, 35. — Leurs patrons, 35. — Leurs guidons et flutte, 36. — Colléges du baillage de Laon, 37.

CHAPITRE V.

Chartes royales, 39. — Archives de l'Université, 40. — Élèves picards, 41. — Registres de l'Université, 43. — Archives de l'Université et des Colléges de Paris, 45. — Faculté de théologie, 47. — Faculté de droit, 49. — Faculté de médecine, 49. — Sorbonne, 49. — Collége d'Arras, 51. — Collége d'Autun, 51. — Collége de l'Ave-Maria, 52. — Collége de Bayeux, 52. — Collége de Beauvais ou de Dormans, 52. — Collége des Bernardins, 53. — Collége de Boissy, 54. — Collége de Boncourt, 54. — Collége des Bons-Enfants, 54. — Collége de Bourgogne, 55. — Collége de Cambrai, 55. — Collége du Cardinal Lemoine, 55. — Collége de Carembert, 56. — Collége des Cholets, 56. — Collége de Cluny, 57. — Collége de Cornouailles, 57. — Collége de Dainville, 57. — Collége des Dix-Huit, 58. — Collége de Fortet, 58. — Collége des Grassins, 59. — Collége d'Harcourt, 59. — Collége de Justin, 59. — Collége de la Marche, 60. — Collége de la Merci, 60. — Collége de Laon, 60. — Collége de Lisieux, 61. — Collége des Lombards, 61. — Collége de Clermont ou de Louis-le-Grand, 61. — Collége de Maître Gervais ou de N.-D. de Bayeux, 64. — Collége du Mans, 64. — Collége Mazarin, 64. — Collége Mignon ou de Grandmont, 65. — Collége de Montaigu, 65. — Collége de Sorbonne, 66. — Collége de Navarre, 66. — Collége de Plessis-Sorbonne, 67. — Collége des Prémontrés, 67. — Collége de Presles, 67. — Collége de Reims, 68. — Collége de Séez, 68. — Collége Saint-Michel, 68. — Collége Sainte-Barbe, 69. — Collége de Tours, 69. — Collége de Tréguier, 69. — Collége du Trésorier, 70. — Registres des nations à la Bibliothèque Mazarine, 70, 71, 72. — Archives du ministère de l'Instruction publique, 73. — Registres de l'École de médecine, 74. — Registres de la Faculté de droit, 74.

CHAPITRE VI.

Sceaux des Universités, Nations et Facultés. — Sceaux de l'Université de Paris, 75. — Nation d'Angleterre, 76. — Nation de France, 77. — Nation de Normandie, 77. — Nation de Picardie, 78. — Faculté de théologie, 79. — Faculté de décret, 80. — Faculté de médecine de Paris, 80.

CHAPITRE VII.

L'Église et son enseignement, 81. — Écoles en Picardie, 82 à 87.

TABLE ANALYTIQUE DES MATIÈRES. 341

CHAPITRE VIII.

Actes de la nation de Picardie, 88 à 95.

CHAPITRE IX.

Collége de Presles et Laon, 96. — Pierre Ramus, 97 à 100. — Possessions du Collége de Presles, 101, 102. — Mission donnée à Ramus, 103. — Massacres de la Saint-Barthélemy, 104. — Mort de Ramus, 105 à 108.

CHAPITRE X.

Actes relatifs au Collége de Presles, 109. — Titres de propriété, 112.

CHAPITRE XI.

Actes relatifs au Collége de Laon, 117. — Titres de propriété, 134.

CHAPITRE XII.

Les anciens Colléges de Paris, d'après leurs inscriptions, 139. — Collége de Bayeux, 139. — Collége de Beauvais, 139. — Collége des Bernardins, 140. — Collége de Cluny, 141. — Collége des Écossais, 141. — Collége d'Harcourt, 141. — Collége de Laon, 142. — Collége du cardinal Lemoine, 142. — Collége de Mazarin ou des Quatre Nations, 143. — Collége de Narbonne, 143. — Collége de Cluny, 144. — Collége de Séez, 145. — Collége de Sorbonne, 145. — École des décrets, 145. — Maison de Saint-Côme, 146.

CHAPITRE XIII.

Les Bibliothèques de Paris. — La Bibliothèque nationale, 149. — Département des imprimés, 153. — Département des manuscrits, 153. — Département des médailles, 154. — Département des estampes, 155. — Bibliothèque Mazarine, 156. — Bibliothèque Sainte-Geneviève, 157. — Bibliothèque de l'Arsenal, 158. — Bibliothèque de la Sorbonne, 159. — Bibliothèque de l'Hôtel de ville, 160. — Bibliothèque de Belleville, 164. — Bibliothèque du Louvre, 162. — Bibliothèque du Sénat, 163. — Bibliothèque du Conseil d'État, 163. — Bibliothèque du Corps législatif, 163. — Bibliothèque du Dépôt de la guerre, 164. — Bibliothèque du Dépôt des fortifications, 164. — Bibliothèque du Dépôt des cartes et plans de la marine, 164. — Bibliothèque du Comité de l'artillerie, 164. — Bibliothèque de l'Institut, 164. — Bibliothèque du Muséum d'histoire naturelle, 165. — Bibliothèque du Conservatoire des arts et métiers, 165. — Bibliothèque de l'Hôtel des Invalides, 166. — Bibliothèque de l'École des chartes, 166. — Bibliothèque du Conservatoire de musique, 166. — Bibliothèque de l'École des Mines, 167. — Bibliothèque de l'Ordre des avocats, 167. — Bibliothèque de l'École de droit, 168. — Bibliothèque de l'École de médecine, 168. — Bibliothèque de l'École de pharmacie, 168. — Bibliothèque de la Préfecture de police, 168. — Bibliothèque des PP. Jésuites, 168. — Bibliothèque nationale polonaise, 169. — Bibliothèque des Sociétés savantes, 169. — Bibliothèque de la Chambre de commerce, 169.

CHAPITRE XIV.

Ouvrages à consulter : Livres et Manuscrits, 171. — Imprimés relatifs aux Universités et Colléges, 174. — Manuscrits, 176. — Ouvrages relatifs aux Universités et Colléges, 176.

CHAPITRE XV.

Pièces justificatives.......................... 181
I. Discussions dans l'Université, 181. — II. Les prélats et les écoliers au quatorzième siècle, 182. — III. Paris, centre d'action, 183. — IV. Gerson, 184. — V. Une députation de l'Université (1358), 185. — VI. Règlement de l'Université (1358), 185. — VII. Une médiation de l'Université (1358), 186. — VIII. Un bref du pape Innocent, 187. — IX. Les vœux des États d'Orléans (1560), 187. — X. Remontrances et règlements révolutionnaires, 188. — XI. Décrets de la Convention, 189. — XII. Exposé du projet de loi sur l'enseignement supérieur, 191 à 195. — XIII. Reconstruction de l'École pratique de la Faculté de médecine, et construction de nouveaux bâtiments pour la Faculté des sciences, à Paris, 199. — XIV. Discussion du projet relatif à la liberté de l'enseignement supérieur, 201 à 216. — XV. Assemblée nationale. Séance du 15 juin 1875, 217 à 275. — Loi relative à la liberté de l'enseignement supérieur, 276 à 286. — Loi relative au traitement des instituteurs et institutrices primaires, 287 à 290. — XVI. Arrêté ministériel du 14 août 1875, 290 à 293. — XVII. Discours de M. Colmet d'Aage, 293 à 304. — XVIII. Lettre de M. Victor Duruy à M. Laboulaye, 304 à 307. — XIX. Statistiques de 1875, 308

à 313. — XX. Règlement des Facultés anglaises, 314, 315. — XXI. Adresse des étudiants de Caen à MM. Jules Ferry et Jules Simon, 316, 317. — XXII. Le Conseil municipal de Paris et l'enseignement laïque, 319 à 321. — XXIII. Un programme de Faculté libre, 321 à 324. — XXIV. Projet de loi sur l'enseignement, 324. — XXV. Amendement présenté au budget de la ville de Paris, 325 à 328. — XXVI. Livres de famille ou de raison, 328 à 332.

CHAPITRE XVI.

Conclusion.................................... 335

FIN DE LA TABLE ANALYTIQUE DES MATIÈRES.

PARIS. — IMP. VIÉVILLE ET CAPIOMONT, RUE DES POITEVINS, 6.

www.ingramcontent.com/pod-product-compliance
Lightning Source LLC
Chambersburg PA
CBHW060056190426
43202CB00030B/1730